WISSENSCHAFT UND KUNST

Herausgegeben von
SABINE COELSCH-FOISNER
DIMITER DAPHINOFF

Band 20

Unsterblichkeit

Vom Mut zum Ende

Herausgegeben von
DIMITER DAPHINOFF
BARBARA HALLENSLEBEN

Universitätsverlag
WINTER
Heidelberg

Bibliografische Information der Deutschen Nationalbibliothek

Die Deutsche Nationalbibliothek verzeichnet diese Publikation in der Deutschen Nationalbibliografie; detaillierte bibliografische Daten sind im Internet über *http://dnb.d-nb.de* abrufbar.

Veröffentlicht mit der Unterstützung der Universität Fribourg (Kooperationsabkommen Fribourg–Salzburg) und des Hochschulrates der Universität Fribourg.

UMSCHLAGBILD

Hieronymus Bosch: *Aufstieg in das himmlische Paradies* (Ausschnitt)
Palazzo Ducale, Venedig.

ISBN 978-3-8253-5992-8

Imprimé en Allemagne · Printed in Germany
Druck: Memminger MedienCentrum, 87700 Memmingen

Gedruckt auf umweltfreundlichem, chlorfrei gebleichtem und alterungsbeständigem Papier

Den Verlag erreichen Sie im Internet unter:
www.winter-verlag.de

Inhaltsverzeichnis

UNSTERBLICHKEIT – Vom Mut zum Ende

Wie jedes Buch hat auch das vorliegende seine Geschichte. Im Anschluss an ein internationales Symposium zum Thema "Utopien – Dystopien", das im Herbst 2008 an der Universität Salzburg stattfand, führte ein Gespräch unter Teilnehmern über die spektakulären Erfolge der Medizin zur Frage, wie sich diese – über die nachweisliche Verbesserung der Lebensqualität hinaus – auf die Dauer des menschlichen Lebens auswirken könnten. Der utopische Wunsch des Menschen nach ewiger Jugend bzw. ewigem Leben, wie er namentlich in den Künsten – und speziell in der Literatur – Niederschlag findet, schien den beiden Anglisten, Sabine Coelsch-Foisner (Salzburg) und Dimiter Daphinoff (Freiburg/Schweiz), dazu geeignet, das Nachdenken darüber in einer interuniversitären und transdisziplinären Tagung fortzusetzen.

Von Woody Allen ist der Ausspruch bezeugt: "I don't want to achieve immortality through my work, I want to achieve it by not dying."[1] In der provokativen Trotzhaltung des amerikanischen Filmemachers erfährt die grundlegende Spannung zwischen Wunsch und Wirklichkeit, die der menschlichen Existenz eignet, eine zugespitzte Formulierung. Ist sie Ausdruck des unerschütterlichen Fortschrittsglaubens des modernen Menschen oder ein Beweis seiner zunehmenden Gottesferne? Ist sie nostalgische Sehnsucht oder Hybris? Ist ewiges Leben – oder auch ‚nur' ein (zu) langes Leben – überhaupt wünschenswert? Welche Formen des Überdauerns nimmt menschliches Leben an, und mit welchem Erfolg? Auf solche und ähnliche Fragen versuchte die Konferenz zum Thema "Unsterblichkeit", die im Oktober 2010 an der Universität Freiburg (Schweiz) stattfand und die Fachleute aus verschiedenen Disziplinen – Philosophie, Theologie, Anthropologie, Geschichte, Germanistik, Romanistik und Anglistik – vereinigte, mögliche Antworten zu finden.

Jean-Claude Wolff führt als Philosoph in die Thematik ein, indem er den Stellenwert der Frage nach der Unsterblichkeit in ihren verschiedenen Kontexten analysiert: Mag der Mensch auch ein langes Leben oder ein "zweites Leben" wünschen, so ist doch eine "Kritik der Wünschbarkeiten" (S. 2) angebracht. Erst mit der neuzeitlichen Aufwertung des Individuums "wird die Angst vor dem eigenen Tod zur Obsession" (S. 8). Der religiöse Glaube als Glaube an eine neue Schöpfung "macht den Glauben an individuelle Unsterblichkeit überflüssig" (S.

[1] Zitiert in: Mark Johnston, *Surviving Death* (Princeton: Princeton UP, 2010), p. 15.

13), allerdings um den Preis des Verzichts auf einen wissenschaftlichen Status der Hoffnung auf Unsterblichkeit.

In seiner Kompetenz für Zeitgeschichte und Nationalismusforschung wendet sich **Siegfried Weichlein** dem Motiv der "Unsterblichkeit der Nation" zu. Die Nation übernahm "im Gestus der Religion" die "Rhetorik der Unsterblichkeit" (S. 20): in Ursprungsmythen, die nicht das zeitliche *initium*, sondern das wesensmäßige *principium* erzählen; als Antwort auf Zweifel, Niederlagen und andere Bedrängnisse der Gegenwart; in der Steigerung vom "erwählten" zum "göttlichen" bis hin zum "messianischen" Volk; in der zukunftsorientierten Gestalt der Verheißung nationaler (Wieder)Geburt. Die verschiedenen sozialen Konstruktionen der Unsterblichkeit entziehen sich der nüchternen Einsicht: "Nationen sind nichts Ewiges. Sie haben einmal angefangen, sie werden enden" (Ernest Renan; zit. S. 23). Sie führen in das "Paradox von verewigender Selbstbindung bei faktisch steigender Kontingenz" (S. 32).

Der Sozialanthropologe und Ethnologe **Christian Giordano** plädiert für eine "agnostische Anthropologie der Macht" angesichts des Phänomens, dass Macht in all ihren Formen sich gern mit der Aura der Unsterblichkeit umgibt. Anknüpfend an Max Webers Typologie der Herrschaftsformen wird aufgezeigt, dass die charismatische, die auf Tradition beruhende, aber auch die legal-bürokratische Herrschaft "vorübergehend, ständig einem Risiko ausgesetzt und oft an spezifisch historische Bedingungen geknüpft sind" (S. 42). Mit einem aktuellen Blick auf die Bürokratisierungstendenzen an den Universitäten im Rahmen des Bologna-Systems wird vor allem die "optimistische und naive" (S. 41) Selbsteinschätzung der westlichen liberalen Demokratien als Frucht einer ethnozentrischen aufklärerischen Fortschrittsvision analysiert.

Christian Giordanos Kollege **François Ruegg**, ebenfalls Sozialanthropologe, studiert am Beispiel der Roma/Zigeuner die Schaffung einer Nation, deren imaginäre Konstruktion umso offenkundiger wird, als es um eine Nation ohne Territorium geht. Die Verweigerung der Geschichte ("déni d'histoire") als Versuch, dem Tod zu entgehen, drückt sich in Mythen, Nostalgien und vorstellungsmäßigen Konstrukten aus, vor denen auch die sozialanthropologische Forschung selbst nicht bewahrt bleibt. Die Präsentation einer einheitlichen Nation der Roma antwortet auf den neuen politischen Trend, der die Multikulturalität favorisiert und ethnischen Minderheiten einen Rechtsstatus und eine vorweisbare Identität zubilligt, paradoxerweise um den Preis des Verlustes ihrer charakteristischen Fremdheit in nationalen Denkkategorien. Es bleibt die Mahnung, im *hic et nunc* der Geschichte die "Unsterblichkeit der Bilder" nicht mit der Unsterblichkeit des Dargestellten zu verwechseln.

Die Theologin **Barbara Hallensleben** setzt mit der Beobachtung ein, dass die Christen anfangs die Sterblichkeit der menschlichen Seele betonten und die Unsterblichkeit als Frucht der Auferstehung Jesu Christi verkündeten, für die der Mensch zwar bestimmt ist, die er aber nicht aus eigener Kraft erreichen kann. Im 16. Jahrhundert erneuert und verschärft sich die Debatte. Der Dominikanertheologe Thomas de Vio Cajetan (1469-1534) meidet den Fideismus und die Ausflucht in die "doppelte Wahrheit", indem er für die philosophische Beweisbarkeit der Unsterblichkeit der Seele plädiert, die Auferstehung des Fleisches jedoch der Glaubenserkenntnis aufgrund der Offenbarung zuordnet. Der Streit, der um Cajetans Interpretation einsetzt, markiert eine neue Etappe im Verhältnis von Glaube und Vernunft.

Der Kirchenhistoriker und Mystikforscher **Mariano Delgado** zeigt anhand eigener Übersetzungen von Gedichten des spanischen Mystikers Johannes vom Kreuz die Wandlungen in dessen Sehnsucht nach Unsterblichkeit auf: von der "untröstlichen Unruhe" des von Gott anfänglich Berührten über die vertrauensvolle Gelassenheit in Zeiten der Gefahr bis zur "eschatologischen Ungeduld" in Erwartung der Vollendung des göttlichen Heils. Mystik wird dabei nicht nur als ein religiöses Phänomen, sondern als ein spezifischer Erkenntnismodus im Sinne der *cognitio Dei experimentalis* vorgestellt, als ein paradoxes "Wissen im Nicht-Wissen" (S. 83). Die christliche Mystik beruht auf der Christusförmigkeit des Menschen und bedeutet nicht differenzlose Verschmelzung, sondern Einigung in Liebe.

Franz Gmainer-Pranzl, der in Salzburg das "Zentrum Theologie Interkulturell und Studium der Religionen" leitet, ermutigt die Theologie, sich den radikalen Anfragen an die christliche Hoffnung auf Unsterblichkeit zu stellen. Die bewusste Analyse der "Grammatik theologischer Diskurse" schärft die Aufmerksamkeit für die Glaubenserkenntnis, die ihren Gegenstand nie diskursiv einholt und zu der die "Interkulturalität" als "ihre ureigenste Verfasstheit" (S. 103) gehört. Die Erarbeitung von Kriterien für interreligiöse Vergleiche hat entsprechend sensibel vorzugehen und muss nicht zuletzt die kaum eindeutig mögliche "Scheidung in kulturelle ‚Sinndeutungen‘ und religiöse ‚Heilsansprüche‘" (S. 112) beachten. Auf diesem Hintergrund kann Unsterblichkeit sich neu erschließen als Verheißung von Freiheit und Zukunft und als Antwort auf ein Rätsel menschlichen Daseins, das die Menschheit seit jeher bewegt.

Der Germanist **Harald Fricke** stellt die Überwindung der menschlichen Sterblichkeit durch Kunst ins Zentrum seines Grundsatzreferats und formuliert pointiert zwei miteinander verknüpfte Thesen: "Kunst ist Freiheit vom Gesetz der Zeit" (S. 125) und: "Religion ist Kunst, die sich nur selber missversteht" (S. 130). Denn "Kunst leistet schon *als Kunst* und ohne Rest alles, was Religion vermeintlich leistet, oder leisten soll" (S. 134). Die Überwindung der Sterblichkeit des einzelnen wird "durch die Unsterblichkeit des Kunstwerks im ewigen ‚Reich der Gedanken’ (S. 135) möglich. Insofern Kunst – hier am Beispiel literarischer (Rückert) und musikalischer (Mahler) Werke – "Abschaffung des Todes" (S. 141) bedeutet, ist der Mensch ‚unsterblich’, wenn er an großer Kunst Anteil hat.

Der Romanist **Thomas Hunkeler** zeigt am Beispiel Petrarcas, wie die Renaissance die Überwindung der Zeit und den Sieg über den Tod als Utopie der Moderne einführt. Obwohl Petrarca seinen *Canzoniere* durchaus als Fragment verstand, setzte bereits im 16. Jahrhundert eine Kommentierung seiner "rime sparse" ein, die deren Vollkommenheit und Vollendung hervorhebt. Petrarcas Nachruhm wird am Beispiel von Maurice Scèves "dizain CCCLXXVIII" aus der Gedichtsammlung *Délie. Object de plus haulte vertu* (1544) veranschaulicht. Darin erfüllt die Wendung "le vers de ma mortalité" eine doppelte Funktion: als *memento mori* und als Echo auf Petrarcas "vermine amoureuse" (Sonett 304). Das Wortspiel erlaubt es Scève, die Würmer ("vers"), die den toten Körper befallen, mit dem "vers poétique", dem Gedichtvers der *Délie*, der den Tod überdauern wird, in Beziehung zu setzen.

An Harald Fricke anknüpfend, stellt die Anglistin **Sabine Coelsch-Foisner** dem Diktum des Nobelpreisträgers Mario Vargas Llosa, dass das Verlangen nach Unsterblichkeit von der Besessenheit mit der Gegenwart abgelöst worden sei, die romantische Auffassung von der Unsterblichkeit der Kunst (und des Künstlers) entgegen. Als literarische Kategorie unterliegt die Unsterblichkeit zwei Vorstellungen: der des Zeitstillstandes (statisches Überdauern) und der des Wandels (metamorphisches Überdauern). Vf. unterscheidet zwischen intradiegetischer und extradiegetischer Darstellung von Unsterblichkeit. Während jene sich als "zentrales Experiment im späten 19. und 20. Jh." erweist, ist diese "[d]ie bevorzugte Erzähltechnik zur Thematisierung einer statischen Ewigkeit" (S. 157). In der Metamorphose sieht Vf. "eine zentrale Denkfigur für das Überdauern des Individuums" (S. 162), doch kann Überdauern zum Denkmal gerinnen (Statue, Porträt usw.), und literarische Werke können selber zu Monumenten werden (Shakespeares Sonette). Nach dem Ersten Weltkrieg bricht die Bindung der Kunst an das Ewige in sich zusammen; Kunst und Unsterblichkeit werden entkoppelt, wie dies sinnbildlich im Feuerwerk als "vergängliche[m] Kunstereignis ohne Partitur" (S. 170) zum Ausdruck kommt. Zwei Aufsätze widmen sich spezifischen Aspekten der Unsterblichkeit in der modernen Literatur und in den Medien.

Die Anglistin **Sarah Herbe** zeigt am Beispiel von Stephen Baxters Roman *Ring* (1994), wie in der sog. *far future science fiction* menschliche Unsterblichkeit mit der Erkundung des Weltalls zusammenhängt. Angesichts der Endlichkeit des Universums wird die Unsterblichkeit des Individuums dem Weiterbestehen bzw. der Unsterblichkeit der Menschheit untergeordnet. Besondere Aufmerksamkeit schenkt Vf. der erzähltechnischen Vermittlung von Unsterblichkeit in Science-Fiction-Texten.

Der Amerikanist **Ralph Poole** untersucht die "Unsterblichkeit des Vampirmythos" (S. 183). Als "besonders trickreicher Formwandler" (S. 186) mutiert der Vampir in der Populärkultur (Film, Soap Opera) vom Objekt menschlicher Ängste und Sehnsüchte zu einem Produkt unseres Wunsches nach Unsterblichkeit, besonders nach unsterblicher Liebe. Filme wie *New Moon* oder TV-Produktionen wie *The Lair* bieten "Vampir[e] nach Geschmack unserer Zeit" (S. 190) an. Vf. beobachtet eine "‚Seelenverwandtschaft' zwischen der Semantik des Vampirs und der Formalästhetik der Soap Opera", insofern "die serielle Unendlichkeitsstruktur der Seifenoper dem Unsterblichkeitstopos des Vampirs" entspricht (S. 201).

In seinem abschließenden Beitrag geht der Anglist **Dimiter Daphinoff** Darstellungen der Unsterblichkeit in der englischen Literatur nach. Während Milton in *Paradise Lost* den Tod als Geschenk Gottes an den Menschen begreift, bezieht William Godwin aus dem Fortschrittsgedanken der Aufklärung die Vorstellung, dass ewiges Leben erreichbar sei. Ausgerechnet seine Tochter, Mary Shelley, widerspricht in *Frankenstein* Godwins Optimismus: In der Gattung des Schauerromans gehört Unsterblichkeit zum Repertoire des Horrors. Tithonus erlebt Unsterblichkeit als eine Qual in Tennysons gleichnamigem Gedicht, während die Struldbruggs in *Gulliver's Travels* sich den Tod als Erlösung von der ihnen unverschuldet gewährten Unendlichkeit herbeiwünschen: Für Swift gehört menschliche Unsterblichkeit in den Bereich der Satire.

Das Spektrum der Beiträge ist methodisch außerordentlich groß und inhaltlich durchaus kontrovers. Und doch zeichnet sich ein gemeinsamer Nenner ab: die Kritik setzt – auch in der Theologie – dort an, wo Unsterblichkeit als kontrafaktische Utopie proklamiert wird, um der Endlichkeit und dem Tod zu entgehen. Es ist die Sterblichkeit, die das Nachdenken über die Unsterblichkeit provoziert und nährt, sei es im Sterben des Individuums oder im Untergang der Nation. Vor der Natur, die sich zwischen Geburt und Tod ausspannt, und der Geschichte, die Anfang und Ende kennt, haben sich unsere Gedanken zur Unsterblichkeit zu bewähren. Sonst verfangen wir uns in den Aporien der "schlechten Unendlichkeit" und des zeitlosen Mythos, der uns von der Verantwortung für die Geschichte entfremdet. Diese Bilanz der Beiträge gab Anlass zu dem gewählten Untertitel: Vom Mut zum Ende.

Freiburg, im September 2011

Barbara Hallensleben
Dimiter Daphinoff

EIN WORT DES DANKES

Die Herausgeber möchten den folgenden Instanzen und Personen herzlich für Ihre Unterstützung danken:

- dem Rektorat der Universität Freiburg für die Finanzierung der Druckkosten über das Budget der Kooperationsvereinbarung der Universitäten Freiburg und Salzburg;

- dem Hochschulrat der Universität Freiburg für einen Zuschuss an die Druckkosten;

- Herrn Prof. Dr. Christian Giordano, dem Freiburger Verantwortlichen für die interuniversitäre Partnerschaft Freiburg-Salzburg, für die freundliche Bewilligung der Subvention des Drucks;

- Herrn Prof. Dr. Guido Vergauwen, Rektor der Universität Freiburg, und Herrn Prof. Dr. Thomas Austenfeld, Dekan der Philosophischen Fakultät, für ihre Ansprachen zur Eröffnung der Tagung „Unsterblichkeit" im Oktober 2010;

- Frau Céline Lesage-Guignard, für ihre Hilfe bei der Organisation der Tagung.

Einen besonderen Dank schulden wir Herrn Dr. des. Thomas Ebneter für die Kompetenz, Umsicht und Geduld, mit denen er die Tagungsbeiträge gemäss den Vorgaben der Reihe „Wissenschaft und Kunst" in eine einheitliche, druckfertige Datei verwandelte.

B.H.
D.D.

JEAN-CLAUDE WOLF

Zu lange leben? Gedanken zur Unsterblichkeit

Antworten sind sterblich, Fragen unsterblich.
(Jean-Luc Patry)

Der Wunsch nach einem langen Leben

Ein wichtiger Indikator für das Gute im menschlichen Leben ist das, was die meisten Menschen wünschen. Die meisten Menschen wünschen sich ein langes Leben. Die Kürze des Lebens wird oft beklagt. Jüngere Menschen stellen sich das ihnen bevorstehende Leben als noch lange vor, ältere Menschen wünschen sich meist noch eine gute Zeit, wer sechzig Jahre erreicht, wünscht sich mindestens noch siebzig zu werden usw. Der verbreitete Wunsch nach einem langen Leben ist ein Indikator für das Werturteil: Ein gutes Leben ist ein langes Leben.

Es gibt drei grundsätzliche Einwände gegen diese Überlegung:

Der erste Einwand besagt, dass Wünsche nicht per se gute Wünsche sind, dass es auch verwirrte, banale oder sogar böse Wünsche gibt. Es ist die Frage der Bewertung von Wünschen. Wären Wünsche die einzigen und letzten Indikatoren des Guten, so wären wir nicht in der Lage, Wünsche zu bewerten. Dieser Einwand lässt sich vielleicht dadurch entkräften, dass wir gewisse Anforderungen an Wünsche stellen: Sie müssen z.B. dauerhaft, informiert und mit anderen Wünschen kompatibel sein. Wir könnten auch von vitalen, dauerhaften und rationalen Wünschen sprechen. Der Wunsch, lange zu leben, ist in Konflikt mit dem Wunsch, nicht schwer zu leiden, sich nicht zu langweilen etc. Das heißt aber noch nicht, dass dieser Wunsch überhaupt nicht zählt und dessen Erfüllung kein Faktor des guten Lebens ist.

Der zweite Einwand besagt, dass Wünsche nur Indikatoren sind für das, was für eine Person gut ist, das sog. prudentielle Gute, aber nicht für das, was moralisch gut ist. Ein langes Leben, das nur dazu dient, eigenen Obsessionen zu leben, z.B. der Leidenschaft für Kreuzfahrten zu frönen, ist nicht gerade das typische Leben der Tugend. Dieser Einwand hat noch mehr Gewicht, wenn man ein ausgesprochen altruistisches Verständnis von Moral vertritt. Der Wunsch, möglichst lange zu leben, könnte im Konflikt stehen mit den Interessen und Rechten anderer. Das Festhalten an meiner Unsterblichkeit könnte z.B. damit einhergehen, dass ich nicht bereit bin, der jüngeren Generation Platz zu machen.

Der dritte Einwand besagt, dass nicht die Dauer des Lebens zählt, sondern das, was einer aus seinem Leben macht. Insofern ist der Wert der Dauer des Lebens nicht abhängig von Wünschen, sondern von objektiven Leistungen. Wer in einem kurzen Leben vieles und Wertvolles schafft, hätte eigentlich nichts zu bedauern. Er hat – von außen betrachtet – nichts verpasst, nichts verpfuscht, dieses kurze Leben hat sich gelohnt. Es ist ein kurzes, aber erfülltes Leben, ob es vom Sterbenden so beurteilt, empfunden und bewertet wird oder nicht.

Der Wunsch nach einem zweiten Leben

Neben dem Wunsch nach einem langen Leben gibt es auch den Wunsch nach einem zweiten Leben. Hier muss man zwei Richtungen unterscheiden: Zum einen kann sich jemand wünschen, das gleiche Leben nochmals zu leben. Die Testfrage: "Möchtest Du Dein Leben nochmals leben?" wird von philosophischen Pessimisten als Testfrage verstanden, von Schopenhauer als Indiz dafür, dass das Leben nicht lebenswert sei, von Leibniz als Bestätigung seiner Annahme, dass viele Menschen das Leben nochmals leben möchten, wenn auch in einer etwas anderen (nicht notwendigerweise besseren) Rolle (vgl. Leibniz 1996, 1710, III §§ 13 und 253), von Nietzsche als Zerreißprobe für einen "Pessimismus der Stärke", für eine Bejahung des Lebens trotz aller Leiden und Misserfolge.

Zum anderen können sich Menschen ein völlig anderes, viel besseres Leben wünschen. Ein zweites besseres Leben wäre ein Leben, in dem ich entweder weniger leiden müsste und mit einer besseren hedonistischen Bilanz abschließen könnte, oder es wäre ein besseres Leben, in dem ich wichtige Projekte nachholen oder abrunden kann, die ich im ersten Leben lediglich begonnen habe. Dies wäre ein zweites Leben, das der Verbesserung oder Vervollständigung des ersten Lebens dienen soll.

Als das Wünschen noch geholfen hat

Die bisher geäußerten Wünsche sind zwar Indizien für Wertungen, aber sicher nicht Beweise dafür, dass das Gewünschte auch zu haben sei. Der Wunsch nach einem zweiten Leben ist kein Beweis, dass es ein zweites Leben gibt. Viele Wünsche sind imaginär und sagen lediglich etwas darüber aus, was wir wünschen oder uns vorstellen können. Der Glaube, sehr intensive Wünsche müssten sich erfüllen, gehört in den Bereich des magischen Denkens. Es findet z.B. statt in der Welt der Märchen, in der Beschwörung einer mythischen Zeit, "als das Wünschen noch geholfen hat".

Falls es einen Fortschritt "vom Mythos zum Logos" gibt, so liegt er in der "Kritik der Wünschbarkeiten". Das Herz mag seine eigenen Gründe haben, doch diese Gründe haben nicht dieselbe (oder gar keine) Beweiskraft wie die Gründe der Erfahrung und der wissenschaftlichen Erklärung. Auch wenn ich noch so sehr glaube, dass es im Spinat Eisen habe und der Konsum von Spinat zum Wachstum und Muskelaufbau beiträgt, so sind dieser Glaube und die damit verknüpften Wünschbarkeiten kein Ersatz für eine wissenschaftliche Erforschung des Stoffwechsels und eine darauf aufbauende Ernährungsberatung. Placebos mögen eine leichte Wirkung haben, doch diese ist nicht vergleichbar mit der voraussehbaren Wirkung bekannter und wissenschaftlich getesteter Substanzen.

Die aufgeklärte Kritik der magischen Wünsche kann allerdings auch zu weit gehen und sich zu einer Schule des Verdachts gegen Wünschbarkeiten entwickeln. "Weil ich X so sehnlichst wünsche, ist X mit großer Wahrscheinlichkeit nicht zu haben." Oder: "Weil ich X so sehnlichst wünsche, kann X gar nicht existieren." Diese antiromantische Haltung finden wir etwa bei David Hume, der in seinem Essay Of the Immortality of the Soul schreibt:

> "All doctrines are to be suspected, which are favoured by our passions."
> (Hume 1987/1777, 598)

Die Sehnsucht wird zum Indikator einer schwindenden Eintretenswahrscheinlichkeit umgedeutet. Sie wird als romantische Illusion diffamiert und entthront. Der Nachteil dieser Art von Aufklärung besteht in einer Abwertung der Imagination. Eine "Aufklärung über die Aufklärung" wird der Imagination wieder zu ihrem Eigenrecht verhelfen. Auch wenn die Sehnsüchte des Menschen nicht an die Stelle von wissenschaftlichen Beweisen treten können, so gehören sie doch ebenso zur anthropologischen Ausstattung wie die Ängste und Sorgen. Nur eine verstümmelte Anthropologie, welche nur die Angst und Sorge der Menschen als Existenzial anerkennt, verkennt die Bedeutung der Hoffnungen und Sehnsüchte. Der strikt rationalistischen Haltung, dass wir nur proportional zu unseren Gründen glauben sollten, hat bereits William James in seinem berühmten Essay The Will to Believe mit interessanten Argumenten widersprochen. (Vgl. James 1979/1896). Der philosophische Pragmatismus wurde zutreffend als eine Philosophie der Hoffnung charakterisiert. (Vgl. Shade 2001). Auf den Meliorismus von James Pragmatismus werden wir noch zurückkommen.

Der Reiz von Hoffnungen ist die unmittelbare Vorfreude; diese ist oft grösser als die Freude beim Eintreten der ersehnten Zustände. Die Vorfreude zehrt von der Lust der Imagination an den ungetrübten Bildern einer besseren Zukunft. Selbst der philosophische Pessimist muss die Intensität der Vorfreuden anerkennen, wenn er auch befürchten mag, dass die Unlust der Enttäuschung und Desillusionierung in einer hedonistischen Bilanz die Lust der Vorfreude überwiegen werde.

Hoffnungen sind nicht nur Quellen von Enttäuschungen und Illusionen, sondern auch motivierende Gründe zum Handeln. Sie machen Energien frei und immunisieren gegen die lähmenden Wirkungen der Resignation. Als solche wirken sie heuristisch, anregend und belebend. Sie verhelfen zu "Auferstehungen im Kleinen", wie im Falle des mehrmals bankrotten Kleinunternehmers, der wiederholt von neuem beginnt. Hoffnung macht hartnäckig und geduldig im Warten, aber auch im Handeln. Sie wirkt als Optimismus oder – etwas vorsichtiger formuliert – als "Meliorismus" (William James). Der Meliorismus kann im Anschluss an William James als eine gemäßigte Form des Optimismus verstanden werden. Glaubt der Optimist, dass Fortschritt notwendig ist, so glaubt der Meliorist, dass der Mensch durch seine Einstellungen und Handlungen etwas beitragen kann zur Verbesserung der Welt. Der Meliorist freut sich auch an kleinen und langsamen Verbesserungen, statt nur auf die ganz großen Veränderungen zu bauen. Hoffnung ist nicht identisch mit "Zweckoptimismus", das heißt mit der Haltung, welche an das Gute glaubt, weil man damit rechnet, dass der Glaube hilft. Hoffnung ist ähnlich wie die Großzügigkeit nicht berechnend, sondern "kreditfreudig". Sie gehört in die Nähe der schenkenden Tugenden. Sie involviert eine Aufmerksamkeit für Verbesserungen, für Fortschritte oder für "das Gute im scheinbar Schlechten", und diese Haltung wirkt sich nicht selten als selbsterfüllend oder selbstverstärkend aus. Insofern sind auch die Sehnsüchte nach einem zweiten besseren Leben aus melioristischer Sicht potentielle Verstärker und Stützen menschlichen Handelns. Der Pessimist dagegen könnte im Glauben an ein besseres zweites Leben auch einen Anreiz zur Nachlässigkeit im ersten Leben sehen. Ich könnte mir sagen: Was soll ich mir jetzt Mühe geben – ich werde dann im zweiten Leben alles nachholen.

Der Meliorismus führt auch zur aufsteigenden Zufriedenheitskurve nach der Lebensmitte. Wer älter wird und melioristisch denkt, vergleicht sich nicht mit Jüngeren, Reicheren und Schöneren, denen es vielleicht besser geht, sondern mehr mit jenen, denen es ähnlich oder sogar schlechter geht. Wer eine Zehe operieren muss, sagt sich: Ich bin froh, dass ich nicht ein Bein amputieren muss. Und wer ein Bein amputieren muss, sagt sich: Na, wenigstens kann ich noch jeden Tag die Zeitung lesen. Der Meliorismus hilft, relative Verschlechterungen als Tatsachen hinzunehmen, die im Vergleich mit anderen Entwicklungen immer noch als das geringere Übel gelten. Entsprechend kann auch der eigene Tod oder der Tod geliebter Menschen melioristisch als "Erleichterung" oder "Erlösung" von schweren Leiden gedeutet werden.

Unsterbliche Organismen – Vermehrung durch Zellteilung

Eine Form der Unsterblichkeit, die in der Natur existiert, besteht in der Fähigkeit einfacher, einzelliger oder undifferenzierter Organismen, sich durch Zellteilung oder Abspaltung zu vermehren. Dies ist eine wunderbare Fähigkeit, die das Privileg der einfachen Organismen bildet. Ob sie allerdings "etwas davon" haben, ist eine andere Frage. Was hilft es, in anonymen Replikaten weiter zu leben? Ist das überhaupt eine Form von Überleben oder Weiterleben? Von außen betrachtet ist dieses Privileg auch deshalb fragwürdig, weil es nur um den Preis der mangelnden Differenzierung zu haben ist. Wenn es in der Evolution ein Analogon zur Vorstellung des Fortschritts gibt, dann ist es die Differenzierung der Zellen und Organe. Wenn es Ziele oder Zwecke der Evolution gibt, dann sind dies die Differenzierung und Diversifizierung, also die Komplexität von Organismen und Artenvielfalt. Der Preis organischer Unsterblichkeit ist der Mangel an Differenzierung und die Monotonie primitiver Lebensformen. Umgekehrt ist der Preis der Differenzierung der Tod der Organismen. Der Meliorist wird sagen: Der Fortschritt der Differenzierung ist es wert, diesen Preis der individuellen Sterblichkeit zu bezahlen. Denn mit dem Wunder der Differenzierung wird auch das Wunder der Individualität möglich. Und mit dem Bewusstsein der Individualität erhält das Wissen um die Sterblichkeit und den Tod seinen Stachel. Vielleicht liegt ein schwacher Trost in der Einsicht, dass ich als Teilnehmer am teleologischen Prozess der Differenzierung und Diversifizierung der Lebensformen den Preis des individuellen Todes bezahlen muss.

Die ältere Generation macht der jüngeren Generation Platz

Ältere Menschen werden körperlich hinfällig und dienen nicht mehr der Reproduktion. Aus der Perspektive der Gattung haben sie die entscheidende Fitness, nämlich die reproduktive Fitness eingebüßt. Dass sie abtreten von der Bühne des Lebens, ist ebenso wichtig wie das Austreten älterer Menschen aus der Arbeitswelt. Sie machen jüngeren Menschen Platz. Der Sinn des Todes für andere liegt darin, dass sie nun "nachrücken" können. Altere Männer, die sich in einem deuxième printemps eine jüngere Frau angeln, werden gewöhnlich auch vor ihren Frauen sterben. Im besten Falle lassen sie lustige Witwen zurück, die noch einmal aufleben und ein zweites Leben haben, nachdem der Alte abgetreten ist. Die lustigen Witwen bezeugen den Sinn, den es haben kann, als alter Mann abzutreten. Die Professoren, die bis zur äußersten Altersgrenze auf ihren Lehrstühlen thronen wie Ölgötzen, weil sie sich für unentbehrlich halten …

Diese Gedanken werden nicht gerne ausgesprochen, weil wir im Bezug auf das Leben und den Tod anderer Heuchler sind. Wir möchten ihnen einreden: Du bist kostbar, du bist nütze, du musst auf jeden Fall weiterleben. Diese Haltung ist ideologisch und heuchlerisch, ich will sie nicht weiter kommentieren. Ich kann mir sagen: Wenn ich schwach und schwächer werde, in Krämpfen liege, inkontinent werde, kaum mehr reden kann – dann möchte ich abtreten können. Adieu, bel monde. Ich fühle mich zu nichts mehr nütze und ich lasse mir nicht von wohlmeinenden Helfern einreden, ich sei immer noch nützlich oder hätte eine unzerstörbare Würde. Nein, ich halte mich nicht mehr für nützlich und auch nicht mehr für ein unendlich kostbares Lebewesen, ein heiliges Leben und Individuum, sondern ich gehe gern und freue mich an dem Gedanken, anderen Platz zu machen. Es liegt, so betrachtet, ein schwacher Trost in der Schere von Lebensende und Weltende. Ich darf mich trösten mit dem Gedanken, dass die Welt weiterbesteht, dass sie mit meiner Wenigkeit, die rechtzeitig abtritt, nicht untergeht.

Was ist denn so schlimm daran, anderen Platz zu machen? Wer abtritt, um anderen Platz zu machen, handelt zumindest teilweise altruistisch. Ist es nicht schöner zu wissen, dass mein Abtreten andere glücklich macht, als zu wissen, dass ich andere nur in Trauer und Verzweiflung zurück lasse? Es liegt doch ein schwacher Trost darin, dass das Leben der anderen weitergeht, wenn ich tot sein werde. Après moi le déluge ist ein morbider Wunsch. Der Mensch des Ressentiments wird ungern abtreten, nur weil er denken muss, dass andere weiterleben und ohne ihn das Leben genießen. Wer noch weiterlebt mit dem Gefühl, anderen zur Last zu fallen, nichts mehr leisten und geben zu können, hat bereits zu lange gelebt. Es fällt in westlichen Kulturen, in denen die Bejahung des Willens zum Leben als Pflicht, die Verneinung des eigenen Willens zum Leben als Sakrileg gilt, nicht leicht, die persönliche Berechtigung solcher Gefühle anzuerkennen. Es geht hier nicht um eine externe Bewertung Dritter gegen den Willen und die Zustimmung einer Person, sondern um eine interne Bewertung des eigenen Lebens oder die eigene Erfahrung, des Lebens müd und satt zu sein.

Generationenübergreifende Projekte

Es fällt nicht leicht, wichtige Projekte aufzugeben, aus dem Leben herausgerissen zu werden, eines frühzeitigen oder vorzeitigen Todes sterben zu müssen. Allerdings sind nicht alle Projekte an die Mitwirkung meiner Person gebunden. Es gibt Projekte, an denen andere mitarbeiten und nach meinem Tod weiterarbeiten. Ich bin in manchen Rollen und Projekten ersetzbar. Es ist deshalb ebenfalls wichtig und vielleicht sogar tröstlich, am Ende des Lebens zurückzublicken auf Projekte, die ohne mich weiter gehen. Zu den generationenübergreifenden Projekten gehören Projekte zur Verbesserung der Gesellschaft oder zum Schutz der Natur. Auch eigene Kinder und Enkelkinder erfüllen den Wunsch nach generationenübergreifenden Projekten. Zwar gebe ich mit meinem Tod Vieles aus den Händen, aber ich kann auch einiges vor meinem Tod in andere Hände geben.

Die Nachteile der Unsterblichkeit

Wie wir bereits gesehen haben, gilt Unsterblichkeit häufig als wünschenswert. Daran knüpft die Kritik der Wünschbarkeiten an. Es gibt allerdings auch andere Stimmen, welche die Wünschbarkeit der Unsterblichkeit in Frage ziehen. Dies wird nicht nur von philosophischen Pessimisten wie Schopenhauer getan, der die Frage stellt:

> Nachdem nun aber durch den Tod ein individuelles Bewusstseyn ein Mal geendigt hat; wäre es da auch nur wünschenswerth, dass es wieder angefacht würde, um ins Endlose fortzubestehen?
> (Schopenhauer 2010, 47)

Man braucht nicht philosophischer Pessimist zu sein, um diese Frage zu verneinen. Es wäre nicht besonders attraktiv, allein unter Menschen, die durchschnittlich zwischen siebzig und neunzig Jahren sterben, drei- oder vierhundert Jahre alt zu werden. Wir wären als Zombies unter Lebenden nicht besonders attraktiv für die anderen, und wir hätten die Freunde der Jugend bereits nach achtzig oder neunzig Jahren für weitere dreihundert Jahre alle verloren. (Vgl. Williams 1973). Vielleicht würde uns auch die Wiederkehr und Verjüngung der Generationen ermüden und langweilen. Immer wieder sehen zu müssen, wie sich die Jugend balgt und paart, immer wieder unbeteiligter Zeuge der Wiederkehr des Gleichen zu sein, ist fad. Sowohl ewige Jugend als auch ein unendlich langes Alter wären fad. Die Nachteile der Unsterblichkeit werden illustriert durch die Seufzer der Untoten; diese freuen sich nicht an ihrem Schattendasein, sondern sie leiden daran, nicht tot sein zu dürfen. Ihre Leiden sind vergleichbar mit jenen der Schlaflosigkeit. Sie sehnen sich nach der letzten Ruhe des Todes.

Verliert das Leben an Sinn und Tiefe, wenn es keine individuelle Unsterblichkeit geben sollte? Gottfried Keller hat diese Frage im Anschluss an sein Feuerbacherlebnis in Heidelberg in einem berühmten Gedicht dementiert.

Ich hab in kalten Wintertagen,
In dunkler, hoffnungsarmer Zeit
Ganz aus dem Sinne dich geschlagen,
O Trugbild der Unsterblichkeit.

Nun, da der Sommer glüht und glänzet,
Nun seh ich, dass ich wohlgetan!
Aufs neu hab ich das Haupt bekränzet,
Im Grabe aber ruht der Wahn.

Ich fahre auf dem klaren Strome,
er rinnt mir kühlend durch die Hand,
Ich schau hinauf zum blauen Dome
Und such – kein bessres Vaterland.

Nun erst versteh ich, die da blühet,
O Lilie, deinen stillen Gruss;
Ich weiss, wie sehr das Herz auch glühet,
Dass ich wie du vergehen muss!

Seit mir gegrüsst, ihr holden Rosen,
In Eures Daseins flücht'gem Glück!
Ich wende mich vom Schrankenlosen
Zu eurer Anmut froh zurück!

Zu glühn, zu blühn und ganz zu leben,
Das lehret euer Duft und Schein,
Und willig dann sich hinzugeben
Dem ewigen Nimmerwiedersein!
(Keller 1849, vgl. http://www.ludwig-feuerbach.de/kahl_keller.htm)

Zwar spricht dieses Gedicht nicht von den Nachteilen der Unsterblichkeit, aber es bringt zum Ausdruck, dass es nicht nur ein Verlust ist, diesen Glauben zu verlieren.

Der untröstliche Individualist

Mit der Aufwertung des Individuums als eines von anderen unterschiedenen und möglichst selbständigen Wesens wird die Angst vor dem eigenen Tod zur Obsession. Unsere Sympathien gelten dem neuzeitlichen Individualismus, der Verteidigung der Autonomie des Individuums gegen die Ansprüche und die paternalistischen Interventionen anderer. Wenn es bezüglich der Bewertung und Gewichtung von Individuum und Individualität in unserer Kultur noch Meinungsdifferenzen gibt, dann handelt es sich um unterschiedliche Akzente, etwa in der Frage, wie wichtig welche Art und welcher Grad von Einbettung des Individuums in Gemeinschaften sind, ob jeder Mensch Freunde, Familie, Kirche oder andere Gemeinschaftsformen wirklich braucht und wie viel Zeit und Energie man in solche Gemeinschaften investieren soll. Der Individualismus ist deshalb weitgehend akzeptiert, weil die schrecklichen Erfahrungen der totalitären Systeme im zwanzigsten Jahrhundert die Empfindlichkeiten und Aversionen gegen kollektive Vereinnahmungen geschärft haben. Ideologien, welche dem Individuum Wert oder gar Realität absprechen, gelten als suspekt und tendenziell barbarisch.

Es gäbe noch viel zugunsten des Individualismus zu sagen; er ist zentriert um solche Werte wie Selbständigkeit, Selbstbestimmung und Selbstachtung. Der Individualismus wird jedoch selber zur einseitigen Realität, wenn er die sozialen Dimensionen der menschlichen Natur und die Natur des Menschen als eines Dependent Rational Animal (Vgl. MacIntyre 1999) ignorieren oder bestreiten sollte. Doch ich gehe davon aus, dass dies lediglich Exzesse oder Selbstmissverständnis sind und dass der Individualismus auch mit Augenmaß und Sinn für Realität formuliert und verteidigt werden kann.

Der Individualismus hat jedoch Schattenseiten. Er nimmt eine gewisse "Kälte" oder Anonymität der Gesellschaft in Kauf, um die soziale Kontrolle zu vermeiden. Führt das zu einer apolitischen und unsolidarischen Grundhaltung, so verlieren die Individualis.en nicht nur den Boden unter den Füssen, sondern auch die Chancen, Interessengruppen zu bilden und ihre Anliegen gegen andere und verständnislose Mehrheiten zu verteidigen. Der Entsolidarisierungs- und Privatisierungseffekt wird von dem Punkt an kontraproduktiv, an dem er die soziale und politische Stellung des Individuums schwächt und jene Symptome erzeugt, die man als "Massenindividualismus" bezeichnet hat. Man könnte auch von einem individualistischen Konformismus sprechen, der sich in der Nachahmung von standardisierten Mustern der Lebensformen und des Konsumverhaltens manifestiert.

Ein tiefer liegendes Problem ist die hysterische Übersteigerung der Todesangst. Wem das eigene individuelle Leben alles ist, der wird mit dem Tod voraussichtlich alles verlieren – es sei denn, es gebe ein individuelles Weiterleben nach dem Tod. Vielleicht erklärt der spezifisch moderne Individualismus auch den Aufschwung esoterischer und theosophischer Auffassungen von Reinkarnation mit transsubjektiver Identität oder transsubjektiven Erinnerungsspuren. Ist es ein Zufall, dass der junge Rudolf Steiner ein Bewunderer von Max Stirner war? Der radikale Individualismus erklärt die Aufdringlichkeit der Thematik Angst und Todesangst in der Existenzphilosophie und in mystisch inspirierten Formen der Psychotherapie. Es kommt zu diversen Bewegungen, die man unter dem Aspekt der "Verleugnung des Todes" zusammenfasst, in dem alle Varianten von individueller Unsterblichkeit, Reinkarnation, Astralleib, Feinstofflichkeit der Seele, aber auch die eher morbiden Phantasien von Untoten, Vampiren, Werwölfen und Zombies Konjunktur haben. Sie haben alle auf ihre Art den Tod "überwunden" oder "verleugnet". (Vgl. du Pres 1888; Anderson 1893; Barber 2010).

Ernest Becker hat in seinem Buch The Denial of Death von 1973 den Bogen gezeichnet, der von Søren Kierkegaard zu Sigmund Freud und Otto Rank führt. Todesangst und Todesabwehr, Vorlaufen zum Tod und Verdrängen der eigenen Sterblichkeit werden zu den Signaturen eines Daseins, dem es in der Sprache Heideggers in der Sorge zunächst und zumeist um sich selber geht, dem der eigene Leib fremd ist und der Aufenthalt in der Ungeborgenheit der Welt als quasi-gnostische Geworfenheit und die Gegenwart als finstere Epoche der äußersten Seinsvergessenheit erscheinen.

> Und die findigen Tiere merken es schon,
> dass wir nicht sehr verlässlich zuhause sind
> in der gedeuteten Welt.
> (R.M. Rilke, Erste Duineser Elegie, Verse 11ff., in: Rilke 1955, I, 685)

Es ist fraglich, ob dieses Individuum eine "neue Geborgenheit" (vgl. Bollnow 1972) finden kann. Die Sorge um das eigene kleine Ich kann mir niemand abnehmen. Das moderne Individuum hat seine Distanz zur Geborgenheit der Animalität um den Preis der Angst vor dem In-der-Welt-Sein erkauft. Ob solche Beschreibungen der condition humaine mehr als nur Stimmungsbilder oder subjektive Zeitdiagnosen sind, möge dahingestellt bleiben. Existenzphilosophie und Existenzialismus haben immer wieder Zeitstimmungen und Stimmungen von jüngeren Generationen angesprochen, u.a. deshalb, weil die Suche nach Authentizität und Selbstbestimmung vielen Menschen als etwas erscheint, was sich zu erkämpfen und zu verteidigen lohnt. Das geschärfte Bewusstsein für die Endlichkeit und radikale Absurdität gehört zur Jugendbewegung des Existenzialismus und Individualismus. Sie provoziert aber auch die Gegentendenzen zur Etablierung in der "Uneigentlichkeit" des Konformismus und in der Verleugnung oder Verdrängungen der eigenen Endlichkeit. Diese Tendenz wird verstärkt durch die kosmetische und pharmazeutische Industrie, die ewige Jugend und ein Alter ohne Falten und Beschwerden verheißt. Diese spezifische Form der Verleugnung des Todes ist die Verleugnung der traurigen und beschwerlichen Seiten des Alters, insbesondere des hohen Alters.

Das Motiv des "Heilsegoismus" und das Paritätsargument

Vor dem Hintergrund des skizzierten Individualismus erhält die Sorge um die eigene Seele eine akute Bedeutung. Es gilt auch über den Tod hinaus, sich zu versichern und nach einem möglichst guten Platz im Jenseits zu streben. Wer ein zweites und schöneres Leben im Himmel wünscht, setzt sich dem Verdacht des Heilsegoismus aus. Das Lohn- und Strafdenken treibt seine Blüten im Heilsegoismus. Ludwig Feuerbach und Arthur Schopenhauer haben diesen Heilsegoismus kritisiert. Um ihm entgegenzuwirken, gibt es sogar den religiös motivierten Heilsverzicht, die asketische Absage an das eigene Heil, wenn ich mit dieser letzten Entsagung anderen Menschen zum Heil verhelfen kann. In der Kritik am Heilsegoismus und dem asketischen Verzicht auf das eigene Heil liegt eine artifizielle Überforderung des Menschen; die Fixierung auf das reine Herz und die altruistische Gesinnung wird auf die Spitze getrieben.

Ansätze zur Antwort auf den Einwand des Heilsegoismus sind dort zu finden, wo der Gedanke der Unsterblichkeit mit jenem der Liebe verknüpft wird, und zwar nicht mit der Selbstliebe, sondern mit der Nächstenliebe, der Gottesliebe oder einer umfassenden Liebe. In der neueren Existenzphilosophie finden sich zwei Varianten. Einerseits gibt es die Behauptung, der Mensch werde durch seine aktive Liebe unsterblich. Karl Jaspers schreibt: "Wir sind sterblich, wo wir lieblos sind, unsterblich, wo wir lieben. Unsre Liebe zu den Toten würde treulos sein, wenn sie das Ewigkeitsbewusstsein verlöre." (Jaspers 1996/1957, 339). Das ist sicher schön gesagt, doch was spricht dafür? Leider kann ich bei Jaspers kein Argument finden für diese Behauptung; sie steht da und ist, wie so oft in Jaspers Äusserungen zu den "Chiffern der Transzendenz", vielleicht nichts als ein Nachhall seiner protestantischen Erziehung.

Andererseits gibt es die Überzeugung, die Unsterblichkeit eines Wesens sei darin begründet, dass es geliebt werde. Nicht aktive Liebe, sondern passives Geliebtwerden scheint Unsterblichkeit zu schaffen oder zu garantieren. In diesem Sinne lautet ein Zitat von Garbriel Marcel: "Aimer un être, c'est lui dire: toi, tu ne mourras pas!" (Marcel, zitiert nach Colin 2010, p.??). Oder etwas vorsichtiger formuliert: "Aimer un être n'est-ce pas lui dire implicitement: Toi tu ne mourras point"? (www-http.evene.fr/celebre/biographie/gabriel-marcel-1189.php?citations). Auch diese Auffassung ist unbegründet oder sogar falsch, wenn sie als eine Art von Magie durch Zuspruch verstanden wird. Sie gehört so verstanden in den problematischen Bereich der sich-selber-erfüllenden Wünsche. Anders steht es vielleicht, wenn es Gottes Liebe ist. Kommt der Zuspruch von Gott, dann wird Unsterblichkeit zu einer Schöpfung Gottes. Auf diese Deutung werden wir im Schlussteil zurückkommen.

Die Kritik am Heilsegoismus erfolgt aber auch durch den Nachweis, dass es gar kein natürliches Interesse an einem Weiterleben nach dem Tode geben kann. Eine Formulierung wird in von Georg Christoph Lichtenberg überliefert.

> "[...] Es wird nach unserem Leben so sein, wie es vor demselben war [...]" (Lichtenberg 1983, 373 = J 66, zitiert von Feuerbach 1830, 2000, 178; vgl. Schopenhauer 2010, 55)

Arthur Schopenhauer und Ludwig Feuerbach haben, beide im Rückgriff auf dasselbe Lichtenberg-Zitat, ein Argument gegen die Sorge um die individuelle Unsterblichkeit entwickelt, das man als Paritätsargument bezeichnen könnte. Es lautet: Gewöhnlich versetzt es mich nicht in Furcht und Schrecken, daran denken zu müssen, dass ich vor meiner Zeugung noch nicht lebte. Wenn ich mich nicht ängstige um die unendliche Dauer meiner Nicht-Existenz vor meiner Geburt, warum sollte ich mich dann ängstigen um die unendliche Dauer meiner Nicht-Existenz nach meinem Tod? Nur eine fragwürdige Fixierung auf die Wichtigkeit des kleinen individuellen und bewussten Ichs führt dazu, den Verlust desselben zu dramatisieren. Schließlich bin ich ja bereits eine Ewigkeit vor meiner Zeugung – nichts gewesen. Die Behauptung, es könne doch nach meinem Tod mit mir nicht einfach nichts und fertig sein, ist eben so bizarr wie der Glaube an eine ewige Präexistenz.

Das Paritätsargument hat David Hume in seinem Essay Of the Immortality of the Soul formuliert, der posthum 1777 veröffentlicht wurde. Hume vertritt eine aufgeklärte und skeptische Position. Er fasst drei Typen von Argumenten zusammen: Metaphysische Argumente, welche seine generelle Skepsis gegen den Begriff einer Substanz zum Ausdruck bringen, die angeblich mehr sein soll als nur eine vergängliche Konstellationen von Eigenschaften; moralische Argumente, welche unter anderem die Notwendigkeit ewiger Strafen im Jenseits bestreiten, da die Menschen mehrheitlich gut und böse seien, und kaum jemand durch und durch böse, so dass wohl kaum jemand ewige Höllenstrafen verdiene; und die physischen Argumente, die besagen, dass Körper und Bewusstsein so eng miteinander verbunden seien, dass der Zerfall und die Zerstörung des Körpers auch das Ende des Bewusstseins bewirke. Hume lässt allerdings eine fideistische Hintertüre offen für den Glauben an die Offenbarung und die dort verheißene Wiederherstellung oder Auferstehung von den Toten. Generell ist man in der Hume-Forschung uneinig, wie ernst oder wie ironisch solche Zugeständnisse Humes an die Offenbarung sind. (Vgl. Gaskin 1988). Humes Formulierung des Paritätsarguments lautet:

> Reasoning from the common course of nature, and without supposing any new interposition of the supreme cause, which ought always to be excluded from philosophy; what is incorruptible must also be ingenerable. The soul, therefore, if immortal, existed before our birth: And if the former state of existence no wise concerned us, neither will the latter.
> (Hume 1987/1777, 592)

Humes Argument folgt dem gewöhnlichen Lauf der Natur und bezieht sich deshalb auf die verbreitete Gleichgültigkeit der Menschen bezüglich der Frage einer Präexistenz ihrer Seele. Ähnlich wie bei der Frage, ob wir uns bezüglich der Zukunft und dem Leben nach dem Tod Sorgen machen sollten, antwortet Hume mit Bezugnahme auf das Faktum, dass wir uns von Natur aus (und ohne den manipulativen Einfluss künstlicher Lehren) mit allen unseren Kräften auf unser gegenwärtiges Leben beschränken, dass man in dieser Sorge um die Gegenwart sogar einen Zweck der Natur sehen könnte. Nach Humes eigenen skeptischen Standards ist dieses Argument problematisch. Zum einen lässt sich von dem, was in der Natur geschieht, kaum auf einen Zweck oder eine Absicht der Natur schließen; zum anderen lässt sich vom Sein nicht mit Gewissheit auf ein Sollen schließen. Das Paritätsargument bleibt deshalb zweischneidig. Es kann, wie Hume es tut, dazu verwendet werden zu unterstreichen, dass wir uns nicht um ein Leben nach dem Tod sorgen oder ängstigen sollten; es könnte auch dazu benützt werden zu begründen, dass wir uns auch um eine Präexistenz sorgen und bemühen sollten, dass uns der Glaube, dass wir vor der Zeugung nichts waren, ängstigen sollte, dass wir den Glauben an eine Existenz der Seele vor der Zeugung unserer Körpers in unsere Bemühungen und Sorgen um ein religiöses Leben aufnehmen sollten, etwa in der Form eines Glaubens an die Reinkarnation oder die Seelenwanderung. Die Feststellung, dass uns der Gedanke an die Nicht-Existenz vor der Zeugung gewöhnlich nicht beunruhigt, genügt nicht zur Schlussfolgerung, dass uns der Gedanke einer Herkunft aus dem Nichts nicht beunruhigen sollte.

Ein weiterer Einwand gegen das Paritätsargument besagt, dass es auch in anderen Bereichen nicht dasselbe ist, ob ich etwas, was ich noch nicht habe, nicht erhalte, oder ob man mir etwas, was ich bereits habe, wegnimmt. Nicht-Verbesserung einer Situation wird häufig als weniger schlimm und einschneidend empfunden als Verschlechterung. Insofern gibt es, solange ich nicht existiere, auch nichts zu beklagen, während ich mir über den Verlust dessen, was ich habe, als mein voraussichtliches praemium vitae, mit gutem Grund Sorgen machen kann.

Das Paritätsargument enthält eine petitio principii, wenn es dazu verwendet wird, die Sorge um das individuelle Weiterleben zu beschwichtigen; es bietet nur schwachen Trost, sofern man bereit ist, den Glauben an die Wichtigkeit des jemeinigen Lebens einzuschränken oder gar aufzugeben. Doch das ist gerade der springende Punkt des Individualismus: seine Verankerung in der Selbstliebe, in der affektiven Sorge um das eigene Dasein, im Stolz, in der Eitelkeit, in der Selbstachtung, in der Bejahung des Willens zum eigenen Leben. Im Sinne von Hume können wir sagen, dass jedem Individuum der Wert und die Wichtigkeit seines bewussten Lebens aus dem Gefühl bekannt ist. Der Unterschied zwischen wichtig und unwichtig, wertvoll und wertlos ist uns nach Hume nur aus dem Gefühl bekannt. Nur wer ohnehin und aus anderen Gründen bereit ist, der eigenen Existenz als bewusstem Individuum ihren überragenden Wert oder gar die Realität abzusprechen, wird das Paritätsargument plausibel finden. Der Pantheismus des frühen Feuerbach und Schopenhauers metaphysischer Monismus des Weltwillens gehen beide so weit, dass sie dem Individuum den ontologischen Status einer realen Entität absprechen und das Selbstbild des Individualisten als illusorisch betrachten. Der metaphysische Monismus ist Bestandteil einer radikal revisionistischen Metaphysik; sie ist nicht vereinbar mit einer Argumentation, die sich wie Hume immer wieder auf den common sense und die Vorgabe der sentiments stützt. Im Rahmen des metaphysischen Monismus oder Pantheismus ist die Sorge um die Individualität und der Wunsch nach einer endlosen Verlängerung des individuellen Bewusstseins Ausdruck und Folge eines fundamentalen Irrtums bezüglich des ontologischen Status, eine Verwechslung von raumzeitlicher Erscheinung und atemporalem Wesen des Menschen. In der Terminologie Spinozas heißt das: Die Menschen missverstehen sich als ewige Substanzen, obwohl sie doch nicht mehr als vergängliche Modi sind. So betrachtet ist das Paritätsargument einleuchtend: Der Mensch war vor der Zeugung ebenso ein Teil der einen Substanz wie er es sein wird nach der Vernichtung seines Körpers und seines individuellen Bewusstseins. Ob das kleine Ich lebt oder nicht: das große Ich ist unzerstörbar. Die Annahme eines solchen tragenden und unzerstörbaren (göttlichen) Wesens der Welt entzieht sich den Beweismöglichkeiten einer naturalistischen und empiristischen Philosophie.

Der Glaube an die neue Schöpfung macht den Glauben an individuelle Unsterblichkeit überflüssig

Was ist Glaube? In der Überlieferung der Juden, Christen und Muslime ist es der Glaube, dass Gott der Schöpfer ist. Die Schöpfung ist das einzige Wunder, an dass ich glauben muss, aber es ist auch das inklusive Wunder, dass alle anderen Wunder einschließt, umschließt und übertrifft. Gott, der die Welt erschaffen kann, kann sie auch ein zweites Mal erschaffen, ER kann alles neu machen. Das ist die zentrale Verheißung von Gott als Schöpfer. Deshalb ist die Schöpfungstheologie das Kernstück aller Theologie. Gott ist in uns, er ist mit uns, und er ist "über uns". Damit ist nur bildlich gemeint, dass er über uns thront, im Himmel, in der Bilderwelt des orientalischen Despoten. Doch mit dem Kyrios und seiner Königsmacht ist die Macht der Schöpfung gemeint, Neues hervorzubringen, Altes vollständig zu erneuern.

Wer daran glaubt, dass Gott uns nach dem Tod neu erschaffen kann, hat den Glauben an eine individuelle Subsistenz oder eine permanenten Seelensubstanz gar nicht nötig. Die Explikation und Mitteilung dieses Glaubens kann auf die Hilfe einer Substanzmetaphysik oder eine Auffassung von Personenidentität verzichten. Man könnte auch sagen, dass sich der Glaube enthellenisieren und von den Schlacken antiker und mittelalterlicher Weltbilder befreien lässt. Der Glaube an eine neue Schöpfung ist keine Herausforderung für den intellektuellen Scharfsinn der Philosophie – wir können die neue Schöpfung ohnehin nicht verstehen. Es ist die wichtigste Verheißung für jene, welche die Nähe zu Gott suchen. Sie bildet ein Geheimnis, das zwar den Intellekt übersteigt, aber die Phantasie anregt. Mit der neuen Schöpfung könnten wir einen neuen, schöneren Leib erhalten. Mit der neuen Schöpfung könnten wir auch neue, schönere Erinnerungen erhalten, während die Erinnerungen an das Schlimme, das wir erdulden mussten, gelöscht werden. Mit der neuen Schöpfung könnten wir auch eine neue Kraft erlangen, unter anderem die Kraft, das Schlimme, das wir selber getan oder zugelassen haben, das Böse, an dem wir uns beteiligt haben, ehrlich zu bereuen. Das sog. letzte Gericht ist nicht zu trennen vom Gedanken einer neuen Schöpfung. Die Annahme ewiger Höllenqualen wurde oft als Argument gegen die Existenz eines gütigen und allmächtigen Gottes verstanden. Sie übersteigt alle anderen Leiden, wie Hume schreibt.

> The damnation of one man is an infiniteley greater evil in the universe, than the subversion of a thousand of million kingdoms. (Hume 1987/1777, 595).

Mit der neuen Kraft zur ehrlichen Reue müsste es keine ewigen Höllenqualen geben. Damit entfällt ein psychologisches Motiv der Angst, das uns dazu verleitet, lieber nicht an ein neues Leben nach dem Tod zu glauben, nämlich das Risiko der ewigen Höllenstrafen. Wie bereits Leibniz in der Theodizee schreibt: Nicht Gott verhängt die ewigen Höllenstrafen, sondern derjenige, der nicht bereuen will und nicht bereuen kann. Vom Teufel und den Menschen in der Hölle ist zu sagen: Hass ist ihre fortdauernde Hölle. (Vgl. Leibniz 1996, 1710, 291 = III § 271) Deshalb nennt Leibniz den Glauben von der ewigen Verdammnis ungetaufter Kinder oder der zu wenig erleuchteten Ungläubigen Irrlehren. (Vgl. Leibniz 1986/1710, 60; vgl. 150 = I, § 93) Der Glaube an Gott ist Vertrauen in seine Güte und Weisheit ("confiance en Dieu"), und nicht der Glaube an einen Despoten. (Vgl. Leibniz, a.a.O., 58f., 65; 189 = II, § 134) Mit der ersten Schöpfung hat uns Gott eine Freiheit ohne Vollkommenheit gegeben, eine Freiheit zum Guten und zum Bösen, eine Freiheit unter den Bedingungen der Sünde und der Paradiesvertreibung. Vielleicht dürfen wir uns die neue Schöpfung auch vorstellen als eine Schöpfung, in der es keine Verstockung und keinen Hass, keine Freiheit zum Abfall und zum Bösen mehr geben wird, weil die Menschen auf vollkommene Weise am Vollkommenen teilhaben werden.

Man braucht also nicht, wie das zum Beispiel Carl du Prel als einer der Begründer der modernen Esoterik macht, die einschlägigen Stellen bei Paulus so umzudeuten, als hätte jeder Mensch sowohl einen physischen und einen "siderischen" Leib (im Anschluss an die Sprache von Parcelsus), als gäbe es einen konstanten, feinstofflichen Zweitkörper, wie die okkulte Parapsychologie annimmt, um damit eine Reihe von paranormalen Phänomenen wie Doppelgängertum, Hell- und Fernsehen, Somnabulismus, präkognitive Träume usw. zu "erklären". Diese okkulte Deutung schneidet den Gedanken der Unsterblichkeit von Gottes Schöpfung und von der eschatologischen Vision einer zweiten Schöpfung völlig ab und macht daraus eine statische Arbeitshypothese für eine zwielichtige Forschung, deren wissenschaftlicher Status mehr als suspekt ist. Die christliche Theologie kann die zentralen Verheissungen, die besagen, dass wir nach dem Tod Gott "sehen", auch ohne diesen Fetisch eines Astralleibes deuten, allerdings nicht als wissenschaftliche Hypothese einer substantiellen Unsterblichkeit, sondern als zentraler Hoffnungsgehalt des Glaubens. Die Betonung dieses Glaubens liegt nicht auf einer statischen Kontinuität des Personenkerns, sondern auf der Diskontinuität eines Neuanfangs. Der Gläubige muss nicht auf den Ausgang wissenschaftlicher Beweise und philosophischer Diskussionen zur Identität der Person warten.

In diesem letzten Abschnitt habe ich nur skizziert, wie jüdischer, christlicher und islamischer Glaube auch verstanden werden kann, mit dem Akzent auf der Eschatologie einer neuen Schöpfung, expliziert aus dem systematischen Geist, der wie Leibniz versucht, einen Blick auf das Ganze zu wahren und eine Balance zwischen Wissen und Glauben zu erlangen. Ich habe mich nicht zu diesem Glauben bekannt und mich nicht wie Leibniz als Anwalt Gottes betätigt, und ich habe auch nicht zu begründen versucht, dass man diesen Glauben annehmen oder bewahren sollte. Jede apologetische oder bekennende Absicht liegt mir fern. Philosophie, die sich nicht als ancilla theologiae versteht, darf Glaubensfragen in der Schwebe halten. Sie wird Religionen als symbolische Erzählungen ernst nehmen, aber wohl kaum als Berichte über eine Realität. Es ist nicht nötig, dass sich alle Menschen in diesem distanzierten und nicht-apologetischen Sinne als Philosophen verstehen und betätigen. Vielleicht ist es auch besser, wenn nicht alle Menschen glauben oder gleiche Dinge über die letzten und göttlichen Dinge glauben.

Nachbemerkung: Für Hinweise und Anregungen danke ich ganz besonders Harald Fricke.

Literatur

Jerome A. Anderson, *Reincarnation – a study of the human Soul*, dtsch. *Die Seele* (Leipzig: Verlag von Wilhelm Friedrich, 1893), o.J.

Aurelius Augustinus, *Soliloquia de Immortalitate Animae/ Selbstgespräche über die Unsterblichkeit der Seele* (Zürich: Artemis Verlag, 1954).

Paul Barber, *Vampires, Burial & Death. With a New Preface* (New Haven, London: Yale UP, 2010).

Ernest Becker, *The Denial of Death, New York: The Free Press* (a Division of Collier Macmillan International Publishing Co., Inc., 1973).

Otto Bollinow, *Neue Geborgenheit. Das Problem einer Überwindung des Existenzialismus* (Stuttgart: Kohlhammer, 1972).

Pierre Colin, *Gabriel Marcel, philosophe de l'espérence* (Paris: Éditions Cerf, coll. La nuit surveillée, 2010).

Carl Du Prel, *Die monistische Seelenlehre. Ein Beitrag zur Lösung des Menschenrätsels* (Leipzig: Ernst Günters Verlag, 1888).

Ludwig Feuerbach, "Gedanken über Tod und Unsterblichkeit", in ders., *Frühe Schriften, Kritiken und Reflexionen* (1824-1834). Gesammelte Werke, Vol. 1 (Berlin: Akademie Verlag, 1830, repr. 2000).

Antony Flew, *The Logic of Mortality* (Oxford: Basil Blackwell, 1987) [konfrontiert drei Strategien: Hypothese eines Astralleibes, den Platonisch-Cartesischen Dualismus von Seele und Leib und die Hypothese einer Wiederherstellung nach dem Tod mit den Problemen einer posthumen Identität der Person].

John Charles Addison Gaskin, *Hume's Philosophy of Religion* (Houndmills, Basingstoke, Hampshire, London: The Macmillan Press, 1988).

David Hume, "Of the Immortality of the Soul", in ders., *Essays, Liberty Classics* (Indianapolis, 1777, repr. 1987), pp. 590-8.

William James, "The Will to Believe", in *The Works of William James. The Will To Believe* (Cambridge, Mass., London: Harvard UP, 1896, repr. 1979).

Karl Jaspers, "Unsterblichkeit", in ders., *Das Wagnis der Freiheit. Gesammelte Aufsätze zur Philosophie* (München: Piper, 1957, repr. 1996), pp. 336-341.

Gottfried Wilhelm Leibniz, *Versuch in der Theodicée über die Güte Gottes, die Freiheit des Menschen und den Ursprung des Übels* (Hamburg: Meiner, 1710, repr. 1996).

Georg Christoph Lichtenberg *Schriften und Briefe*: Vol. 1: *Sudelbücher, Fragmente, Fabeln, Verse*, ed. Franz H. Mautner (Frankfurt a.M.: Insel, 1983).

Gerda Lier, *Das Unsterblichkeitsproblem. Grundannahmen und Voraussetzungen.* 2 vols. (Göttingen: Vandenhoeck & Ruprecht Unipress, 2010). [zwei Bände, insgesamt 1431 Seiten. Dieses gründliche Lebenswerk behandelt das Thema historisch und systematisch. Die literarisch-wissenschaftliche Unsterblichkeit der Autorin ist damit garantiert].

Alasdair Macintyre, *Dependent Rational Animals. Why Human Beings Need the Virtues* (London: Duckworth, 1999).

Josef Ratzinger u.a., *Katechismus der katholischen Kirche*. Kompendium. Mit Approbation und Einleitung des Papstes Benedikt XVI. (Bonn: Patloch, 2005). [Dieses bemerkenswert klare und knappe Kompendium verpflichtet den Glauben auf die Annahme der buchstäblichen Wahrheit von Auferstehung, ewigem Leben und – purgatorium! Die Frage nach der Existenz der Hölle oder ewiger Höllenstrafen wird diskret ausgeklammert.]

Rainer Maria Rilke, *Sämtliche Werke in sechs Bänden*, ed. Ernst Zinn (Frankfurt a.M.: Insel-Verlag, 1955).

Georg Runze, *Unsterblichkeit und Auferstehung*: Vol. 1: *Die Psychologie des Unsterblichkeitsglaubens und der Unsterblichkeitsverleugnung* (Berlin: R. Gaertners Verlagsbuchhandlung, 1894).

Arthur Schopenhauer, *Über den Tod. Gedanken und Einsichten über letzte Dinge*, ed. Ernst Ziegler (München: Beck, 2010).

Patrick Shade, *Habits of Hope. A Pragmatic Theory* (Nashville: Vanderbilt UP, 2001).

Bernard Williams, "The Makropulos case; reflections on the tedium of immortality", in ders., *Problems oft he Self*. Philosophical Papers 1956-1972 (Cambridge etc.: UP, 1973), pp. 82-101, deutsch: "Die Sache Makropulos: Reflexionen über die Langeweile der Unsterblichkeit", in ders., *Probleme des Selbst* (Stuttgart: Reclam 1978), pp. 133-162.

Siegfried Weichlein

Ursprungsmythen in unvordenkbarer Vergangenheit. Die soziale Konstruktion von Zeit in der nationalen Mythologie

Unsterblichkeit bedeutet aus verschiedenen Blickwinkeln gesehen jeweils etwas anderes. Sie unterscheidet sich von dem religiösen Begriff der Ewigkeit und erst recht von Hegels Deutung der Ewigkeit als erlöster Freiheit. Unsterblichkeit ist prospektiv, ab einem bestimmten Zeitpunkt unendlich, hat also einen Anfang. Ewigkeit ist eine Kategorie, die über das chronologische Moment hinausgeht. Die Literatur scheint die Vorstellung der Unsterblichkeit vor allem mit der Zukunft zu verbinden. Aus dem Blickwinkel der Historiker und zumal der Nationalismusforschung verweist die Vorstellung der Unsterblichkeit dagegen in die Vergangenheit, auf ihren Ursprung. In der Sprache der historischen Quellen, die von der Unsterblichkeit der Nation sprechen, scheint jedoch noch ein religiöser Kern auf, der sie mit biblischen Texten verband. Die nationalen Texte, die von der Unsterblichkeit der Nation sprechen, übernehmen ein religiöses Narrativ, das unhistorisch ist: Sie erzählen nämlich nationale Ursprungsgeschichten als Wesensgeschichten. Nationale Mythen sprechen das vermeintliche Wesen einer sozialen Großgruppe aus.[1] Die Zumutung an den Leser und Hörer der Mythen ist damit, dass in den unvordenkbaren Ursprüngen eines Volkes sein Wesen beschlossen liegt, das als historisch invariabel vorgestellt wird: In Arminius ist bereits das deutsche Volk inkarniert, in Vercingetorix die Franzosen, im Piasten-Mythos das polnische Volk. Die nationale Unsterblichkeit wird plausbilisiert durch seine Ursprünge in einer unvordenkbaren Vergangenheit. Edgar Reitz, der Regisseur der TV-Serie "Heimat", fasste dies in die Worte: "We have to defend ourselves with a powerful weapon. This weapon from time immemorial has been art, especially narrative art: literature, poesy, film".[2]

[1] Die Forschung zu historischen Mythen ist in der Zwischenzeit Legion. Vgl. Monika Flacke, ed., *Mythen der Nationen. Ein europäisches Panorama, Begleitband zur Ausstellung vom 20.3.1998 bis 9.6.1998* (Berlin: Köhler und Amelang, 1998); Helmut Berding, ed., *Mythos und Nation. Studien zur Entwicklung des kollektiven Bewußtseins in der Neuzeit 3* (Frankfurt am Main: Suhrkamp, 1996); Siegfried Weichlein, *Nationalbewegungen und Nationalismus in Europa* (Darmstadt: Wissenschaftliche Buchgesellschaft, 2006), pp. 112-141.

[2] Zit. in Alon Confino, *Germany as a culture of remembrance: promises and limits of writing history* (Chapel Hill: The University of North Carolina Press, 2006), p. 66.

Nationalgeschichten erzählten vom Ursprung und vom Auftrag der Nationen. Sie nahmen ein biblisches Motiv auf und verwandelten die religiös konnotierbare Unsterblichkeit in einen säkularen politischen Begriff. Die Ursprungsgeschichten gaben weniger den zeitlichen Beginn (initium), sondern mehr den sachlichen Kern (principium) der Nationen wieder. Sie argumentierten damit im Gestus der Religion. Sie erzählten "in principio", nicht "in initio" und variierten damit den Beginn des Johannesevangeliums in der Fassung der lateinischen Vulgata, der seinerseits eine Wiederaufnahme des Beginns der Bibel (Gen 1,1,) war: "in principio erat verbum" (Joh 1,1). Dies gilt nicht nur für die Narrative nationaler Mythen im 19. Jahrhundert, sondern auch für die Historiographie der Gegenwart, die diesen Ursprungsgestus in ihren Einleitungen gerne bemüht. Noch heute bedienen sich geschichtliche Großsynthesen der deutschen Nationalgeschichtsschreibung des johanneischen Gestus aus Joh 1,1. Thomas Nipperdey begann seine Deutsche Geschichte mit: "Am Anfang war Napoleon", Hans-Ulrich Wehler replizierte in seiner "Deutschen Gesellschaftsgeschichte" mit "Im Anfang steht keine Revolution". "Der lange Weg nach Westen" von Heinrich A. Winkler begann mit "Im Anfang war das Reich". Auf dieser gefährlichen Gradwanderung zwischen initialem und prinzipiellem Narrativ neigen Historiker immer noch zu einer wesenhaftprinzipiellen und nicht initial-chronologischen Darstellungsweise.

Im Zentrum der nationalen Ursprungsgeschichten stand in jedem Falle die These einer originären Wesensprägung. Die Wesenszüge, die historisch herausgearbeitet wurden, kennzeichneten die Nation der Gegenwart: Das Volk sollte sich im Wesentlichen gleich bleiben. Es war damit unsterblich. Die Gegenwart konnte auf ein Urvolk zurückgeführt werden. Die Erzählungen von Hermann dem Cherusker und der Schlacht im Teutoburger Wald (9 n.Chr.) schilderten die Deutschen so, wie sie sich die liberale Historiographie auch im 19. Jahrhundert wünschte: antirömisch, einig und selbstbewusst. Das Gleiche galt in Italien für die Sizilianische Vesper (1282) und in der Schweiz für den Rütlischwur (1307 oder 1291). Die Vorstellung einer Wesenskontinuität von den Anfängen der Nation bis zur Gegenwart verband sich mit einer Rhetorik der Unsterblichkeit. Letztere hat sich in vielen Nationalhymnen erhalten, wie in der portugiesischen:

"Helden des Meeres, edles Volk, tapfere unsterbliche Nation, richtet heute die Pracht Portugals wieder auf! Aus den Nebeln der Erinnerung, o Vaterland, ertönt die Stimme deiner ehrwürdigen Vorväter, die dich zum Siege führen wird!" In Argentinien singt man ebenfalls auf das unsterbliche Volk: "Heil dem großen argentinischen Volk" und: "Ewig sei der Lorbeer, den wir zu erlangen wussten ..."

1. Unsterblichkeit als Antwort

Die nationale Formel der Unsterblichkeit antwortete auf Fragen und Herausforderungen. Mehrere Ebenen lassen sich unterscheiden:

Unsterblichkeit I: Fortschritt und Rückständigkeit

Es war kein Zufall, dass die Unsterblichkeit der Nation besonders dort betont wurde, wo die Zweifel an der nationalen Gegenwart stark waren. Die lange Dauer der Nation sollte auch die Frage nach den Ursachen für ihre Rückständigkeit beantworten. Dies galt in zweierlei Hinsicht: zum einen durch eine vor langer Zeit eingeschlagene falsche Entwicklungsrichtung, zum anderen durch die Annahme eines davon verschiedenen und noch älteren Wesenskernes.

Mehr noch als Siege wirkten Niederlagen und Opfer im nationalen Gedächtnis nach, besonders wenn sie als Richtungsentscheidungen für eine falsche Entwicklung bis in die Gegenwart gelesen wurden. Das galt besonders dort, wo Nationalhistoriker nach den Ursachen einer nationalen Rückständigkeit fragten, wie dies in Italien und Spanien, aber auch in Polen der Fall war. Diese Länder kannten Rückständigkeitsdebatten, die in weit ausholenden Erklärungen die Gründe für eine gegenwärtige Rückständigkeit im Mittelalter oder noch früher suchten. Die Nation war das fortschrittliche Gegenbild zu dieser Rückständigkeit. Nach den traumatischen militärischen Niederlagen von Custoza und Lissa von 1866 gegen österreichische Truppen begannen LiberalKonservative in Italien nach den Fehlern und Schwächen des Risorgimento zu fragen. Dabei kam man immer häufiger auf den Süden des Landes zu sprechen. Die Geschichtsschreibung des Risorgimento sah im Kirchenstaat und im Königreich beider Sizilien die Ursachen für die Rückständigkeit des Südens. Neapel galt als "un paradiso abitato da diavoli" (ein von Teufeln bewohntes Paradies). Der spätere britische Premier William Gladstone hatte bereits 1851 das Königreich beider Sizilien so beschrieben: "È la negazione di Dio eretta a sistema di governo" (Es ist die Verneinung Gottes, die zum Regierungssystem erhoben wurde). Von der Zivilisation des Nordens wurde es durch die "muraglia cinese" (chinesische Mauer) der Bourbonenherrschaft getrennt.[3]

Der Historiker und Philosoph Benedetto Croce datierte den Zeitpunkt, ab dem sich Süden und Norden auseinander entwickelten, in das späte 13. Jahrhundert, konkret auf die Ereigniskette zwischen der Sizilianischen Vesper 1282, dem Tod Robert von Anjous 1343 und dem Beginn der spanischen Vorherrschaft in Süditalien. Seitdem folgte die Entwicklung einer desaströsen Pfadabhängigkeit. Auch in Spanien fragten Historiker und Soziologen nach den Ursachen für die als rückständig empfundene Gegenwart. Das galt besonders für Autoren, die der

[3] Vgl. Martin Baumeister, "Diesseits von Afrika? Konzepte des europäischen Südens", in: Frithjof Benjamin Schenk, Martina Winkler, ed., *Der Süden: neue Perspektiven auf eine europäische Geschichtsregion* (Frankfurt am Main: Campus-Verlag, 2007), pp. 23-47, 36. Zum Rückständigkeitstopos: Jennifer D. Selwyn, *A paradise inhabited by devils. The Jesuit's civilizing mission in early modern naples* (Aldershot: Ashgate, 2004); Nelson Moe, *The view from Vesuvius. Italian culture and the southern question* (Berkeley: The University of California Press, 2002), pp. 46ff. (zu "paradiso abitato da diavoli"), pp. 131ff (Gladstone).

Aufklärung zuneigten. Sie lasen die spanische Nationalgeschichte durch die Brille des binären Musters Rückstand und Fortschritt. Die Ursachen für den Rückstand fanden sie in despotischer Monarchie, Trägheit und Fanatismus. Spanien sei daher ungleichzeitig gleichzeitig und in wesentlichen Teilen noch nicht im 19. Jahrhundert angekommen. Schon die arbitristas des 17. Jahrhunderts, Vorläufer der späteren Ökonomen, dachten in diese Richtung. Die späteren Aufklärer nahmen diesen Faden wieder auf. Im Ergebnis grenzten die Inferioritätsdebatten der europäischen Nationalbewegungen bestimmte Räume und teilweise auch soziale Gruppen aus der engeren nationalen Gemeinschaft aus. Die Nation als solche residierte dann in den als fortschrittlich empfundenen Teilen und blieb von der Rückständigkeit unberührt.[4]

Unsterblichkeit II: Freiheit und Unfreiheit

Die nationalen Inferioritätsdebatten besaßen eine zeitliche Dimension, nämlich eine Vergangenheit, seit der die Entwicklung dauerhaft eine fatale Entwicklung genommen hatte. Mehr noch aber argumentierten sie räumlich. Ein zweiter, wenn auch stärker differenzierter Topos, der der Vorstellung der unsterblichen Nation vorarbeitete, war die Polarität von Freiheit und Unfreiheit. Die Nation war unsterblich, weil sie ursprünglich frei war. Diese ursprüngliche Freiheit galt es wiederzuerlangen. Das war die Aufgabe des "Risorgimento" oder der "palingenesis" also der Vorstellung der Wiedererlangung der Freiheit, der Wiederauferstehung.[5] Besonders wirkungsvoll waren Nationalgeschichten, die vom originären Wesenszug des Widerstandes und der Freiheitsliebe eines Volkes ausgingen. Dies galt zumal für ethnisch, sprachlich und konfessionell heterogene Gesellschaften, deren innere Einheit sich erst durch ihre äußeren Feinde ergab. Dort fiel die Vorstellung der "ursprünglichen Freiheit", die es eigentlich wiederzuerlangen galt, auf fruchtbaren Boden, vor allem dann, wenn sich die Nationalbewegung wie im deutschen Bund unter den Karlsbader Beschlüssen von 1819 einem Repressionsregime gegenüber sah. Den siegreichen Widerstand eines Volkes verkörperten die Persischen Kriege der Griechen im 5. Jahrhundert v.Chr., die Schlacht Hermann des Cheruskers im Teutoburger Wald (9 n.Chr.) und die Sizilianische Vesper (1282).

Der Widerstand mußte noch nicht einmal nicht erfolgreich sein, um national wirksam zu sein und in die Geschichte einzugehen. Mehr noch konnten Niederlagen zum Kristallisationspunkt nationaler Identität werden, die auf der Vorstellung dauerhafter Wesenszüge basierte. Beispiele dafür waren der erfolglose Wi-

[4] Vgl. J. I. Israel, "The decline of Spain. A historical Myth?", *Past and Present* 91 (1981), pp. 170-180; Henry Kamen, "The decline of Stain. A historical myth? A Rejoinder", *Past and Present* 91 (1981), pp. 181-185.

[5] Vgl. Weichlein, Nationalbewegungen, S. 40; Peter Alter, *Nationalismus* (Frankfurt am Main: Suhrkamp, 1985), p. 29.

derstand der Iberer gegen die Römer in Numantia (133 v.Chr.) und die Niederlage von Vercingetorix gegen Cäsar (52 v. Chr.). Niederlagen waren sogar insofern wirkungsvoller als Siege, weil sie stärker verpflichteten und zum Handeln aufforderten.[6]

Das führt zu einem prinzipiellen Punkt. Die gemeinschaftsbildende Wirkung der Niederlage war offensichtlich stärker als die Mythisierung eines Sieges. Vertragstheoretisch stand dahinter der Zusammenhang, dass der Tod die weitere dynamische Aushandlung von Verträgen und die lebensweltliche Kommunikation abbricht. Diejenige Verbindlichkeit, die im Moment der Niederlage vorhanden ist, wird eingefroren und auf Dauer gestellt. In den Unsterblichkeitsnarrativen wird dieser anthropologische Zusammenhang abgebildet in die nationale Solidarität, die unbedingt wird. Sieger leben weiter und sind Gegenstand der Aushandlung. Die Narrative der Niederlage generierten unbedingte Verpflichtungen, ein Zusammenhang, den Unsterblichkeitsnarrative weidlich ausnutzten. Die Nation erhielt durch ihre Verkopplung mit den Opfern Ewigkeitswert.[7]

Aus der Perspektive der Nationstheorie hat Ernest Renan diesem Gedanken eine andere Pointe gegeben: Die Nation beruht auf dem Vergessen der fremden Opfer, die ansonsten ebenfalls überzeitliche Solidarität generiert hätten: "Das Vergessen – ich möchte fast sagen: der historische Irrtum – spielt bei der Erschaffung einer Nation eine wesentliche Rolle, und daher ist der Fortschritt der historischen Studien oft eine Gefahr für die Nation. Die historische Forschung zieht in der Tat die gewaltsamen Vorgänge ans Licht, die sich am Ursprung aller politischen Gebilde, selbst jener mit den wohltätigsten Folgen, ereignet haben. Die Vereinigung vollzieht sich immer auf brutale Weise." Das Vergessen – auch eine Form der Unsterblichkeit – oder das bewusste Missverstehen ist ein wesentliches Moment bei der Herausbildung einer Nation. Von diesem Standpunkt aus konnte Renan auch die Unsterblichkeit der Nation ablehnen. "Nationen sind nichts Ewiges. Sie haben einmal angefangen, sie werden enden."[8]

In den nationalen Mythen gab die tief empfundene Unfreiheit das Gegenbild zur Freiheit ab, die geradezu weltgeschichtlich gedeutet, ein neues Zeitalter bedeuten würde. Nach dem Saeculum der Sklaverei kam das Weltalter der Freiheit. Für Belgien und seine jahrhundertelange fremde Herrschaft war dies besonders markant. Im "Mémorial Belge" bemerkte 1832 ein Anonymus: "Spanien hat uns ausgebeutet mit Fanatismus und Grausamkeit, Österreich mit Gleichgültigkeit

6 Zur Attraktion der Niederlage in der Historiographie vgl. Siegfried Weichlein, "Die Verlierer der Geschichte. Zu einem Theorem Carl Schmitts", in Christian Giordano, Jean-Luc Patry u. François Rüegg, ed., *Trugschlüsse und Umdeutungen. Multidisziplinäre Betrachtungen unbehaglicher Praktiken* (Berlin: LIT, 2009), pp. 147-165.

7 Vgl. Weichlein, Nationalbewegungen, p. 93.

8 Vgl. Ernest Renan, "Was ist eine Nation?", in Hannah Vogt, *Nationalismus gestern und heute* (Opladen: C. W. Leske, 1967), pp. 137-143. Allgemein vgl. Lucian Hölscher, "Geschichte und Vergessen", *Historische Zeitschrift* 249 (1989), pp. 1-17.

und berechnender Freundlichkeit, das französische Kaiserreich mit Verachtung, Holland mit Gier und Dummheit." Die belgische Nationalhymne feierte entsprechend den Durchbruch zur unsterblichen Freiheit. Seit dem 21. Juli 1860 singen die Belgierin der "Brabançonne"[9]:

Après des siècles d'esclavage,	Nach weltenlanger Sklaverei
Le Belge, sortant du tombeau,	Erhob sich Belgien aus dem Grab.
A reconquis par son courage,	Sein Mut, kraft dessen es nun frei
son nom, ses droits et son drapeau.	Ihm Name, Recht und Freiheit gab.

Dieser nationale Durchbruch zur Freiheit brachte nur das zum Vorschein, was schon immer galt und unsterblich war: die Freiheit und das Recht.[10] Formulierungen wie "Risorgimento", "palingenesis" oder "nationale Wiedergeburt" appellierten an diese Vorstellung. Die Völker seien ursprünglich frei gewesen, erst später habe der Despotismus Macht über sie gewonnen und sie versklavt.[11] Die Nationalbewegungen des 19. Jahrhundert würden also nur die ursprüngliche Freiheit wieder herstellen. Damit war auch klar, dass Niederlagen nur Etappen auf dem Weg zum endgültigen Durchbruch der unsterblichen Freiheit waren. Die Geschichte war eine einzige Abfolge von Freiheitskämpfen. Der Sieg der Freiheit war gewiss. Epistemologisch wurde die Freiheit zur Hermeneutik der Nationalgeschichtsschreibung. Der Freiheitskampf der Belgier reichte von den Nerviern gegen die Römer und den Flamen gegen die Franzosen, den Holländern gegen die Spanier bis zu den Brabantern gegen die Österreicher. Die "Wiedergeburt des deutschen Volkes" stellten sich Autoren wie Friedrich Ludwig Jahn als Wiedergeburt des Reiches vor, das 1806 aufgehört hatte zu existieren. Jahn forderte 1810 "eine zeitgemäße Verjüngung des alten ehrwürdigen deutschen Reichs und in dem Reiche ein Großvolk, das zur Unsterblichkeit in der Weltgeschichte menschlich die hehre Bahn wandeln würde."[12]

9 Zit. in: Weichlein, Nationalbewegungen, p. 118.

10 Daher galt das Recht im wiedergewonnenen Staat ebenfalls als unsterblich und als Platzhalter für das Allgemeine gegenüber dem Privaten und Partikularen. Karl Marx forderte daher, dass die "Unsterblichkeit des Rechts" dem Privatinteresse nicht geopfert werden dürfe. Vgl. *Geschichtliche Grundbegriffe: historisches Lexikon zur politisch-sozialen Sprache in Deutschland*, Otto Brunner, Werner Conze, Reinhart Koselleck, ed. (Stuttgart: Klett-Cotta, 1979ff), Vol. 5, p. 297.

11 Vgl. etwa Le Mercier de la Rivière, *L'ordre naturel et essentiel des sociétés politiques* (Paris: Fayard, 2001), p. 178f.

12 Friedrich Ludwig Jahn, *Werke*: Vol. 1: *Deutsches Volkstum (1810)* (Hof: Grau, 1883), p. 160; Vol. 5: *Geschichtliche Grundbegriffe der politisch-sozialen Sprache*, p. 491.

2. Typen nationaler Mythen der Unsterblichkeit

Mythen sind Erzählungen von Wesen einer Sache. Geschichtlichen Wandel erzählen sie in archaischen Bildern und Topoi wie Niederlage, Opfer und Krönung, vor allem aber Herkunft und Abstammung. Wesen und Ursprung fallen im nationalen Mythos zusammen. Sie kommen zusammen in einem "defining moment", der die weitere Geschichte eines Volkes bestimmte. Es gab Ursprungsmythen und Bekräftigungsmythen. Ursprungsmythen kreisten um die Motive Nachfolge und Widerstand. Beispiele dafür waren in zahlreichen Fällen die Nachfolge der Trojaner und der Widerstand gegen Rom, in Italien auch im Rom-Mythos.[13]

Nachfolge bezog sich auf uralte und vor allem edle Geschlechter wie etwa die Trojaner. Die Trojaner und ihre Leidens- und Vertreibungsgeschichte dienten besonders häufig als Vorbild für spätere nationale Selbststilisierungen. Bereits die mittelalterlichen Franken führten ihre Herrschaft auf die Trojaner zurück. Als ersten Franzosen identifizierte man im 16. Jahrhundert Francion, den Sohn des Hektor, Ahnherren des kapetingischen Hauses und Gründer von Paris. Ein Unterschied zwischen König und Volk existierte im Mythos nicht. Nicht nur das französische Königshaus, sondern das ganze französische Volk stammte damit von Priamos ab. Von den trojanischen Flüchtlingen, die unter der Führung von Francion und Marcomir an die Gestade Galliens gekommen waren, stammten demnach Merowinger, Karolinger und Kapetinger ab. Die Nachfolge nahm hier die Form der Abstammung an und sollte die kulturelle Überlegenheit Frankreichs gegenüber den anderen Völkern zeigen.[14] Die Wiege der Menschheitskultur stand für französische Publizisten nicht in Rom, sondern in Paris. Nicht Deutschland gebührte die Kaiserwürde wegen des Romgedankens, sondern Frankreich wegen dessen noch älterer und noch edlerer Ursprünge in Troja. Bis in das 19. Jahrhundert blieb dieses Motiv lebendig. Das Troja-Motiv war auch in Polen nach den polnischen Teilungen verbreitet. Der polnische Dichter Franciszek Karpinski (1741-1825) zitierte den römischen Dichter Vergil: "Fuimus Troës" ("Einst waren wir Trojaner"). In hundert Jahren würde das Polnische ausgestorben sein und die Polen das Schicksal der Trojaner teilen.[15] Nachfolge konnte die Bedeutung der Fortsetzung, mithin der translatio imperii annehmen.

[13] Zum Rom-Mythos vgl. Franz J. Bauer, *Rom im 19. und 20. Jahrhundert. Konstruktion eines Mythos* (Regensburg: Verlag Friedrich Pustet, 2009).

[14] Francus oder Francion entkommt mit Aeneas in die mäotischen Sümpfe. Dort gründet er Sicambria und zieht später mit seinem Stamm auf die Isle-de-France, gründet Lutetia. Das umliegende Land wird zu seinen Ehren La France genannt. Vgl. Esther von Bruchhausen, *Das Zeichen im Kostümball. Marianne und Germania in der politischen Ikonographie*, Diss. Halle a. d. S. 1999, p. 162, Anm. 477. Seit dem 7. Jahrhundert in der Fredegar-Chronik belegt, wird der Troja-Mythos für Frankreich seit dem 13. Jahrhundert zu einer umfassenden Erzählung ausgearbeitet.

[15] Vgl. hierzu Jörn Garber, "Trojaner – Römer – Franken – Deutsche. Nationale Abstammungstheorien im Vorfeld der Nationalstaatsbildung", in Klaus Garber, ed., *Nation und Li-*

Russland beanspruchte seit der Frühen Neuzeit für sich, das "dritte Rom" zu sein, also ebenfalls eine uralte und unvordenkliche Herkunft zu besitzen.[16] Vermittler zwischen Byzanz, dem zweiten Rom, und Moskau, dem dritten Rom, war die Ukraine, die sogenannte Kiewer Rus. Seit dem 15. Jahrhundert gehörte zum russischen Mythenhaushalt die Vorstellung, im 11. Jahrhundert habe der Kiewer Prinz Wladimir Monomakh Geschenke, Insignien und die Kaiserkrone vom oströmischen (byzantinischen) Kaiser Constantin IX. Monomachus erhalten. Die Krone, die schließlich nach Moskau geriet, stellte den Zusammenhang zwischen Rom über Byzanz nach Moskau her. Dieser Translationsmythos diente den Zaren dazu, die Ukraine zu beherrschen und sich vom katholischen polnisch-litauischen Fürstentum abzugrenzen. Dabei kannte das 16. Jahrhundert in Russland noch keinerlei Vorstellung der Nation. Zu diesem Zeitpunkt stellte Religion noch das "funktionale Äquivalent des Nationalismus" dar, das immerwährende Dauer kommunizierte. Dem britischen Historiker Sir Lewis Namier wird der zutreffende Aphorismus zugeschrieben: "Religion: a sixteenth century term for nationalism."[17]

Häufiger als Nachfolgegeschichten waren Widerstandsgeschichten. Sehr oft richteten sie sich gegen Rom: so in Frankreich, wo die Niederlage des Vercingetorix gegen die Römer eine Epoche der Unterdrückung der Gallier einleitete, die in diesem Mythos anders als im Trojaner-Mythos als Vorfahren der Franzosen galten. Auch in Deutschland, den Niederlanden und Spanien war das Motiv des Widerstandes gegen das römische Reich verbreitet. Rom war dabei eher ein Typus und keine raum-zeitliche Größe. So setzten Italiener zu Beginn des 19. Jahrhunderts Frankreich und die napoleonische Besetzung mit Rom gleich. Dies hatte zur Folge, dass die italienische Nationalbewegung ihre Vorbilder eher in Griechenland – dem Widerpart Roms in der Antike – suchte als in der römischen Geschichte. Schließlich hatten die Römer die griechische Kultur nach der Schlacht bei Pydna (168 v. Chr.) übernommen. Vincenzo Cuoco identifizierte

teratur im Europa der Fruhen Neuzeit (Tübingen: Max Niemeyer, 1989), pp. 108-163; Gerd Biegel, "'Troia ist überall'. Der wirkungsmächtigste Mythos und sein Rezeption in der abendländischen Kulturgeschichte im 20. Jahrhundert in Theater, Literatur und Kunst", in Hans-Joachim Behr, ed., *Troia – Traum und Wirklichkeit* (Braunschweig: Braunschweigisches Landesmuseum, 2003), pp. 68-85.

[16] Vgl. Peter Nitsche, "Moskau – das Dritte Rom?", *Geschichte in Wissenschaft und Unterricht* 42 (1991), pp. 341-354; Franziska Thun-Hohenstein, "Moskau – Drittes Rom. Nachklänge einer alten Denkfigur in der russischen Kultur des 20. Jahrhunderts", in Daniel Weidner, ed., *Figuren des Europäischen. Kulturgeschichtliche Perspektiven* (München: W. Fink 2006), pp. 79-100.

[17] Zit. in: Kingsley M. de Silva, "Religion and nationalism in 19th century Sri Lanka: Christian Missionaries and their critics", *Ethnic Studies Report* 16 (1998), pp. 103-138, 104.

die Italiener in seiner Abhandlung "I romani in Grecia" (1797) mit den antiken Griechen, die Franzosen dagegen mit den Römern.[18]

Wie im Troja-Motiv angedeutet ging die Vorstellung der Nachfolge in dasjenige der Abstammung über. Dann beruhte die Einheit eines Volkes auf einem gemeinsamen Stammvater, einem Ur- oder Spitzenahn. Die Personalisierung der nationalen Ursprünge hielt auch im 19. Jahrhundert, dem Jahrhundert der Geschichtsschreibung und der Nationalgeschichte, an. Allerdings gab es im 19. Jahrhundert zumeist mehrere politische oder geistliche "Stammväter" für eine Nation: für Frankreich etwa Vercingetorix und Chlodwig, für Deutschland Hermann den Cherusker, Luther und Bonifatius. In verschiedenen Ursprungsmythen konkurrierten mehrere Arten miteinander, die Nation politisch zu gestalten. Mythen erzeugten Gegenmythen. So war das liberale Deutschland, das von Hermann dem Cherusker oder von Luther abstammen wollte, ein völlig anderes als das katholische Deutschland, das sich den englischen Missionar Bonifatius zum Urvater gewählt hatte. Hermann und Luther standen für die Entstehung Deutschlands gegen Rom, Bonifatius dagegen für diejenige im Bunde mit Rom.[19]

Die edle Abstammung bezog sich nicht nur auf uralte Geschlechter, sondern bis zur Französischen Revolution und besonders in Osteuropa auf "heilige Könige". In dieser mythisch-narrativen Figur lag der Ursprung eines Volkes in einem ersten "Heiligen König". In holistischer Denkweise galt dies dann auch für alle Untertanen. Solche heiligen Könige waren Heinrich II. für die Deutschen, Stephan und Emmerich (inklusive Ladislaus) bei den Ungarn, Wenzel bei den Tschechen, Leopold bei den Österreichern, Edward bei den Engländern und Chlodwig bei den Franzosen. Nur wenige dieser heiligen Könige wurden jedoch im 19. Jahrhundert ins feste Repertoire von Nationalmythen aufgenommen, da die Nationalbewegungen oft antiklerikal eingestellt waren. Diesen Sprung schafften nur ernsthaft Piast in Polen, Stephan in Ungarn und Wenzel bei den Tschechen.

So erzählte die Piasten-Legende die Gründung Polens in vorhistorischer Zeit (860 n.Chr.). Piast war der legendäre Stammvater der ersten polnischen Dynastie, die das Land vom 10. bis zum 14. Jahrhundert regierte. In der Zeit des "Jungen Polen" ("Młoda Polska") popularisierten Dichter und Künstler wie Julius Słowacki (1809-1849), Mieczysław Romanowski (1834-1863) und Alexander

[18] Vgl. Friedrich Wolfzettel u. Peter Ihring, "Der föderale Traum. Nationale Ursprungsmythen in Italien zwischen Aufklärung und Romantik", in Helmut Berding, ed., *Nationales Bewußtsein und kollektive Identität. Studien zur Entwicklung des kollektiven Bewußtseins in der Neuzeit 2* (Frankfurt a. M.: Suhrkamp, 1994), pp. 443-483.

[19] Vgl. Siegfried Weichlein, "Der Apostel der Deutschen. Die konfessionspolitische Konstruktion des Bonifatius im 19. Jahrhundert", in Olaf Blaschke, ed., *Konfessionen im Konflikt. Deutschland zwischen 1800 und 1970: ein zweites konfessionelles Zeitalter* (Göttingen: Vandenhoek und Rupprecht, 2002), pp. 155-179.

Bronikowski (1788-1834) diesen Mythos. Joachim Lelewel kanonisierte in seinem vierbändigen "Polen im Mittelalter" (1846-1851) ein piastisches Geschichtsbild, das bis weit ins 20. Jahrhundert hinein maßgeblich blieb. Die polnischen Piasten-Könige (um 960-1370) verkörperten die altslawische Idee der sozialen und politischen Freiheit. Das polnische Königtum stand darin in voller Übereinstimmung mit seinem Volk. Piast war ein armer Stellmacher gewesen, der in einer Bauernkate wohnte, wo ihn der Ruf des Engels erreichte. Nicht der reiche Fürst Popiel, sondern Piasts Sohn Siemowit wurde später König und regierte weise. Damit aber lag der politische Sinn des Piast-Mythos für das Polen des 19. Jahrhunderts auf der Hand: In national schwierigen Zeiten wie im 19. Jahrhundert bedurfte es eines einzigen Bauern, um Volk und Land vor inneren und äußeren Gefahren zu schützen, was den nationalen Gedanken in der Landbevölkerung weiter verankerte.[20]

Über die in unvordenklicher Zeit herrschenden "Heiligen Könige" wurden soziale und ethnische Fragen bearbeitet. Der Premysliden-Mythos war lange Zeit übernational, bezog sich also auf alle in Böhmen wohnenden Gruppen: sprachlich also auch auf die Deutschen, sozial auch auf den Adel. Tschechisch wurde Premysl erst durch den Revolutionär von 1848 und tschechischen Nationalhistoriker Jan Palacký. Er sah in dem Königspaar Libussa und Premysl Vertreter der friedlichen und demokratisch gesonnenen, sozial niedrig stehenden Tschechen. Das Königspaar setzte sich damit – ganz 1848 – vom Adel und von den feudalen Deutschen, den Habsburgern, ab. Der heilige König Stephan von Ungarn legitimierte die Vorherrschaft Ungarns über die anderen slawischen Nationalitäten auf dem ungarischen Staatsgebiet nach dem Stand von 1880. Stephan hatte Ungarn gewaltsam um das Jahr 1001 missioniert.

3. Die Unsterblichkeit der Nation und ihre Erwählung

Vor allem in Westeuropa und im anglo-amerikanischen Raum trat seit der Frühen Neuzeit eine weitere Vorstellung der immerwährenden Geltung der Nation auf den Plan: die Erwählung der Nation durch eine religiöse Instanz. Auch sie band die Unsterblichkeit an die religiöse Vorstellungswelt, nach Connor Cruise O'Brien sogar mit mehrfacher Steigerungsmöglichkeit, was es erlaubte, historischen Wandel mythisch auszudrücken. Für die unbegrenzte Dauer steht die göttliche Erwählung zum auserwählten Volk, zum "chosen people", in Anlehnung an das Alte Testament. Überhaupt war das Alte Testament mythisch in den Un-

[20] Zur Piasten- und Jagiellonen-Legende vgl. Hans J. Bömelburg, "Das polnische Geschichtsdenken und der Piasten- und Jagiellonenkult in der Frühen Neuzeit", in Joachim Bahlcke u.a., ed., *Die Konstruktion der Vergangenheit. Geschichtsdenken, Traditionsbildung und Selbstdarstellung im frühneuzeitlichen Ostmitteleuropa* (Berlin: Duncker und Humbold, 2002), pp. 193-220.

sterblichkeitsmythen der Nationen besonders stark vertreten. In England nahmen Publizisten seit dem 16. Jahrhundert für das England der Reformation in Anspruch, das auserwählte Volk zu sein. Dessen Rolle in biblischer Zeit wollten englische Nationalisten in ihrer Zeit übernehmen. England sollte den anderen Völkern ein Bild ihrer erlösten Zukunft vorstellen. Dafür stand die "Stadt auf dem Berg", die dem alttestamentlichen Buch Jesaja entlehnt war (Jes 2,2-5). Als "city on the hill" kam diese Vorstellung von England über die Pilgrim Fathers in die nordamerikanischen Siedlerkolonien. Die Auswanderer aus der englischen "chosen nation" in die nordamerikanischen Kolonien verstanden sich als das "Neue Israel". Das "Neue Israel" lebte in der "Neuen Welt" oder gar im "gelobten Land".[21]

Englische Quäker, Schweden und Holländer hielten sich für auserwählt durch einen Bund ("covenant") mit Gott. Die politische Bundestheologie schuf auserwählte Völker mit einem nationalen Sendungsbewusstsein. Dennoch hatten "chosen people" immer noch mit der Bestrafung durch Gott zu rechnen. Schließlich traf Gottes Strafe die Auserwählten, sobald sie ihrem Auftrag untreu wurden. Die religiöse Vorstellung der Auserwählung erhöhte ein Volk, disziplinierte es aber zugleich.

Der Erwählungsgedanke kannte Steigerungen, was mit Veränderungen in den Temporalstrukturen zusammen ging. War ein Volk zum "Heiligen Volk" ("holy nation") geworden, konnte es sicher sein, dass die Erwählung unwiderruflich und definitiv war. Gottes Richterspruch war bereits ergangen und hatte die Erwählung endgültig bestätigt. Aber das göttliche Gesetz stand noch über der Nation. Die definitiv auserwählte Nation war dadurch privilegiert und besaß einen besonderen Verständniszugang zum göttlichen Willen. Dies ermächtigte sie, ihre Auslegung des göttlichen Willens anderen Völkern aufzuzwingen. Das "heilige Volk" war gleichsam in einer Formulierung von O'Brien ein "auserwähltes Volk mit tenure". Als "heilige Nation" mußte diese nicht mehr befürchten, von Gott bestraft zu werden. Sie war vielmehr selbst göttlich gerechtfertigt. Friedrich Ludwig Jahn sprach von den Deutschen als einem solchen "heiligen Volk". Auch der romantische Nationalismus der Polen kannte den Gedanken des "heiligen Volkes".

Ihre höchste Steigerung fand die Erwählung in der Vorstellung des "göttlichen Volkes" ("deified nation"). Das "göttliche Volk" war selbst göttliches Gesetz und göttlicher Willen. Nicht erst die Nationalsozialisten sahen sich in ihrer Rasse-Religion als – wenn auch säkulares – göttliches Volk. Auch die "niederländische reformierte Kirche" verstand sich in dieser äußersten Übersteigerung des Erwählungsgedankens als göttlich. Ein solches absolutes Selbstbewusstsein war besonders in reformatorischen und revolutionären Situationen zu finden.

[21] Vgl. Connor Cruise O'Brien, *God Land Reflections on Religion and Nationalism* (Cambridge Mass., London: Harvard Univ. Press, 1988).

Die säkularisierte Variante der absoluten göttlichen Erwählung zeigte etwa die Französische Revolution. Abbé Sieyès erkannte in der Nation den "Ursprung von allem. Ihr Wille ist immer Gesetz, sie ist das Gesetz selbst." Daraus ergab sich die Berechtigung, anderen Völkern das eigene Gesetz aufzuzwingen. Es ist sicher kein Zufall, dass zur gleichen Zeit durch Johann Gottlieb Fichte philosophisch "absolutes Selbstbewusstsein" als Identität von Ich und Nicht-Ich ausformuliert wurde.

Die höchste Steigerung erfuhr die Erwählung im politischen Messianismus. Sozial suggestiv und besonders attraktiv war dieser Messianismus, wenn er mit Leidensvorstellungen einherging, die zwischen der Nation und dem Allgemeinheitsanspruch der Religion vermittelten. Vincenzo Gioberti stilisierte 1843 die politische Misere und Zerrissenheit Italiens als Italiens von Gott zugewiesene Opferrolle mit einem christologischen Sinn. Italien leide für die ganze Christenheit, "salvando co'suoi dolori la fede e il pontificato" ("durch seine Leiden den Glauben und das Pontifikat rettend"), wie der piemonteische Abgeordnete und Publizist Giovanni Siotto-Pintòr 1851 bemerkte.[22] Italien habe von Gott nämlich einen "genio nazionale" und sei bestimmt zur Rettung Europas, zur "redenzione" der europäischen Zivilisation (Gioberti).[23]

Im messianische Nationalismus der Polen gab es die Vorstellung des "Christus unter den Völkern", die auf Adam Mickiewicz zurückging. Nach Mickiewicz litt Polen stellvertretend als "Christus der Völker" für alle anderen Völker. Die Pointe dieser Identifikation mit Christus am Kreuz war freilich die Gewissheit der Auferstehung, der nationalen Wiedergeburt Polens. Während jedoch die Auserwählungsvorstellungen der protestantischen Freikirchen in Westeuropa die Unabhängigkeit voraussetzten, galt der polnische Messianismus gerade für die Zeit der Teilung bis 1918, hatte also das Ziel, einen Nationalstaat herzustellen.[24]

4. Unsterblichkeit in der Geschichte

Die Unsterblichkeit gewann im Laufe des 19. Jahrhundert, vor allem in den nationalen Mythen, einen neuen Ort. Der enge Bezug zu den religiösen Sinnfiguren von "Heiligen Königen" und religiöser Auserwählung, der noch im 18. Jahrhundert dominierte, wurde abgelöst von der Unsterblichkeit als einer nationalen und sozialen Utopie, genauer einer U-chronie. Nicht zufällig wurde zwischen

[22] Giovanni Siotto-Pintòr, *Delle speranze vere d'Italia* (Cagliari: Tipografia Nazionle, 1851), p. 136.

[23] Vgl. Wolfzettel, Der föderale Traum, pp. 480ff.

[24] Vgl. Lloyd S. Kramer, *Threshold of a New World. Intellectuals and the Exile Experience in Paris, 1830-1848* (Ithaca-London: Cornell University Press, 1988), pp. 198ff.; Dietger Langer, *Grundzüge der polnischen Literaturgeschichte* (Darmstadt: Wissenschaftliche Buchgesellschaft, 1975), pp. 74ff.

1770 und 1800 aus dem räumlichen Ausdruck Utopie eine Gattungsbezeichnung. "Der Begriff 'Utopie' gewinnt einen politischen Allgemeincharakter, der sich auf mögliche Verfassungsentwürfe im Hinblick auf deren Realisierbarkeit und nicht etwa auf deren Nicht-Realisierbarkeit bezieht." Utopie wird ein "politischer Verhaltensbegriff von allgemeinem Anspruch, an dem jeder partizipieren kann, der sich auf die Zukunft einstellen kann". Aus dem U-Topos wurde die U-Chronie.[25]

Die Verzeitlichung der Utopie betraf die Vorstellung der Unsterblichkeit im Kern. Die geschilderten nationalen Mythen, die bis ins frühe 19. Jahrhundert hinein Ursprungsmythen waren, die vom Wesen eines Volkes erzählten, bezogen sich jetzt sehr viel stärker auf die Zukunft. Sie dienten dazu, einen Nationalstaat zu schaffen. Die nationalen Ursprungsmythen waren nunmehr Teil des "Risorgimento" oder der "nationalen Wiedergeburt" anderer Völker. Dieser prospektive Sinn fügte der Unsterblichkeit ein Versprechen auf die Zukunft hinzu. Die Unsterblichkeit war Teil der nationalen U-Chronie geworden. Sie wurde zur Verheißung.

Mindestens genauso wichtig war die Unsterblichkeit, die die Nation ihren Toten verlieh. "Das war 'patriotisme en action', der über den Tod der Einzelnen nie in Vergessenheit geraten durfte. Immortaliser, éterniser, perpétuer – so lauten die Beschwörungsformeln, um die Unsterblichkeit, die bislang, wenn überhaupt, in Gottes Hand lag, in die Gedächtnisleistung der ständig sich erinnernden Nation zu überführen."[26] In Denkmälern für die gefallenen Soldaten wurden sie im nationalen Gedächtnis der Nation auf Dauer erinnert. Ihre Erinnerung wurde unsterblich. Die Unsterblichkeit der Erinnerung des einzelnen Soldaten hing an der neuen kollektiven Figur der Nation, in der alle gleich waren. Jeder einzelne Soldat verdiente es erinnert zu werden und erhielt – in der Tendenz, wenn auch nicht in jedem Einzelfall – seit der Französischen Revolution sein Gefallenengrab, während Soldaten zuvor in Massengräbern beerdigt wurden. Diese Individualisierung der nationalen Unsterblichkeit hatte eine nachhaltige Wirkung auf das Selbstgefühl und die Motivation der Soldaten.

Unsterblichkeit wurde damit Teil der moralischen Ökonomie der Nationalbewegungen bzw. des Nationalstaates. Dies musste nicht bedeuten, dass Nationalbewegte intentional die Unsterblichkeit der Nation als Argument einsetzten. Die

[25] So: Reinhart Koselleck, "Zur Begriffsgeschichte der Zeitutopie", in ders., *Begriffsgeschichten. Studien zur Semantik und Pragmatik der politischen und sozialen Sprache* (Frankfurt a.M.: Suhrkamp, 2006), pp. 252-273,262; vgl. ders., *Die Verzeitlichung der Utopie, in: Zeitschichten. Studien zur Historik* (Frankfurt a.M.: Suhrkamp, 2000), pp. 131-149.

[26] Reinhart Koselleck, *Zur politischen Ikonologie des gewaltsamen Todes. Ein deutsch-französischer Vergleich* (Basel: Schwabe Verlag, 1998); vgl. ders., "Kriegerdenkmale als Identitätsstiftungen der Überlebenden", in Odo Marquard u.a., ed., *Identität* (München: W. Fink, 1979), pp. 255-276.

Unsterblichkeit der Nation war eine kognitive Struktur, die im kollektiven Gedächtnis verankert war. Von der Unsterblichkeit zu reden war nicht damit identisch, sie intentional zu verzwecken. Es bedeutete aber eine Selbstermächtigung, nämlich im Namen der Unsterblichkeit Solidarität einzufordern. Unsterblichkeit schien selbstevident eine Unterordnung aller Sterblichen zu begründen. Als geschichtliche Ermächtigungsformel verlieh die Unsterblichkeit der Nation ein politisches Selbstbewusstsein, das tendenziell überhistorisch war.[27] Das sahen bereits die Zeitgenossen im 19. Jahrhundert so. Der sogenannte "Materialismus-Streit", den Carl Vogt, Jacob Moleschott und Ludwig Büchner in Deutschland um die Mitte des 19. Jahrhunderts führten, berührte auch die Frage der Unsterblichkeit. Der Materialist Carl Vogt gab darin tief ironisch dem preußischen Minister Joseph Maria von Radowitz zu, "dass zur Stützung seiner (sc. Radowitzens, SW) Politik, seiner Religion, seiner Moral der Glaube an die Unsterblichkeit nötig" sei. Vogt selbst bekannte sich als Gegner dieser Politik und Moral.[28]

Die mythische Herstellung einer immerwährenden Kontinuität unter den Bedingungen historischen Wandels war unter anderem mit Hilfe der anthropologisch-narrativen Figur des Tricksters möglich. Trickster waren Figuren, die Gegensätzliches – zumeist Vorher und Nachher – miteinander in einer Person verbanden. Die deutsche Nationalstaatsgründung war realhistorisch ein Bruch zwischen Deutschem (Staaten-)Bund und deutschem Bundesstaat, zwischen dem Idealismus der Nationalbewegung und dem Realismus der nationalen Politik nach 1871. Mythisch konnte dieser Gegensatz durch die Tricksterfigur Bismarcks verbunden werden. Seine Verehrung besonders nach 1890, als er aus dem Amt schied, stellte eine übergreifende Kontinuität in der deutschen Geschichte her.[29] Bismarck stand für das Ancien Régime und für den Nationalstaat, für Preußen und für Deutschland, für Pietismus und den säkularen Nationalstaat.

Alle geschilderten sozialen Konstruktionen der Unsterblichkeit liefen freilich in ein Paradox. Die Selbstermächtigung der Nationalbewegungen durch die Vorstellung der Unsterblichkeit geschah in einer Zeit, als der soziale und wirtschaftliche Wandel bei den Zeitgenossen den Eindruck einer immer größeren Beschleunigung erzeugte. Das Paradox von verewigender Selbstbindung bei faktisch steigender Kontingenz konnte, so müsste man in der Nachfolge Niklas Luhmanns sagen, nicht mehr gelöst, sondern nur noch verwaltet und bearbeitet

[27] Vgl. für Südosteuropa Holm Sundhausen, "Die 'Unsterblichkeit' der Nationen: Ein Mythos und seine Folgen", *Der Blaue Reiter* 7 (1998), pp. 30-35.

[28] Carl Vogt, "Köhlerglaube und Wissenschaft (Gießen 1855)", in ders. u. Jakob Moleschott u. Ludwig Büchner, ed., *Schriften zum kleinbürgerlichen Materialismus in Deutschland*: Vol. 2, ed. Dieter Wittich (Berlin: Akademie Verlag, 1971), p. 521.

[29] Zu Bismarck als Trickster Rolf Parr, "Real-Idealismus. Zur Disposition des deutschen Nationalstereotyps um 1870 am Beispiel von Ernst Wiecherts und Theodor Fontanes", in Klaus Amann, ed., *Literatur und Nation* (Wien, Köln, Weimar: Böhlau, 1996), pp. 107-126, 113f.

werden. Darin liegt vielleicht eine neue Unsterblichkeitsvorstellung beschlossen, die in der Gegenwart besonders verbreitet ist.

CHRISTIAN GIORDANO

The Illusion of Political Immortality: For an Agnostic Anthropology of Power

Introduction: Political immortality and the unexpected and rather annoying similarities between dictatorship, autocracy and democracy

In this article, I shall analyze the widespread phenomenon by which political systems and regimes, as well as the persons who represent them as managers or holders of positions of power, are thought to be endowed with immortality. Obviously, this does not refer to physical immortality. With reference to political systems such as dictatorships, autocracies and indeed democracies, there is a tendency to give credence to their ability to endlessly reproduce themselves by virtue of infamous domination strategies or purportedly righteous and universal values such as the ones included in human rights. With reference to individuals, they are believed to be able to stay in power until their death and bestow it to a trustworthy person or members of their family, clan, or ideological current who will be able to reproduce the same political practices, thus ensuring the system's continuity.

Over the past weeks, we have witnessed the sensational downfall in the Arab world of two autocratic regimes that everyone had regarded as stable, thus quasi-immortal. Hosni Mubarak in Egypt and Zine al Abidine Ben Ali in Tunisia lost their personal power in a matter of days or weeks. Nearly everyone, including the well-informed observers of the Arab and Western world, believed that their power was indestructible, intangible, if not indeed indispensable: ergo, immortal. The same may be said about Mu'ammer Gaddafi in Libya, who by now is the only one who still believes in his own political immortality.

Back in 1989, who would have thought that the Soviet Union, that powerful, arrogant, pernicious and treacherous Empire of Evil according to Ronald Reagan, was about to collapse? Just about no one, and most observers were amazed when the realization struck home. Everyone was positive that for better or for worse the Soviet Union would last forever. Ironically, instead, it melted into thin air on December 21, 1991. Certainly, neither Nikita Khrushchev nor the Supreme Soviet had foreseen this when in 1954 they decided to *donate* Crimea to the Ukrainian Soviet Socialist Republic, thus taking it away from the Russian Soviet Socialist Republic. Only now does everyone realize that the Soviet Union's lack of immortality has created a permanent source of tension and conflict after Ukraine declared its independence from post-Soviet Russia.

There are countless similar examples of the purported political immortality of persons or systems and, notwithstanding the enthusiastic advocates of the allegedly *good* Western democracies, we can definitely add that the latter, just like the grimmest dictatorships, believe to be immortal since they are convinced that they are based on universal values shared by all human beings as such. We need only mention the dogma by which specific institutions such as parliament, free elections, division of powers, as well as several other paraphernalia inherent in discourses on democracy, have been set up for all eternity.

I shall go on to establish that nothing can be more fleeting than a belief in political immortality and that, in light of this deep-seated conviction, there is no difference whatsoever between dictatorship, autocracy and democracy. To substantiate my point, I shall first distinguish between personal political immortality and systemic political immortality in accordance with some of Max Weber's reflections.

The invented immortality of political power: the case of charismatic domination

Personal political immortality refers to the socially shared representation that the power of a single individual is everlasting and unchanging. In this case, by definition a leader's backers and acolytes will view him as irremovable and indestructible, so that he appears to have a boundless legitimacy.

In his typology of the forms of domination, Max Weber distinguishes between charismatic, traditional and legal-bureaucratic domination (Weber, 1956, 1:122-176). If we take into consideration these three types of domination, we will note that the first and the second are grounded above all on personal qualities, whereas the third one is based mainly on systemic features.

Charismatic domination, therefore, is the one based primarily on the concept of personal political immortality. According to Max Weber, charismatic domination is based on superhuman characteristics, i. e. on the exceptional virtues of a single person. Clearly, these are not objective qualities but rather beliefs, in essence, deemed true solely by the leader's backers. The latter, therefore, firmly believe in their chief's extraordinary, indeed supernatural qualities, so that he is often regarded as God's anointed or at the very least as an exemplary figure (Weber, 1956, 1: 140). Thanks to these imagined qualities, by which a charismatic personality is a *leader* (of the masses, of course), or as Weber states verbatim and ahead of time, a *Führer,* we can easily perceive why charismatic domination may be regarded as politically immortal.

As the history of Nazism in Germany indicates, Adolf Hitler was often regarded as being politically, if not indeed physically immortal. We need only mention the myths that circulated just after the failed attempt on his life carried out by Claus Schenk von Stauffenberg at the *Wolfsschanze* in East Prussia on July 20, 1944. Many believed that the *Führer* had miraculously escaped the attempt unscathed because he had the gift of immortality. Nevertheless, as mentioned before, in this case there was no marked distinction between physical and political immortality. We need to bear in mind that even after the fall of Nazism the belief that the *Führer* was immortal was still widespread. Stories about how Hitler had not died in the sinister bunker in Berlin, but had managed to escape and was awaiting in his hideaway from which one day he would return, circulated for a long time. This is a typical narrative about the political immortality of a charismatic leader.

Saints, prophets and heroes are likewise typical examples of a charismatic *Führer* because they are holders of an immortal political power since it persists after their physical demise. During my researches in Paraguay, while in the area of the renowned Jesuit Reductions, I was told stories that were typical examples of this belief in the immortality of charismatic power. Several informants told me that in actual fact the Jesuits, regarded as saints, prophets or heroes, had not died during the colonial repression, but had taken refuge in the Reductions' underground maze of passages and chambers. According to these people, the Jesuits were still living and operating there and one day would reappear to reclaim their usurped power and reinstate social justice in present-day Paraguayan society. The following significant anecdote is worth mentioning. The area of the Reductions, as the local story goes, is located in the middle of a region where UFO sightings seem to occur rather frequently. These sightings were interpreted as a sign of the Jesuits' activity and supernatural power, not as evidence of extraterrestrial objects from planets beyond the solar system or from remote galaxies.

Yet, can we, as social scientists, truly uphold that charismatic power is so lasting that it may be regarded as politically immortal? On this point Max Weber is rather sceptical and shows us the exact opposite by rightly pointing up that nothing can be as fleeting and unstable as personal charismatic power. Therefore, this form of power is anything but immortal. In fact, charismatic power is dependent on its manifestation, or rather on proof (Weber, 1956: 1: 140-142). Whoever fails to live up to the qualities attributed him by his followers is at short-term risk of losing the power he conquered. The saint who fails to perform miracles or prodigies and is thus is unable to provide evidence of his thaumaturgic qualities, will soon lose his followers as well as his power. The hero who fails to prove his bravery in action (even at the cost of his life) will be regarded as a coward, thus unworthy of exerting power. Finally, the prophet who foretells events that fail to occur at a specific time will be likened to a common impostor unworthy of any respect and prestige. This is why prophets, just like clairvoyants, palmists, mind-readers, fortune-tellers, astrologists and other types of soothsayers, must master the rhetoric of ambiguous, vague and enigmatic phrases open to various interpretations. In order to maintain his power, including his political power, the prophet must be able to provide responses with more than one solution. The more solutions available, the more chances he has of resorting to the more suitable one to hold on to his power. Yet, this is a difficult, perilous and most of all enervating activity because the slightest mistake can cause the loss of one's social position and power. Consequently, being a charismatic leader is a high-risk activity that definitely does not ensure political immortality.

Max Weber draws our attention to the fact that charisma, i. e. the followers' belief in the extraordinary qualities, abilities and virtues of a person who holds power and who in most cases also exercises a dictatorial, autocratic or democratic form of domination, is generally short-lived because it wears thin very easily. In other words, charisma has an intrinsic tendency to become commonplace. In these cases, Weber speaks expressly of a *routinization* (*Veralltäglichung*) of charisma. Therefore, the tendency to undergo a process of *routinization* is a serious problem for leaders striving to achieve political immortality.

At this point, there are two possible options. The first one is that the leader's purportedly everlasting charismatic qualities will suddenly lose credibility among his followers, in which case charisma dwindles along with power. The leader will lose his followers' trust, and if everything goes well he will go back to being a mere mortal. In a worst-case scenario, the disappointment and rage of his followers, especially the more fervent ones, will lead to the physical elimination of the leader found guilty of not having lived up to expectations.

The hero who shows cowardice in a situation of conflict risks being killed by his followers. Yet, in a democracy too, if a leader is regarded as a thief because he appropriated or squandered the public finances entrusted to him, then in principle he ought to definitely lose all magnetism and political rank. But we are all aware that modern democracy, paraphrasing Norbert Elias (Elias, 1978), is a more *civilized*, thus a more *domesticated* system; therefore, physical elimination is rather rare. This allows the charismatic leader to pass away politically for a while (for example, by resigning or voluntarily staying out of the political arena) and then return in a different guise, at times more unassuming and less rampant. This metamorphosis from *wolf* to *sheep* occurs thanks to a quasi-sudden political death followed in due time by an unexpected resurrection. A case in point is the famous *Spiegel Affair* (1962) for which the charismatic Bavarian politician Franz-Josef Strauss, minister of defence in Bonn's government, resigned and then made his comeback in record time as minister of finance as early as 1966. This same script might be followed by the equally charismatic Baron Karl-Theodor zu Guttenberg, the outgoing minister of defence in Angela Merkel's government, who plagiarized entire pages from texts by other authors in his doctoral dissertation.

Max Weber also suggests another solution to *routinization* and the ensuing annihilation and ultimate political death of a leader: the process of the *institutionalization* of charisma by which, as Wilhelm E. Mühlmann states, the initial momentum dwindles and the followers' *collective fever* around their leader subsides (Mühlmann, 1964). In this case, the type of political power held by someone who emerged thanks to his purported extraordinary qualities may undergo a change. With the institutionalization of charisma the leader will die politically, but will also reappear under a different guise.

However, the resurrected leader will play a less spectacular and less visible role in the political panorama, thus a far more modest and low-profile one. In fact, several charismatic leaders of revolutions, if not physically eliminated ahead of time, go on to become executives in the new political regimes. Most often, however, their new role is purely nominal, i. e. lacking any real power. Does anyone today remember Muhammad Naguib, charismatic leader of the 1952 Egyptian revolution that overthrew Farouk's feeble and corrupt monarchy and established the current republic? In 1954, soon after the coup, his *alter ego* Gamal Abdel Nasser forced him to step down as Chief of the Armed Forces and as Prime Minister and had him placed under house arrest from which he was only released in 1971 after Nasser's death. Nowadays, only an unremarkable station of the Cairo Metro is named after him.

The institutionalization of charismatic domination may take on more lasting – albeit not everlasting – aspects. These would be the symbolic transpositions that at first may appear to be natural, thus biological. The first type of institutionalized transfer of charisma is based on the idea of hereditariness. According to this construct, the leader's charisma is passed on through his bloodline. The dynastic principle on which European (but not only European) monarchies were and still are based is the clearest example of a father's charisma being passed on to his biological successors. This is precisely why it is called hereditary charisma. Yet, also in this case the power of these dynasties is not everlasting since many became extinct for lack of heirs. We need only mention Spain in the early 18th century when the death of Charles II without issue sparked a bloodied war of succession. There are examples aplenty. Other dynasties were ousted because of the heirs' inertia or ineptitude or because of the ambitious goals of power-hungry competitors aiming to impose their own charisma. Thus, it would be hard to prove that the power deriving from hereditary charisma is everlasting, though leaders and followers believe so.

The second form of the institutionalization of charisma aimed at making it last, thus ultimately at making it immortal, is linked to the transferability of one's position through hierocratic practices. In essence, this means making use of ritual instruments with a strong symbolic connotation (such as anointing, consecration etc.) in order to transfer charisma from one person to another who is deemed worthy of taking over his predecessor's role. A typical example of power grounded in the position's charisma is the papacy, which is definitely not immortal since it is an historical phenomenon just like any other that began at one point in time and will certainly come to an end at some other time. Yet, the hierocratic practices linked to the transfer of charisma are performed precisely to instil in the proselytes the belief in the immortality of a power that appears to be spiritual, though it is always also political.

The invented immortality of personal power: the case of traditional domination

Traditional domination, including its requisite legitimacy, is grounded in faith in the soundness, rules and authorities that have been handed down, i. e. that have been in force from time immemorial. In this case, the idea of power's immortality is more apparent than in charismatic domination because the fact that attributes and roles linked to traditional power have always been in place suggests that they will continue to determine the balance of power within society in the future too. As Max Weber aptly points up, this is not a systemic domination, but rather a personal domination because the people are not so much complying with written laws, orders or rules, as much as nearly blindly conforming to the regulations and injunctions issued by persons held to be the sole true guardians of tradition (Weber, 1956, 1: 130). A typical relation in the logic of traditional power is the relationship of personal deference between a sovereign and his subjects.

As far as political immortality is concerned, there are two particularly interesting basic forms of traditional domination: gerontocratic domination and patriarchal domination.

Gerontocratic domination is based on the idea that the elders are the most knowledgeable and most qualified guardians of tradition. This attitude can be observed in political practices linked to Confucianist ethics where respect for the elders and the cult of ancestors is crucial. This was undoubtedly true in the past. Yet, dominations with a strong gerontocratic connotation can be detected in current modernity as well, especially in Far Eastern countries such as China, Korea, Taiwan, Japan, and in Southeast Asia (Vietnam, Laos and especially Singapore).

Singapore, in fact, seems to be a most interesting case since its prime minister, Lew Kuan Yew (anglicized to Harry Lee), has been in office since independence in 1965 and is still the arbiter of the city-state's politics in the ostensibly advisory function of *Minister Mentor*. This position, purpose-made for the aging leader, is evidence of the effort to make the power of Singapore's most respected gerontocrat last forever.

From the very start Communist China too, atheist but not impervious to Confucianist ethics, had a gerontocratic political class that has been rejuvenated only over the past few years, thus proving that political immortality is an illusion even in the country where Confucianism was born and where it was widespread.

Patriarchal domination stems from the conviction that fathers are the unsurpassed authority on traditional social knowledge. In most cases, these are undisputed and undisputable male authorities who exercise an almost boundless power, i. e. absolute power within their own community (family, village, state etc.). The exception to the patent male predominance is the case of *female-men*, as in the Albanian communities in the mountainous regions, who take on the men's social role when the latter have been killed in the course of fierce blood feuds governed by customary law.

Patriarchalism has also surfaced in modern political systems where power has mostly been in the hands of men who have set themselves up as *fathers* and/or *saviours* of the nation. Each European nation has its own *pantheon* of *national patriarchs*, i. e. a profusion of paternal authorities that are mobilized by the current politicians to legitimize their hidden agendas and their not-so-transparent power dealings. Aside from a few undisputable personages with an aura of political immortality, there is a sort of *stock exchange* effect by which the value of some national patriarchs goes up while that of some others goes down. Still others may even disappear from the stock exchange list and fade into oblivion, which usually signals their political demise.

At present, there are signs that political patriarchalism is undergoing a severe crisis, as indicated by the revolts in the Arab world, which can certainly be regarded as the one place in the world where the patriarchal social and political system thrives best due also to the Islamic influence. But in this case, the death knell for patriarchalism has not sounded yet, though some symptoms indicate that this type of traditional domination may be mortal after all.

The invented immortality of systemic power: the case of legal-bureaucratic domination.

For Max Weber the most rational form of political power is legal-bureaucratic domination on which the Western world's political systems, regarded as the epitome of modernity, are based (Weber, 1956, 1: 124 ff.). Unlike the previous two types of domination, this one is an impersonal, thus a systemic form of power grounded in the belief that the abstract principle of legality can govern, as well as curb and control, those who exercise power.

People are supposedly called to exercise power via two means of selection: elections, for members of parliament for example, and nomination, for bureaucrats for example. These persons are deemed to have the required qualities and credentials to rise to positions of power.

An election, according to Weber, is the process of choosing worthy individuals in keeping with the legal principles of specific written regulations, laws and codes by means of a designation based on the outcome of a ballot (generally by popular vote nowadays). I would like to point out that the term election is strictly linked to the term *elect* which, as chance would have it, also means *chosen for eternal glory,* especially in religious terminology, Therefore, the word *elect* subtly harks back to immortality.

A nomination, instead, is the appointment to office or rank made by the relevant administrative authority. The candidates are not chosen by election, but through verification of their actual expertise and qualifications (such as legally recognized educational qualifications).

Whereas the politician's election needs to be reconfirmed within a specific term, the bureaucrat's nomination is generally definitive, i. e. it has no time limit.

Therefore, the parliamentary system and the bureaucratic system are the two fundamental pillars of the legal-bureaucratic system and of Western democracies.

Due to its inherent legal-bureaucratic rationality, this reassuring scenario could mislead us into believing that democracies based on the legal-bureaucratic system are indestructible, thus giving the impression of immortality.

With his sceptical agnosticism, however, Max Weber warns us against the trap of a too optimistic vision based on a far too simplistic evolutionist paradigm. He shows us how a rational legal-bureaucratic domination could turn into an irrational nightmare that will also jeopardize the entire democratic political system putting it at risk of degeneration and distortion; namely, its death. This is the well-known *iron cage* hypothesis or, in the original version, the potential emergence of a *stahlhartes Gehäuse* that imprisons each individual within a hermetically sealed cell, which ultimately makes them slaves to a bureaucratic system based on legality (Weber, 1956, 2:559 ff.). In the end, the prospect presented by Weber has many points in common with the *negative utopias*, or rather *dystopias* described years later by Aldous Huxley in *Brave New World* (1932) and by George Orwell in *1984* (1949). Weber, however, bases his observations on scientific data, which makes this scenario more credible and at the same time more disquieting.

What are the essential features of the *iron cage* hypothesis? Actually, it may be regarded as the vision of an accelerated specialization process of both the state administration and of capitalist economic structures. With the introduction of an excessive amount of laws, regulations, rules etc., *bureaucratization* ensnares individuals who – alas! – are still under the illusion of being free only because they think they are living in a democratic system, in a pervasive and inexorable grid of rules, obligations, coercions, prohibitions, fines and other forms of administrative sanctions. In short, bureaucratization creates an inescapable, yet apparently legal apparatus.

Max Weber's iron cage hypothesis is undoubtedly correct since we need only mention the new organization of universities, especially after the introduction of the so-called Bologna Process at a European level. In order to improve the competitiveness of universities and their study programmes, a new series of administrative institutions, new instruments to monitor students' achievements and evaluate the teaching staff plus several new, pointless rules and curricula have been introduced. From a legal standing it all seems to make perfect sense, but the learning and teaching processes have become much more cumbersome and less efficient than before. The only one who profited from this process was the university's bureaucracy that has strengthened and multiplied its resources to the detriment of research and teaching, which ought to be the cornerstones of this institution. As last year's demonstrations against the Bologna Process indicate, nowadays teachers and students alike are imprisoned in a cell from which they can no longer escape. It is therefore quite pertinent to bring up the *cauchemar de*

Humboldt, as some critics have done with reference to today's universities (Schulthess at al., 2009).

Yet, other more political sections of the university are also changing or have already undergone the same type of transformation through an administrative proliferation, both public and private, and thanks to the introduction of a legislative jungle, which by now has become inextricable also for politicians and entrepreneurs themselves. Increasingly, bureaucrats alone hold the reins and know the rules of the game. This makes them the true holders of political power within a democratic system.

In the Western world we are now facing the expansion of a bureaucratic formalism based on *political correctness* whereby everything seems to be in line with democratic principles, while actually these principles are being eaten away from within. We need only mention the current use of the term *reform*. According to official rhetoric at least, we are living in a period of continual reform. This gives us hope because the term reform has a positive connotation and is synonymous with renewal aimed at rectifying, thus improving. Yet, what does reform mean nowadays? To a critical observer who minds the substance, not the form, it is just another technique to conceal a widespread bureaucratization process via semantic artifices (Minogue, 2010).

In a not too distant future, this course of action leading to an increasingly binding *iron cage* for each individual and collective actor could actually turn out to be the tomb of a democracy subjugated to bureaucracy.

Aside from any prophecy regarding the end of democracy, thus its lack of systemic immortality, realistically speaking all social phenomena, including political ones, are historical events; consequently, from a point of view inspired by Giambattista Vico, they are all temporary. Why should it be different for democratic systems? Or is the immortality of democracy just the illusion of a universalistic and rather too simplistic approach?

Actually, Occidental thought presupposes the myth that democracy born in Europe and North America and based on legal-bureaucratic domination is destined to expand globally and thus to generate the ultimate world order, a sort of last stage of mankind's long journey from prehistoric darkness to dazzling modernity. This, however, is an ethnocentric vision stemming from seventeenth and eighteenth-century illuminist and evolutionist ideology that is still very popular. Democracy appears to be a triumph of the common sense inherent in human nature, which has finally proved, through its ability to perfect itself, that it can cast aside the burdensome coercions of a past in which violence, tyranny and superstition reigned supreme. Thus, democracy is a value and a way to manage power, which, according to this considerably optimistic and naïve narrative, is indisputably valid for all human beings and is therefore universally welcome.

Yet, if democracy is universally valid because it is consistent with the true human nature, it is also a form of immortal government since the larger part of mankind is no longer willing to do without it. This is the gist of the rhetorical argument backing the delusion of democracy's perpetuity. But sociological facts are rather different, as Weber's *iron cage* hypothesis shows, which must not be regarded as the only one that questions the democratic system's immortality. I could mention other similar scenarios which, however, I cannot delve into in this brief essay.

Conclusions

In this article I have dealt with the question of the immortality of various basic forms of political domination. This may seem an unusual if not an unprofitable issue. Yet, by analyzing the typology of the three fundamental forms of legitimate domination put forward by Max Weber, I was able to point up a marked discrepancy between the representations on the one hand and social practices and processes on the other. In fact, in terms of collective representations as an essential part of a given society's *local knowledge* (Geertz, 1983), we can observe an almost generalized belief in the immortality of single types of domination. The supporters of a charismatic leader are convinced that he is politically immortal. In societies where tradition is important, if not indeed crucial, the guardians of tradition (gerontocrats and patriarchs) are thought to be politically unchangeable. In so-called modern societies, on the other hand, which are based on the legal-bureaucratic principle, the democratic system is regarded as the everlasting element of the political structure.

In terms of social practices and processes, the case is far less clear since, as my analysis points up, all three types of legitimate domination are temporary, constantly at risk and often linked to specific historical situations. The charismatic leader's position is unstable by definition. The holders of traditional power are threatened by unforeseen and unforeseeable historical changes. Democracy too, due especially to the bureaucratization processes, can certainly not be regarded as a phenomenon endowed with political immortality, in contrast with the universalist myths endorsed by the liberal agenda built on the delusion that society is constantly improving. This is a naïve teleological vision by which human beings can improve so that the world is always on the verge of becoming a better place on condition, however, of adhering to the North European and North American model of development.

The latter is definitely a temporary ideological weapon, thus limited to a specific historical era, but it is also a misleading social representation, which, however, the current followers of Western civilization stubbornly enjoy believing, ultimately mistaking an illusion for reality.

Bibliography

Norbert Elias, *Über den Prozess der Zivilisation. Soziogenetische und psychogenetische Untersuchungen*, 2 vols. (Frankfurt/M.: Suhrkamp Verlag, 1978).

Clifford Geertz, *Local Knowledge: Further Essays in Interpretive Anthropology* (New York: Basic Books, Inc., 1983).

Kenneth Minogue, *The Servile Mind: How Democracy Erodes the Moral Life* (New York: Encounter Books, 2010).

Wilhelm E. Mühlmann, *Chiliasmus und Nativismus. Studien zur Psychologie, Soziologie und historischer Kasuistik der Umsturzbewegungen* (Berlin: Reimer Verlag, 1956).

Franz Schultheis, Marta Roca i Escoda and Paul-Frantz Cousin, ed., *Le cauchemar de Humboldt. Les réformes de l'enseignement supérieur européen* (Paris: Editions Raison d'Agir, 2008).

Max Weber, *Wirtschaft und Gesellschaft. Grundriss der verstehenden Soziologie*, 2 vols. (Tübingen: J.C.B. Mohr, Paul Siebeck, 1956).

FRANÇOIS RUEGG

Immortalité, nostalgies et identité ethnique

A l'ère de l'éphémère, de la fascination exclusive pour le changement et dans une atmosphère de déconstruction perpétuelle, en anthropologie comme dans les autres sciences humaines d'ailleurs, le thème de l'immortalité semblerait à première vue de la plus grande inactualité, si ce n'est carrément incongru. Or, c'est une constatation nécessaire, les déconstructions de toutes sortes n'ont pratiquement pas eu d'effet sur la "recherche d'immortalité". L'opinion, pas davantage que les croyances et les pratiques collectives et individuelles n'ont éliminé de leur horizon l'imaginaire qui s'y rattache et évoque un autre temps, celui des origines ou celui des fins, un "temps de l'ailleurs" pour ainsi dire. Témoins en soient, outre la fascination qu'exerce la recherche scientifique consacrée aux origines de l'humanité et de l'univers, la mode de la recherche de ses origines personnelles par l'analyse de l'ADN. De manière diamétralement opposée, orientée vers un futur catastrophique ou radieux selon les époques, la recherche d'immortalité s'exprime sur un autre registre de l'imaginaire, celui de l'apocalyptique ou de l'annonce de la fin du monde et du temps[1] et par conséquent, paradoxalement, de la mortalité. Ainsi agite-t-on actuellement les spectres du réchauffement planétaire, de la déforestation, de l'invasion par des extra-terrestres, de la disparition des baleines ou des tigres, animaux fétiches qui méritent, semble-t-il, une place spéciale dans le panthéon de notre imaginaire. Vouloir échapper à la mort en retournant aux origines, matricielles ou édéniques, ou annoncer la fin de l'histoire ou du monde, après celle de Dieu et de l'homme afin de mieux les conjurer, semble donc naître d'une même démarche *immortalisante*, universelle et vieille comme l'humanité, née de l'angoisse d'être mortel.

Au-delà de cette constatation somme toute banale, nous aimerions montrer que le thème de l'immortalité, comme moyen de "sortir de l'histoire" pour retourner aux origines ou entrer dans la terre promise de la raison et de la paix n'est pas absent de la démarche anthropologique non plus. C'est que les anthropologues imprègnent leurs démarches scientifiques de leurs *Weltanschauungen* et adoptent la plupart du temps, *volens nolens*, une de ces deux postures opposées qui marquent l'histoire de l'anthropologie dès ses origines: évolutionniste ou relativiste, primitiviste ou exotique. Ainsi ont-ils

[1] Voir Lucian Boia, *La Fin du monde. Une histoire sans fin* (Paris: La Découverte, 1989).

projeté depuis toujours sur l'objet même de leur discipline, les sociétés *sauvages* ou *primitives*, leur conception mythique ou historique des origines de l'humanité, à la suite d'ailleurs des voyageurs et des explorateurs. Lévi-Strauss avouera par exemple dans *Tristes Tropiques* avoir espéré découvrir une tribu "intacte" au Brésil, comme Colomb se croyait à la fin du quinzième siècle, revenu dans le Jardin d'Eden. Inversement, ils sont nombreux les anthropologues à avoir proclamé la fin de l'exotisme[2] et du mythe en faveur, sous couvert de raison et de développement, de l'accès pour tous à la civilisation.

Outre le fait que les anthropologues n'échappent pas aux lois de l'imaginaire, nous analyserons, à travers la grille d'interprétation de la revendication d'origines si lointaines qu'elles rejoignent elles aussi le temps du mythe fondateur, un projet politique européen contemporain, à savoir la création d'une *nation rom (tsigane)*. Selon un procédé connu et qui n'a pas cessé depuis le dix-neuvième siècle, on mobilise l'origine putative d'un "peuple" pour en constituer la source et la légitimité "nationale", immortelle. Ce phénomène continue d'ailleurs de se dérouler sous nos yeux, dans les nations issues des empires plus récents, l'empire soviétique, les empires coloniaux, mais également dans les débris de ce qui fut la fédération yougoslave. L'intérêt du cas qui nous occupera tient à ce que cette *nation* en puissance, les Rom/Tsiganes, n'a pas et n'a jamais eu de territoire. Comment donc créer une nation sans un territoire sinon en s'appuyant encore davantage sur une origine mythique et une langue reconstituée, censées à elles deux en assurer la pureté et la pérennité?

Temps, mémoire, symboles et immortalités

Mon premier argument est que l'étude d'autres sociétés, dans la mesure où elle peut-être considérée comme l'objet de l'anthropologie, répond aussi au besoin d'abolir ou du moins d'oublier l'inéluctable passage du temps, et fait donc partie d'une démarche "négentropique" ou *immortalisante*. La quête de l'altérité – sociale s'entend – révèle tôt ou tard la nostalgie d'un monde imaginaire et enchanté, le monde originel, un monde qui échappe précisément à la loi du temps. Elle figure comme un des archétypes de l'imaginaire que relève Boia[3] suite à Gilbert Durand, fondateur de l'étude anthropologique systématique de l'imaginaire, héritier de son maître Gaston Bachelard. Ce monde des origines est soumis, et on ne s'en étonnera pas, à une autre logique temporelle que celle de *notre* temps ou histoire profane. C'est le temps du mythe ou du sacré, celui qu'Eliade nomme *in illo tempore*, mots qui introduisaient encore la lecture de l'Evangile dans la liturgie catholique romaine d'avant le Concile Vatican II. Ils

2 Ce débat occupe une place importante dans la production anthropologique des années 1980. Voir *Anthropologie: Etat des lieux* (L'Homme, Paris: Navarin, 1986).

3 Lucian Boia, *Pour une histoire de l'imaginaire* (Paris: Belles Lettres, 1998).

étaient prononcés en effet de manière à projeter le fidèle dans une *autre temporalité*, dans laquelle le temps qui s'écoule, l'histoire banale et quotidienne, étaient provisoirement abolis ou suspendus au profit d'une histoire et d'un temps sacré, immortels.

Or tout se passe comme si le monde bien réel de sociétés successivement considérées comme sauvages ou primitives avait pu servir de manière détournée à nourrir le besoin d'un retour aux origines, d'échapper à la décadence que l'on peut constater dans sa propre société ou plus simplement à la fuite du temps. Que le mythe auquel se réfèrent les anthropologues soit celui des origines ou des fins dernières, celui d'une société idéale et communautaire à la Rousseau à laquelle on aspire de nouveau ou celui d'une société primitive où ne survivent que les mieux armés, à la Hobbes, et dont nous serions heureusement enfin sorti, il semble hanter encore largement la démarche anthropologique, sauf peut-être celle qui, réflexive, ne s'intéresse qu'à elle-même. La longue vie de la première perspective, qualifiée souvent d'exotique, à savoir que les sociétés primitives ne représentent pas tellement notre passé (historique) que "les origines naturelles" dont nous nous sommes éloignés, doit sa vitalité à ce qu'elle incarne justement un "aspect du mythe" pour reprendre l'expression eliadienne, la nostalgie des origines, cet autre archétype de l'imaginaire, et permet ainsi de le nourrir et de le perpétuer.

Le "déni d'histoire" est probablement la meilleure expression analytique que l'on puisse donner de ce phénomène, tel qu'il apparaît tout au long de l'histoire de l'anthropologie. Tandis que l'on dénie l'histoire aux *autres* (pour reprendre une expression classique et un peu emphatique pour désigner les non-nous ou les non occidentaux, ou encore le reste dans l'expression *the West and the rest*), deux mondes opposés surgissent dans la première littérature ethnographique: d'un côté le monde des sociétés *complexes* qui suivent un temps chronologique linéaire appelé histoire, et de l'autre, les mondes dits *archaïques*, *sans histoire*, qui suivent un temps cyclique, celui que le même Mircea Eliade a nommé "l'éternel retour". En fait, les choses sont bien sûr plus complexes et l'on ne cesse de découvrir que les sociétés, loin de pouvoir être réduites à un type, archaïque ou classique, antique ou moderne,[4] traditionnel ou scientifique, montrent plutôt ou cachent alternativement ces modèles de fonctionnement dominants ou ces *épistèmè*, pour reprendre l'expression de Foucault. C'est ce que nous aimerions montrer dans le cas de l'anthropologie.

Conjurer la mort

Il existe, nous l'avons dit, plusieurs manières de conjurer la mort. L'une d'entre elles consiste à nier l'entropie, l'irréversible chemin qui y mène sans doute. Cette

[4] Voir le *Nous n'avons jamais été modernes* de Bruno Latour (Paris: La Découverte, 1991).

attitude se base sur la claire conscience que tout changement est aussi un pas de plus vers la mort. La littérature regorge d'exemples de cette tragique conscience. Le fait même d'écrire est après tout aussi un moyen d'échapper à l'oubli aussi bien pour les poètes que pour les anthropologues. Il peut être une promesse de gloire et d'immortalité pour ceux qui seront retenus par la postérité. N'appelle-t-on pas en France les Académiciens les *Immortels,* leur devise "A l'immortalité" les appelant à transcender l'histoire par l'écriture? On y trouve aussi bien les poètes et les écrivains qui aspirent à l'immortalité par l'esthétique que les savants comptant sur la science pour la leur conférer.[5]

Lorsque le poète de la Grèce archaïque, tel que le décrit Marcel Detienne dans son beau livre consacré aux *Maîtres de vérité dans la Grèce archaïque* tente par son hymne d'atteindre *Mnèmè* pour échapper à *Lèthè*, il ne fait pas autre chose que d'échapper à la mortalité, mais nous sommes ici dans le monde de l'oralité. La Mémoire y remplace l'écriture. Cependant nous dit l'auteur:

> La mémoire divinisée des Grecs ne répond nullement aux mêmes fins que la nôtre; elle ne vise nullement à reconstruire le passé selon une perspective temporelle [...] Par sa mémoire, le poète accède directement, dans une vision personnelle, aux événements qu'il évoque; il a le privilège d'entrer en contact avec l'autre monde.[6]

De même Segalen, dans son roman ethnographique *Les Immémoriaux*[7], retraçant la tragique déculturation des Maoris met-il en scène le récit de la Mémoire collective sur le registre de l'immortalité. Réciter le mythe sans faute de mémoire est la condition de survie de la communauté. Faillir dans le récit c'est mettre en péril sa survie.

Conjurer la mort, celle du groupe et de l'individu serait par ailleurs une des principales fonctions que Gilbert Durand attribue aux symboles, et plus généralement à l'imaginaire. Pour lui, l'évolutionnisme linéaire, transposé dans la philosophie d'un Spencer ou d'un Comte, à l'œuvre depuis lors dans l'historicisation des sciences humaines n'est que la suite d'un plus long procès de réduction philosophique au seul rationnel. Dans ce processus, la pensée symbolique s'estompe, le sens figuré cède la place au sens propre, le seul à pouvoir être saisi par la pensée scientifique. L'acharnement des sciences humaines à vouloir se couler dans le moule des sciences naturelles les a longtemps dévoyées et appauvries. Dépouillées de l'épaisseur que leur confère leur rôle interprétatif, elles ne deviennent qu'une ombre pâlie des sciences naturelles, car malgré tous les efforts pour réduire les sociétés à leur

5 Voir à ce sujet Michel Panoff, Les frères ennemis, Roger Caillois et Claude Lévi-Strauss (Paris: Payot, 1993), le premier y ayant reçu le second. L'un s'appuie sur la littérature, l'autre sur la science, mais tout deux ont conscience de leurs limites immortelles.

6 Marcel Detienne, *Les Maîtres de vérité dans la Grèce archaïque* (Paris: Maspéro, 1967), p. 15.

7 Victor Segalen, *Les Immémoriaux,* (Paris: Pocket, 1907, rééd. 2009).

fonctionnement, celui-ci ne fournit jamais de réponse à la question du sens. C'est ainsi que Descola a pu saluer le plaidoyer de Geertz pour une anthropologie interprétative en quête de sens, fondée de ce fait sur l'étude de systèmes de symboles, comme un retour au bercail, celui "des humanités après toutes ces décennies où elle s'était dévoyée dans une subordination servile aux sciences de la nature[8]". En effet Geertz propose une *thick description* pour compenser la famélique *thin description* pseudo-scientifique qui, sous prétexte d'objectivité, tendait à dominer l'anthropologie sociale à l'affût des seuls *faits sociaux* et de l'empirisme. Ce faisant il reprenait le flambeau de l'anthropologie culturelle qui de Boas à Kardiner tenta de sortir l'anthropologie de l'ornière réductionniste, déterministe et utilitariste. Celle-ci se retrouvait un peu comme le fameux ivrogne de l'anecdote, qui de nuit, ayant perdu sa clef, la cherche au pied du réverbère parce que c'est là qu'il y a de la lumière!

Cependant les théories anthropologiques elles-mêmes recèlent des figures variées de "déni d'histoire". Les premières sont celles qui, voulant atteindre un plus grand degré de scientificité et peut-être d'immortalité, placent les sociétés dans la cage de verre du biologiste et éludent de ce fait la question de leur évolution. Ce fut le cas du fonctionnalisme et du structuralisme, construits précisément pour s'opposer au darwinisme social ou au "primitivisme" de leurs prédécesseurs. Pour Malinowski aussi bien que pour Lévi-Strauss[9], le temps n'a pas autant d'importance que la fonction ou la structure, puisqu'ils s'intéressent aux sociétés primitives avant tout pour voir comment elles fonctionnent ou comment elles varient dans leurs formes selon des modes de transformations supputés universels (et non au cours du temps historique). Pour eux l'immortalité se trouve justement dans la fonction ou dans la structure, et en dernière analyse, dans l'esprit humain. En outre, par définition, les sociétés orales ne sont pas productrices d'histoire. Cela ne veut pas dire qu'elles soient nécessairement statiques. Elles sont simplement *froides* pour reprendre l'expression même de Lévi-Strauss. La pensée mythologique qui est la caractéristique de ces sociétés échapperait ainsi, pour le structuralisme du moins, à la marque du temps, parce que les mythes, par nature sont *des machines à abolir le temps*. De même que les langues, ils peuvent évoluer, se transformer, mais ils ne *font* jamais l'histoire, ne serait-ce que parce qu'ils se situent dans un temps autre. Dans cette optique, il serait donc correct d'opposer deux types de sociétés sur la base de leur relation à l'histoire et à l'écriture comme l'a fait Goody,[10] ce qui les rend radicalement différentes, les unes historiques et

8 Philippe Descola, "L'explication causale" p. 29 in: P. Descola, G. Lenclud, C. Severi et A-C. Taylor, *Les idées de l'anthropologie* (Paris: A. Colin, 1988).

9 Sur la position de Lévi-Strauss face à l'histoire voir Denis Bertholet, *Claude Lévi-Strauss* (Paris: Plon, 2000) pp. 235 ss.

10 Jack Goody, *The Domestication of the savage Mind* (Cambridge: Cambridge Universiry Press, 1977).

mortelles, étant capables d'analyser, de stocker et d'accumuler le savoir à l'infini, les autres demeurant en quelque sorte hors du temps et immortelles, rivées à leur mémoire orale et tournant pour ainsi dire en rond dans un présent renouvelé, sauf à être contaminées par les premières. Il est évident que le problème qui surgit dans ce débat sur l'existence de sociétés historiques et non historiques n'est pas dû à l'objet même de la discussion mais est bien relatif à l'approche et à la méthode utilisées. A un tel niveau de généralité nous projetons, surtout pour nous en différencier, des schémas simples sur des sociétés tout aussi complexes, les opposant à nous par un trait qui *nous* semble saillant, l'oralité, la mythologie ou la conception du temps cyclique. Avec Lévi-Strauss et bien d'autres structuralistes, nous avons été habitués à opposer exclusivement et de manière réductrice deux catégories, le cru et le cuit, les sociétés chaudes et les sociétés froides, historiques ou archaïques, en recourant au modèle binaire du tiers exclu. Il est vrai que cette dichotomie a été vivement et depuis longtemps critiquée à l'intérieur de la discipline, mais davantage d'un point de vue "humaniste", "égalitaire" que méthodologique. Le déni d'histoire aux *autres* est perçu surtout comme une privation, comme le résultat de la colonisation, du mépris de leur contemporanéité.[11]

Ceux qui comme Vernant et Detienne ont étudié chez les Grecs le passage du mythe à la raison, et ceux qui étudient le "passage à la modernité" ou la "sortie de la religion" dans le monde contemporain, pour reprendre les termes de Marcel Gauchet, ne procèdent pas autrement. Pour eux, comme pour tous les "progressistes", le mythe n'est pas source de nostalgie. Il leur permet au contraire de s'en distancier et de se situer eux-mêmes dans l'ère post mythique de la raison, autre avatar de l'archétype imaginaire de l'immortalité. La contradiction entre l'avènement historique du règne de la raison et son "immortalité" putative est la même que celle qui aveugle depuis longtemps les millénarismes, messianismes et révolutions : il ne s'agit plus du mythe des origines, mais de celui de la fin de l'histoire, de l'avènement des messies, de la paix et du bonheur perpétuels dont Kant ne fut qu'un des nombreux prophètes. C'est néanmoins sur cette même dichotomie qui sépare archaïque et classique, ancien et moderne, mais par l'autre pôle, que prend forme la nostalgie anthropologique des origines, nouvelle variante du mythe du bon sauvage.

Nostalgies d'anthropologues, nostalgies indigènes et nostalgies nationales

On constatera aisément que les attitudes scientifiques des anthropologues ne sont pas immortelles, mais qu'au contraire elles sont sujettes à la précarité du temps voire de la mode. Dans les années 1980, Lévi-Strauss, dans une interview

[11] Voir à ce sujet Johannes Fabian, *Time and the Other* (New York: Columbia University Press, 1983).

télévisée avec Bernard Pivot, confessait publiquement *sa nostalgie du néolithique* consignée déjà dans *Tristes tropiques*. Le même personnage disait se trouver mal à l'aise dans son époque, et déclarait qu'il eût préféré vivre au dix-neuvième siècle voire même au dix-huitième, déclarant que lui, l'ancien socialiste, avait comme modèle littéraire Chateaubriand, un homme de l'Ancien régime (au moins par ses origines). Mais peut-être était-ce plutôt le romantisme et les romans exotiques de Chateaubriand mettant en scène les sauvages qui fascinèrent Lévi-Strauss? On sait par ailleurs que ce dernier se réfère aussi constamment à Rousseau, mieux accepté en général du public que Chateaubriand à cause de son humanisme *boniste*. Lévi-Strauss a cette formule pathétique quand il écrit dans *Tristes Tropiques*: Rousseau notre ami, notre frère! C'est donc de Rousseau et de son hypothétique bon sauvage que Lévi-Strauss tient sa nostalgie du néolithique. Cependant comme tous les paradis, le néolithique imaginé est fait d'un équilibre parfait entre l'homme et la nature et entre les membres de la société isolée. Cela ressemble terriblement à ce que Christophe Colomb croyait avoir découvert en débarquant dans les Caraïbes, ou à toutes les utopies plus ou moins joyeuses que les philosophes ont inventées. Il faut tout de même remarquer ici que Rousseau, dans sa reconstruction de la préhistoire de l'humanité ne fait que reproduire un modèle sécularisé du récit biblique de la Chute[12] ou de l'expulsion du paradis. Rousseau, comme tous les nostalgiques qui pensent que le monde présent est le résultat de l'entropie, se doit d'expliquer l'origine de cette situation. Comme on sait, c'est la compétition naissante entre les sociétés désormais voisines qui engendre des frictions et serait à l'origine du mal ou du malheur de l'inégalité.

Il semble bien que ce soit ce même stéréotype, la fiction d'une tribu primitive, isolée des autres et vivant en harmonie avec la nature qui a séduit de très nombreux anthropologues de terrain au vingtième siècle et cela jusque dans les années 1980. Ils trouvèrent ainsi, qui chez les Indiens du Nord de l'Amérique, qui en Amazonie, la société parfaite, sans classes et sans Etat: on aura reconnu Pierre Clastres, trouvant chez les Guayaki son modèle de société sans pouvoir institué. Par ailleurs, les anthropologues, c'est un fait bien connu, ne sont pas les personnes les mieux intégrées dans leur société.[13] Il en ressort que le fait de s'intéresser à d'autres sociétés que la sienne impliquerait de manière générale une tendance à l'exotisme, tendance peu estimée de nos jours dans le milieu des anthropologues. La vaste littérature consacrée à l'exotisme et à sa critique dans les années 1980[14] a pu ainsi nourrir la mauvaise conscience d'anthropologues scientifiquement corrects et faméliques et faire basculer l'anthropologie vers l'étude du changement, donc de l'histoire, oubliant le mythe ou le réduisant à une

[12] Voir Jean Starobinski, Introduction au *Discours sur l'inégalité* (Paris: Gallimard, 1969).
[13] Lévi-Strauss y fait allusion déjà dans *Tristes Tropiques*, relatant ses expériences de 1935.
[14] Voir note 2.

fonction illusoire. Cohen[15] résume fort bien ce tournant anti-exotique de la critique réflexive qui aboutit à nier soit l'altérité soit l'ipséité.

On peut considérer à bon droit l'anthropologie culturelle comme l'héritière d'un vaste courant intellectuel pessimiste et nostalgique qui voit l'histoire comme l'avènement d'un déclin, par rapport à des origines plus pures et meilleures. Cette vision négative de l'histoire s'oppose radicalement à l'enthousiasme des évolutionnistes et des positivistes pour les progrès de la civilisation par rapport à l'attardement des primitifs que de nombreux anthropologues coloniaux partagèrent. Des auteurs comme Gobineau, Léontiev ou plus tard Wilhelm Schmidt, considérés la plupart du temps comme les pires réactionnaires, quand ils ne sont pas accusés d'être à la source du racisme au vingtième siècle, n'ont rien fait d'autre finalement que d'expliquer à leur manière l'irrémédiable décadence et entropie du genre humain. Leurs théories de l'histoire reprennent elles aussi l'histoire de la *Chute,* histoire que l'on retrouve par ailleurs, il faut le rappeler, dans de très nombreuses mythologies cosmogoniques non occidentales. La différence est peut-être que, pour les penseurs conservateurs et les anthropologues concernés, il n'y pas de rédemption qui suivrait la chute. Le monde originel est bien mort et le paradis perdu: on peut toutefois encore l'évoquer en lisant l'ethnographie primitive ou les récits des voyageurs. Le seul moyen qui nous reste pour atteindre l'immortalité, c'est de transcender le temps, de remonter aux origines de l'humanité par l'imagination, par la poésie ou la peinture, ce que feront un Segalen et un Gauguin.

Dans la version progressiste et messianique, également inspirée de la tradition judéo-chrétienne et déjà évoquée plus haut, le temps est au contraire le garant de l'accomplissement et de l'atteinte de la perfection. Paradoxalement le temps est supposé engendrer l'immortalité dans un futur plus ou moins proche, celui même où il sera aboli, l'immortalité étant un attribut du futur radieux.[16]

La grande partie du champ exotique a été ainsi abandonnée aux études post-coloniales et à ses ténors indigènes, antioccidentaux pour la plupart. Le nouvel objet de cette anthropologie exotisante "à rebours" c'est la critique des idéologies de l'Occident et de ses institutions y compris bien entendu l'anthropologie "blanche, colonialiste, impérialiste". Reniant sa vocation philosophique, ou peut-être l'ayant menée à ses limites avec un Geertz, un

15 "La tradition britannique et la question de l'autre", in Martine Segalen, ed., *L'autre et le semblable* (Paris: CNRS, 1989) pp. 35-50.

16 On retrouve ici le thème des millénarismes et du messianisme étudiés par Mühlmann (1986) et d'autres, que l'on connaît notamment sous les formes du culte cargo en Mélanésie. C'est également le thème favori des grandes organisations intergouvernementales dans la deuxième moitié du vingtième siècle, que l'on peut lire dans leurs anciens slogans, que ce soit le développement pour l'an 2000, la révolution verte, ou encore la santé et l'éducation pour tous.

Sahlins et un Descola, l'anthropologie sociale, empêtrée dans les contradictions de son auto-critique, ne semble plus aujourd'hui être à la recherche d'immortalité, ni dans le passé ni dans l'avenir. L'anthropologie de la globalisation envahit ainsi la scène, tantôt rêvant elle aussi du *village* global fraternel et solidaire, tantôt annonçant la résurgence des identités radicales, indigènes.

N'y aurait-il pas simplement derrière ces divers postulats scientifiques opposés, nostalgie du paradis et entropie d'un côté et table rase du passé et projection vers le futur métissé de l'autre, deux *schèmes imaginaires* excitant des passions inverses? La difficulté surgit lorsque l'immortalité n'est plus simple mobile imaginaire pour la recherche mais devient mobile pour l'action politique. Or ce n'est pas par hasard que Mircea Eliade réfléchit sur l'histoire et qu'il en a horreur: c'est qu'il incarne comme bien d'autres intellectuels roumains, cette tendance à immortaliser les qualités et le destin du "peuple roumain", destin tragique de perdant éternel, victime à leurs yeux d'une histoire ou d'une destinée adverse. Celle-ci provoque chez certains un saut dans l'au-delà de l'histoire, dans l'éternité, là où ces qualités peuvent en quelque sorte être récompensées ou du moins reconnues. Sortir de l'histoire, c'est en même temps rejoindre l'origine mythique, le paradis perdu qui confère *ipso facto* le statut d'immortalité, celui que les théologiens appellent "l'état adamique". Ce courant de pensée théologique s'est incarné dans l'idéologie nationale roumaine et plus concrètement, il a alimenté successivement le fascisme, le communisme et le post-communisme national roumain. A grand renfort d'archéologie, le nationalisme roumain se greffe tantôt sur les Romains, tantôt sur les Daces, pour combler un manque d'histoire glorieuse propre. Il s'agit d'oublier le servage de la majorité du peuple, la dépendance et le "joug turc", la non citoyenneté pluriséculaire des Roumains de Transylvanie où ils sont pourtant la majorité. Il s'agit bien plus encore, de renouer avec la pureté des origines géto-daces, suffisamment éloignées dans le temps pour devenir mythiques.[17] La confusion entre imaginaire et politique aura des conséquences tragiques. L'exception roumaine au milieu de l'océan slave puise bien évidemment aux sources classiques gréco-romaines de la culture européenne pour se donner ses lettres de noblesse. L'imaginaire national, créateur de "l'âme roumaine" n'est pas mort, même montré du doigt. Un phénomène tout à fait récent, les conférences (distribuées en vidéo) du philosophe Puri – ce conférencier qui tente de renforcer le moral des Roumains déprimés par la crise lors de conférences philosophiques publiques à thème – viendrait confirmer si nécessaire l'actualité de cette analyse: faisant appel aux *qualités nationales* du peuple roumain, Puri commente en s'appuyant sur des auteurs antiques, des thèmes comme l'amour ou l'humour en montrant comment ceux-ci sont incarnés naturellement dans le

[17] Sur cette question, voir les publications de Dan Dana dont "Occultations de Zalmoxis et occultation de l'histoire. Un aspect du dossier Mircea Eliade", *Anabases* 5 (2007), pp. 11-25.

peuple roumain et comment ils doivent être préservés de tout métissage. On pourrait prendre d'autres exemples chez les voisins bulgares et grecs, ou encore chez les Serbes et les Hongrois. Colovic[18] a bien montré comment le territoire sacré de la nation est publiquement célébré par les politiciens qui se rendent en pèlerinage dans les hauts lieux, tandis que Zempleni[19] nous avait fait voir comment les cérémonies publiques de réenterrements des personnages politiques historiques hongrois marquent de même le territoire sacré de la nation. Les cérémonies qui ont lieu le premier août en Suisse sur le pré du Grütli ont d'ailleurs la même fonction liturgique de retour aux origines, aux fondateurs mythiques de la Suisse immortelle. Cependant c'est le rapport du politique à l'imaginaire et au symbolique qui va décider des conséquences de ces démonstrations en elles-mêmes innocentes. On continue toutefois de brûler le drapeau du pays ennemi ou d'inventer le drapeau, l'hymne national et les autres emblèmes de nouvelles nations. C'est précisément le cas de la construction d'une nouvelle nation, la nation rom. Cet exemple va nous servir pour illustrer ce processus qui mêle origine, mémoire, nostalgie et immortalité.

Un procès d'immortalisation: naissance d'une nation rom

Si du côté de l'anthropologie, le temps est plutôt à l'immédiateté et à la dépression critique, la promotion du culturalisme et du multiculturalisme sous toutes ses formes populaires et touristiques nous permet de penser que la recherche d'immortalité n'est pas absente des desseins de notre société européenne. J'en veux pour preuve la *naissance d'une nation* – pour reprendre le beau titre du film de Griffith – en plein vingt-et-unième siècle, la naissance de la nation rom. Sans pouvoir aborder ici le sujet dans toute son ampleur, contentons-nous d'en isoler les éléments les plus saillants et symboliques, ceux qui contribuent à forger l'immortalité, soit les point suivants:

- Le mythe de l'unité ethnique: la *révélation* de la plus grande minorité en Europe
- Le mythe de l'origine indienne: la mobilisation du passé lointain
- La création d'une langue et d'une culture tsiganes, ultimes attributs nécessaires à l'immortalité ethnico-nationale.

[18] Voir Ivan Colovic, "Les prêtres de la langue", *Poésie, nation et politique en Serbie Terrain* 41 (2003), pp. 35-46.

[19] Andras Zempleni, "'Lieux de piété nationale' et 'réenterrements politiques' en Hongrie contemporaine. Du bois à la pierre ou de la mémoire à l'histoire", *Lieux de mémoire en Europe médiane* (Paris: Langues'O, 1999).

La fiction de l'unité ethnique

La première condition pour construire une nation est bien celle de l'unité du peuple ou de l'ethnie censé la constituer. Si dans le cas des Rom on ne peut pas compter sur un territoire, berceau géographique et physique de la nation, il faudra à plus forte raison montrer l'unité ethnique de celle-ci. Or malgré les efforts que les constructeurs de la nation rom ont déployé récemment,[20] il est facile de montrer que cette unité est factice, comme le sont la plupart des unités nationales fondées sur une prétendue ethnicité commune. Benedict Anderson parle fort à propos de *communauté imaginée*, pour souligner l'aspect construit de l'identité nationale, qui est une communauté d'adhésion mais non d'essence, voire "d'espèce". L'ethnicité pas plus que la religion ou la culture ne suffit à caractériser une société et encore moins à assurer sa pérennité ou préserver sa "pureté". La question de l'ethnie occupe ainsi depuis le temps de la décolonisation bon nombre d'anthropologues, tant du point de vue théorique que de son application dans les pratiques sociales, les guerres dites de purification ethnique ayant apporté de l'eau au moulin des chercheurs du domaine balkanique. Pour la plupart des tsiganologues contemporains cependant, l'ethnicité rom ne fait guère de doute. Elle constitue même l'argument en faveur de la création de la *nation* rom, ne serait-ce que comme "minorité européenne transnationale" dont l'image principale serait celle du voyageur. Or dès les temps les plus reculés la définition des Tsiganes ne repose pas tant sur une identité ethnique ou linguistique commune que sur une identité donnée par défaut à des groupes sociaux atypiques, marginaux, mobiles et hétéroclites. L'identité *professionnelle*, attribuée en général par l'autorité pour des raisons pratiques comme la levée de l'impôt à des groupes exerçant les mêmes fonctions ou métiers,[21] n'est pas une identité ethnique choisie par ces groupes, même si elle peut être revendiquée plus tard par eux selon le schéma bien connu du fonctionnement des représentations sociales qui fait que les sujets d'une appellation commune, même erronée, finissent par se l'approprier et par la retourner à leur profit contre ceux qui en sont les initiateurs. Cela expliquerait pourquoi de nombreux Tsiganes tiennent à ce nom et refusent de devenir Rom. Une telle identité globale dite tsigane, gitane ou bohémienne pouvait donc être attribuée à des populations de souches ethniques diverses, aussi bien sur la base de leur apparence physique[22] que de leur type d'occupation[23] ou de mode de vie,

[20] Sur cette question voir ed. A. Boscoboinik et F. Ruegg, *Nouvelles identités rom en Europe centrale orientale* (Transitions, XLVIII,2, 2009).

[21] Voir Giuseppe Cossuto, *Breve Storia dei Turchi di Dobrugia* (Istanbul: Isis, 2001), p. 147.

[22] Un ethnographe célèbre de Genève, Pittard, étudia les Tsiganes des Provinces Roumaines et avec plus d'attention ceux de la Dobroudja, province sise au sud de l'embouchure du Danube et partagée par les Roumains et les Bulgares et dont il dit qu'on y trouve des Tsiganes parmi les plus purs. Il repère de nombreuses différences parmi les populations

à savoir dans le cas qui nous occupe, le nomadisme. Cependant il y a longtemps que les Rom/Tsiganes ont été sédentarisés à l'est de l'Europe et que le stéréotype des "gens du voyage", inventé pour éviter les appellations diffamatoires, ne peut plus s'appliquer à la majorité d'entre eux.

C'est bien la raison pour laquelle les activistes contemporains ont tenté depuis quelques décennies avec un succès grandissant de substituer à l'identité imposée par défaut de "Tsigane", considérée comme discriminatoire, l'identité politiquement correcte de "Rom" (= hommes en langue romani). Celle-ci est également fondée sur une discrimination, mais cette fois vue comme positive, car elle inverse la perspective et consiste à mettre les sujets de l'identité tsigane au centre, c'est-à-dire à les considérer comme les hommes par rapport aux autres, les *Gadje*,[24] c'est-à-dire les non Rom. Quoi qu'il en soit, cette appellation, si elle règle un problème politique, ne résout pas la question de la diversité "ethnique" des groupes nommés Rom ou Tsiganes. La résistance que certains groupes opposent à cette nouvelle appellation n'aide pas à nous convaincre de son bien fondé "scientifique". Le compromis actuel sanctionné par le Conseil de l'Europe est, à l'image des appellations consacrées aux minorités nord américaines, fondé sur un nom composé: on parle désormais de "Rom/Tsigane".[25]

Il reste qu'il est extrêmement difficile de démêler les fils des divers ethnonymes des Tsiganes, qu'on leur donne ou qu'ils se donnent, en raison de la

nommées globalement "tsiganes". A partir de l'anthropologie physique qui est sa discipline et plus particulièrement l'anthropométrie, Pittard distingue des Tsiganes d'ethnies ou d'origines différentes qu'il différencie des "purs Tsiganes". Ainsi rédige-t-il des monographies sur les Tsiganes *tatars, turcs, roumains*. Il établit une distinction entre les "véritables Tziganes" et les "tziganisés" Habituellement d'ailleurs, il est admis que les Tsiganes sédentarisés sont considérés comme "mélangés". Voir: Eugène Pittard, *Les Tziganes ou Bohémiens, Recherches anthropologiques dans la Péninsule des Balkans* (Genève : Société générale d'imprimerie, 1932).

23 M. J. de Goeje *Mémoire sur les Migrations des Tsiganes à travers l'Asie,* (Mémoires d'Histoire et de Géographie orientales, vol. 3, Leide, 1903) p. 54: "Les soldats sindiens au service des princes sassanides étaient sans doute en grande majorité des Djat, et de même les colons déportés par les Omayades. Déjà alors leur nom, arabisé en Zott, était devenu le nom générique pour tous les hommes d'extraction sindienne qui, avec leurs buffles, étaient domiciliés en Babylonie et aux frontières syriennes, ou qui parcouraient le pays comme saltimbanques et musiciens. Si donc les émigrés du commencement du neuvième siècle qui s'établirent chez les Zott en Kaskar sont nommés Zott par les historiens, on ne doit pas en tirer la conclusion qu'ils appartenaient en réalité aux Djat."

24 Selon les sources de Goeje op. cit p. 66 le mot *gadzo* et son diminutif *gadzdoro* désignent ceux qui ne suivent pas la vie nomade des Tsiganes, en premier lieu les paysans d'autre nationalité (=ethnie), mais aussi les Tsiganes sédentaires. On remarquera au passage que l'ethnocentrisme est considéré de bon ton quand il est "indigène" et de mauvais goût quand il est "occidental".

25 Voir le rapport annuel de Jean-Pierre Liégeois, *Roma in Europe* (Strasbourg, Council of Europe, Publishing, 2007).

grande fluidité et mobilité, géographique aussi bien que sociale des Rom, pour ne rien dire des exclusions internes dont celle, mutuelle, des nomades et des sédentaires n'est qu'un exemple, le nomade étant traditionnellement considéré comme l'authentique Tsigane, tandis que le sédentarisé serait le "décadent" ou le traître. Selon les perceptions plus récentes, le bon ou le vrai Tsigane, le Tsigane "moderne" est au contraire celui qui s'est intégré, voire converti au néo-protestantisme, par rapport à l'irréductible vagabond, buveur et imprévoyant.[26] A cela vient s'ajouter le fait bien connu que, malgré son apparente volonté de se distinguer des autres catégories de la population, le Tsigane se déclare parfois "autre",[27] notamment lors des recensements ou d'autres types de contrôle qui pourraient lui nuire. C'est ainsi qu'il peut se déclarer Grec avec les orthodoxes et Turc avec les musulmans ou Bulgare en Bulgarie et Roumain en Roumanie, s'il est orthodoxe. Le fait que les Tsiganes seraient le résultat d'un mélange de "nationalités", comme on disait encore au début du siècle passé et sous le régime communiste pour désigner l'identité des peuples, est accepté de manière assez large par les tsiganologues du début du 20e siècle.[28] Mais de manière encore plus prégnante, on remarquera que le fait que les Tsiganes incarnent toujours l'étranger par excellence a pour conséquence dans plusieurs pays, que le nom qui leur est donné est simplement celui d'étranger (*ghourbat)*, lequel nom finit par désigner à son tour les diseurs de bonne aventure et les jongleurs tsiganes.[29] La catégorie ethnique n'est vraiment pas d'un grand secours pour identifier une population hétérogène que l'on essaye pourtant d'unifier sous la bannière d'une *romanité* commune alors que trop d'exemples nous montrent que depuis leurs premières migrations putatives, les Tsiganes ont suivi des parcours très différents et se sont mêlés de façon nominale ou non aux populations qu'ils ont côtoyées et auxquelles ils se sont sinon mélangés du moins confondus.

A côté de l'ethnicité, plusieurs appellations, et surtout pour désigner divers groupes de Tsiganes entre eux, se réfèrent à leur occupation ou métier. Ainsi le nom même de *Zîngar* (sellier en Perse) aurait pu donner celui de *Zigane*, alors que le mot *tchingiane* serait d'origine turque et donc plus récente. Les cas les plus connus sont ceux cependant que l'on attribue à des groupes se consacrant autrefois aux différents métiers et que l'on *tribalise* aujourd'hui. Il reste que ces appellations internes demeurent en vigueur et permettent d'établir une hiérarchie entre les groupes. Ainsi les "montreurs d'ours" forment-ils habituellement l'élite rom/tsigane roumaine tandis que les "chaudronniers" demeurent les plus irréductibles et s'affichent en portant des vêtements distincts voyants.

[26] Voir note 19

[27] "Mais les Tsiganes égyptiens aiment à se donner pour des Arabes, tout comme les Nawar de Syrie" Goeje ibid.

[28] Goeje, Ibid. p. 67 citant le P. Anastase: Le P. Anastase est d'opinion que les Tsiganes sont un mélange de différentes nationalités…; Voir aussi Pittard Ibid. passim.

[29] Voir Goeje, Ibid.

> Dans la Roumanie, parmi les Tziganes nomades – et aussi parmi les sédentaires – on reconnaît selon les métiers qu'ils accomplissent, les lautari (musiciens), les spoïtori (rétameurs), les ursari (montreurs d'ours), les lingurari (fabricants d'ustensiles en bois, les caldarari (chaudronniers), les aurari (orpailleurs).[30]

Déjà dans les années 1930, ces appellations restaient collées à des groupes de Tsiganes depuis longtemps sédentarisés et même devenus agriculteurs. Comme de nombreux auteurs avant lui, Pittard note le fait que des Tsiganes sont fréquemment forgerons et armuriers et réquisitionnés de ce fait par les armées. Cependant, les métiers que pratiquent les Tsiganes ne sont pas une exclusivité et on ne saurait conclure que tous les orpailleurs sont des Tsiganes. C'est dire que ni l'ethnicité, ni la "race" (ou phénotype), ni la profession, ni le mode de vie, nomade ou sédentaire ne sauraient suffire à rendre compte des populations réunies sous le nom de Rom/Tsigane, et l'histoire de leurs migrations ne fait que complexifier leurs héritages culturels.

Le mythe de l'origine indienne

A défaut de pouvoir prouver l'homogénéité présente d'une *nation*, il est toujours possible de projeter celle-ci dans une origine commune lointaine, sur le modèle généalogique. Les représentations sociales une fois bien ancrées aussi bien dans le grand public que parmi les experts feront le reste. La plupart des auteurs s'accordent pour faire apparaître les Tsiganes en Europe de l'Ouest au 15e siècle, munis de patentes royales leur accordant libre circulation, patentes qui sont les sources sur lesquelles les auteurs se basent. Ils se seraient manifestés dès le Moyen-âge dans les Balkans, et auraient commencé à migrer en Asie même à l'époque des invasions des Huns aux 5e-6é siècles ou plus tard, celle des Arabes au 7e ou encore celles qui eurent lieu du 11e au 15e siècles[31] par les Mongols Gengis Khan et Tamerlan respectivement.

Ce qui déroute la plupart des observateurs c'est leur imperméabilité sociale et culturelle à travers les siècles. Ils ne se laissent influencer ni par le climat des pays où ils vivent, ni par les mœurs, bonnes ou mauvaises des peuples auxquels ils ne se mêlent pas.[32] Et pourtant on sait par ailleurs qu'ils adoptent la religion et la langue de la région dans laquelle ils vivent, notamment en Europe centrale orientale. Cependant la question ne s'arrête pas sur le moment de leur arrivée en

[30] Pittard, Ibid. p. 34.

[31] C'est déjà l'opinion de Grellmann qui donne comme cause de leur migration l'invasion de l'Inde par Timour (1408) voir Grellmann, H. M. G., *Die Zigeuner, Ein historischer Versuch über die Lebensart und Verfassung Sitten und Schicksahle dieses Volks in Europa nebst ihrem Ursprunge,* (Dessau und Leipzig, 1783).

[32] "Das sonderbarste aber ist, das weder Zeit, noch Clima, noch Beispiele bisher auf sie, überhaupt genommen, merklichen Einfluss gehabt haben" Grellmann, ibidem, p. 97.

Europe mais se prolonge au sujet de leur origine: car c'est une nécessité de connaître l'origine pour saisir l'identité et la légitimer. Les querelles au sujet de leur origine sont intéressantes pour l'anthropologue dans la mesure où elles recoupent des théories concernant l'origine des *sauvages* avec lesquels les Tsiganes partagent d'ailleurs de nombreux traits. Comme les sauvages les Tsiganes ne sont pas conformes à l'idée que l'on se fait des hommes civilisés (*anstaendig*, disent les sources allemandes), tant du point de vue physique que de celui de leurs mœurs. On pourrait aisément parler à leur propos de *sauvages proches* ou locaux.[33] Pour les observateurs, ces sauvages n'ont bien évidemment pas d'histoire et donc pas d'origine autre qu'une *origine absolue*, c'est-à-dire primitive qui n'est plus du domaine de la culture mais de la nature: ce sont des naturels, des hommes pré-historiques dans ce sens, ce qui leur confère paradoxalement un caractère immortel.

Les sources indiennes, d'autant plus mythiques qu'elles sont lointaines dans l'espace et dans le temps, servent avant tout aujourd'hui à établir une origine de type protochroniste ou primordialiste, permettant aux activistes de la création d'une nation rom de compenser l'absence de territoire. Prenons un exemple de ces études historico-philologiques le *Mémoire sur les Migrations des Tsiganes à travers l'Asie,* déjà cité précédemment. Quoique les recherches philologiques et étymologiques tendent souvent à isoler les termes analysés de leur contexte social et historique pour se lancer dans de pures spéculations, il n'en est rien dans le cas de notre auteur. Les deux appellations *Tsigani* – de *A-thinganoi* qui contient la connotation négative d'une intouchabilité réciproque- et *Egyptiens* auraient coexisté distinctement. Cependant l'appellation d'*Egyptien* deviendra le synonyme de "vilain", faisant référence à une classe sociale exclue et non à une origine ethnique ou géographique. Les étymologies les plus intéressantes sont celles qui relient les Tsiganes à leur fonction de forgerons ou d'intouchables, c'est-à-dire à une profession et à une catégorie sociale ou caste. Un autre élément intéressant, quelle que soit sa vraisemblance historique, c'est le rôle de devins qui leur est attribuée depuis leurs premières apparitions en Europe et leur aurait valu certaines franchises. Si bien que dès l'origine, si l'on peut dire, deux images nous sont proposées par les sources byzantines: celle de travailleurs du métal, avec tout ce que cela de comporte de symbolisme négatif dans de nombreuse mythologies y compris grecque, et celle de devins, mages, magiciens, tout aussi ambiguë.

Comme nous le montrent les études du dix-huitième siècle, trouver l'origine (commune) du "peuple tsigane" peut-être également une tentative de trouver la cause de leur comportement si irréductiblement différent et de légitimer ainsi leur allochtonie, condition pour les expulser le cas échéant. Dans une

[33] Certains auteurs du 18e siècle ne se sont d'ailleurs pas privés de la comparaison; voir F. Ruegg, *A l'Est rien de nouveau. De la civilisation à la barbarie,* (Genève: Georg, 1991), p. 83.

perspective contemporaine, la connaissance de l'origine devrait au contraire aider à trouver des solutions au "problème" tsigane, à sa discrimination. Par rapport aux politiques assimilationnistes de l'*Aufklaerung*, il s'agit d'un véritable retournement. C'est que le contexte politique actuel favorise le multiculturalisme et la multiplication des minorités de toutes sortes. C'est pourquoi on assiste à un véritable mouvement de *nationalisation*, à une ethnogenèse des Rom, à partir de l'idée qu'ils constituent une nouvelle minorité européenne, la plus nombreuse et qu'il s'agit de leur octroyer des droits spécifiques. Ce revirement n'est pas sans évoquer les anciennes et toujours actuelles pratiques nord-américaines de classer leurs "minorités" selon un terminologie quasi raciale, ou continentale, celle-ci remplaçant la catégorie recourant aux couleurs.[34] Y aura-t-il bientôt des Euro-rom/tsiganes comme il y a des Afro-américains?

La fabrication de la nation rom : un peuple, une langue et une culture. Vers l'immortalité nationale.

L'origine du peuple une fois établie, et avec elle la continuité historique, du cinquième siècle à nos jours, renforcée par une histoire ininterrompue d'exclusion, il reste à fixer une langue commune, ciment de la nation autour de laquelle viendra s'agréger la culture. Pour cela il faut évidemment des élites et des activistes. Parmi les auteurs roms contemporains les plus célèbres en France, on compte notamment Marcel Courthiade, titulaire de la chaire de langue et civilisation romani à l'Inalco[35] ainsi que Henriette Asséo, professeur agrégée à l'EHESS. Selon le premier, la langue est l'élément le plus fort de l'identité d'une communauté. De même certains activistes se sont imposés sur la scène politique internationale comme le Roumain Nicolas Gheorghe qui est le représentant politique des Rom au niveau gouvernemental, consulté par les personnes qui s'intéressent aux Rom de Roumanie. On trouve chez les auteurs rom activistes un mélange d'études culturelles, linguistiques et d'études de sociopolitiques ou historiques, liées le plus souvent à la constitution ou du moins à la consolidation d'une culture, d'une histoire et d'une langue rom. La Revue *Etudes tsiganes* publie indifféremment des auteurs Rom et des non Rom. Elle a pour but de mettre en évidence la culture rom, de contribuer à la création d'un corpus culturel commun, soutenue en cela par le Conseil de l'Europe. Il faudrait encore mentionner la déjà ancienne *Gypsie Lore society* qui continue d'être une référence majeure pour la tsiganologie.

[34] Ces nouvelles catégories, s'appuyant également sur une prétendue unité ethnique originelle, ne sont pas mieux fondées, car on voit mal ce qu'un Chinois du Nord peut avoir en commun avec un Malais, ou un Soudanais naturalisé avec un habitant noir du Bronx.

[35] Selon cet auteur il y a en France 120 000 personnes qui savent le romani dans une communauté comptant entre 200 000 et 300 000 Rom.

Le regain d'intérêt pour cette *minorité européenne* a lieu dans un contexte historique et politique que l'on ne peut pas ignorer. A la fin du vingtième siècle, deux facteurs principaux relancent la "question tsigane" et lui donnent une dimension à la fois politique et sociale: l'extermination des Tsiganes par les régimes nazi et fascistes et le traitement de ces minorités sous les régimes communistes[36] d'une part et l'ouverture des frontières qui provoque l'afflux de Tsiganes à l'Ouest d'autre part. Une révision de l'histoire dans la foulée de ce qui s'est passé avec les Juifs victimes de l'Holocauste provoque la publication de nombreuses études dédiées aux pogroms perpétrés contre les Tsiganes dans le cadre du nazisme dans les pays occupés par Hitler ou dans les pays aux régimes sympathisants, notamment les déportations et les exécutions de Tsiganes en Bessarabie. C'est cependant la réapparition de nomades/mendiants en Europe de l'Ouest et la promotion au niveau européen de politiques sociales et culturelles à l'égard des Rom qui donnent actuellement à la recherche en tsiganologie ses motivations et ses buts, et ses financements. Ce qui frappe l'observateur des Tsiganes, hier comme aujourd'hui, voire ce qui le pousse à entreprendre des recherches, c'est encore et toujours la légendaire "altérité" du Tsigane qui, comme les Egyptiens d'Hérodote, fait tout à l'envers du "bon sens" ou presque: il n'a ni feu, ni lieu, il vit en marge de la société. Cela est vrai aussi bien du point de vue de l'espace physique, son habitat se situant le plus souvent dans les périphéries lorsqu'il est sédentaire et "en route" lorsqu'il est nomade, que de celui de l'espace social, le Tsigane occupant l'échelon le plus bas sur l'échelle sociale et provoquant, hier comme aujourd'hui la pitié. L'exotique et l'étrange, on le sait, sont de puissants stimulateurs de l'imagination. Ils ont par conséquent inspiré aussi bien la philosophie, la science politique, la morale, l'histoire et plus tard l'ethnologie, sans compter bien sûr, par un lien évident, la littérature de voyage.[37] Au dix-neuvième siècle, l'image du tsigane se fait romantique, ce sont le musicien, la danseuse et la diseuse de bonne aventure qui dominent l'imaginaire sous l'effet conjugué des nationalismes et de l'invention de la

[36] Sur le statut politique des Rom/Tsigane en Europe de l'Est voir Zoltan Barany, *The East European Gypsies, Regime Change, Marginality and Ethnopolitics* (Cambrige: University Press, 2002).

[37] Le Tsigane "étrange" entre par conséquent fort bien dans l'imaginaire à la fois attirant et repoussant du sauvage qui a nourri des générations de lecteurs, privés pour la plupart de voyage. Le frisson de plaisir que suscitent les sauvagesses nues et offertes est égal au frisson d'horreur que provoquent le cannibalisme ou la saleté proverbiale d'indigènes assimilés au règne animal. La danseuse tsigane qui fait perdre la tête au bourgeois replet en le frôlant de ses voiles transparents, reproduit le stéréotype de la sauvagesse, tandis que le tsigane réputé nécrophage et "à peine humain" comme le sont les sauvages, est largement attesté dans la littérature dédiée aux Tsiganes.

culture populaire.[38] Avant 1989, l'ethnographie tsigane se cantonne essentiellement dans le contexte de l'étude des curiosités du folklore tsigane.

Adieu, immortalité des stéréotypes?

De même que ce fut le cas pour les sociétés primitives, les études sur les Rom ont été trop souvent prises au piège de l'alternance d'une *pulsion appétitive* qui fait que tantôt l'on aime, tantôt l'on vomit l'objet choisi: bon sauvage, mauvais sauvage. Les réduisant tantôt à la figure du musicien et de la magicienne, tantôt à celle du voleur et du nécrophage, l'image ambiguë des Tsiganes a hanté également trop longtemps les études ethnographiques. Cependant si la majorité des études consacrées aux Rom révèlent encore leur *destin malheureux* et leur *pauvreté endémique*, renforçant en cela leur image d'"immortels asociaux" ou de sempiternels sauvages, ou au contraire en font des groupes primitifs animistes et solidaires, on commence à s'intéresser également à ce qui pourrait avoir changé dans le comportement de groupes assez nombreux et sédentaires. Les études anthropologiques[39] sur leur conversion massives au néo-protestantisme et leur parallèle intégration économique, la formation d'élites intellectuelles et de nouveaux riches symboliquement représentés par leur palais toujours plus nombreux et ostentatoires, la mise à jour de réseaux maffieux, contrastent heureusement avec les immortelles et assommantes représentations des Rom, nomades, mendiants ou jouant de l'accordéon sur nos places publiques. Cependant nous sommes sans illusions, les stéréotypes sont presque aussi immortels que les mythes, parce qu'ils sont des moyens économiques d'échapper à la remise en question de l'ordre des images.

Certes comme l'évoquait Bachelard, nous avons "le droit de rêver" et l'imaginaire ne cessera jamais de nous hanter et de nous inspirer. De même qu'il faudrait ne pas mélanger le mythologique et le politique, *l'illo tempore* et le *hic et nunc*, de même il faudrait éviter de confondre l'immortalité des images et celle de ceux qu'elles représentent.

[38] Voir François Ruegg, "L'altérité apprivoisée: De la sauvagerie au caractère national. Transformations dans la perception des nomades et des paysans d'Europe centrale et orientale à travers les récits de voyage", in Aline Gohard, ed., (*Le français dans le* monde1, Numéro spécial *Altérité et identité dans les littératures francophones*, Paris), pp. 42-54.

[39] Voir dans le numéro de Transitions cité (note 15) les articles de Sorin Gog et d'Adrian Neculau respectivement.

BARBARA HALLENSLEBEN

Unsterblichkeit der Seele und Auferstehung des Fleisches

Die paradigmatische Position des Thomas de Vio Cajetan

Sumus homines, non animae![1] – unter diesem Motto tritt der Dominikanertheologe Thomas de Vio Cajetan (1469–1534) – noch bevor er sich als der große Gegenspieler des Reformators Martin Luther profiliert – Anfang des 16. Jahrhunderts in eine Auseinandersetzung, die eine Differenzierung in das Thema der "Unsterblichkeit" einträgt. Bis heute sind die Elemente dieser Debatte bedenkenswert, nicht zuletzt im Gespräch zwischen Theologie und Philosophie.

1. Sterblichkeit der Seele. Der patristische Auftakt

Man sollte meinen, für die Theologie müsse die Unsterblichkeit so etwas wie ein "Heimspiel" darstellen. Ein Blick in die Theologiegeschichte ergibt ein überraschend anderes Ergebnis: Das erste, was Christen gegenüber den antiken Philosophen betonen, ist nicht etwa die Unsterblichkeit, sondern die Sterblichkeit des Menschen. Die radikale Sterblichkeit ist Ausdruck der Erlösungsbedürftigkeit und die Kehrseite dessen, was Christen als Überwindung des Todes durch Jesus Christus bekennen. Schauplatz der Debatte ist das Verständnis der Seele im Licht des Glaubens.[2] So kritisiert Justin den platonischen Begriff der Seele mit Hilfe platonischer Voraussetzungen: Die Seele sei nicht, wie Platon behaupte, mit Gott "verwandt" (συγγενής).[3] Nur Gott ist "ungeworden" und "unvergänglich"; wäre die Seele unsterblich, dann wäre sie auch ungeworden – was offenkundig nicht gilt. Die Seele *ist* folglich nach Justin nicht Leben, sondern sie *hat* lediglich Leben. Im Anschluss an Genesis 2,7 und Kohelet 12,7 (Vulgata) unterscheidet Justin zwischen der Seele und dem "lebenspendenden Geist" (ζωτικὸν πνεῦμα), den sie verlieren kann.[4] Auch nach Tatian ist die Seele nicht unsterb-

[1] Vgl. unten Anm. 71.

[2] Vgl. Art. Seele in *Historisches Wörterbuch der Philosophie*: Vol. 9, ed. Joachim Ritter, Karlfried Gründer und Gottfried Gabriel (Basel: Schwabe & Co, 1995), pp. 2-89.

[3] Vgl. Platon, Der Staat, 611 e 2.

[4] Vgl. Justin, Dialog mit dem Juden Trypho, 4-6; dazu: Art. Seele in *Historisches Wörterbuch der Philosophie*, a. a. O., pp. 8f.

lich, sondern "sterblich" (θνητή).[5] Mit dem Johannesprolog wird belegt, dass die Seele vom Logos wie vom Pneuma unterschieden werden muss: Die Seele "an sich" ist Finsternis, wenn sie nicht durch den Logos zur Erkenntnis Gottes erleuchtet wird. Zwar stammt die Seele aus der Gemeinschaft mit dem Geist, doch der Geist verließ sie infolge ihres Ungehorsams.[6] Ebenso widerlegt Irenäus die wesenhafte Unsterblichkeit der Seele mit dem Argument, dass sie dann notwendig ungeworden wäre. Sie besitzt das ewige Leben nicht aus sich, sondern nur als Geschenk des göttlichen Geistes.[7] Erst als die anfängliche Polemik abgeklungen ist, vermag Origenes im Licht des Glaubens die hohe Berufung der Seele wieder mit den ehemals abgelehnten Termini auszudrücken: Die Seele ist trotz ihrer Geschöpflichkeit mit Gott "verwandt" (συγγενής). Darin gründet ihre letzte Unabhängigkeit von allem Geschaffenen.[8]

Vor dem Hintergrund der Patristik zeigt sich im Seelenverständnis der Antike eher eine apophatische Wegbereitung als eine philosophische Definition. Die Rede von der Seele enthält eine Ahnung vom Geheimnis des Menschen wie des Kosmos: Der Mensch ist *mehr* als ein Produkt der Geschichte, sozialer Zwänge und psychologischer Erklärungen. Die Rede von der Weltseele bezeugt, dass auch die gesamte materielle Welt *mehr* ist als ihre gesetzmäßigen Naturabläufe. Auffällig ist, dass die Kirchenväter die Einheit von Seele und Leib sehr viel unbefangener betonen können als die antiken Philosophen. Leib *und* Seele stehen ja auf der Seite der Schöpfung. Leib *und* Seele sind erlösungsbedürftig und erlösungsfähig und empfangen ihr wahres und volles Leben aus dem Geist des lebendigen Gottes kraft der Auferstehung Jesu Christi und durch Vermittlung der leibhaftig gefeierten Sakramente.

2. "Deine eigene Ewigkeit...". Ausgangsbedingungen der Debatte im 16. Jahrhundert

Im 16. Jahrhundert gewinnt die Debatte eine neue Schärfe angesichts des vertieften Selbstbewusstseins des Menschen am Beginn der Moderne. "Was nützt es dir, o Theologe, Gott Ewigkeit zuzuerkennen, wenn du sie dir nicht selbst zuerkennst, damit du dich durch deine eigene Ewigkeit der göttlichen Ewigkeit erfreuen kannst?"[9] – dieser Ausruf des Marsilio Ficino in seiner "Theologia Platonica" lässt etwas von der existentiellen Bedeutung erahnen, die den philosophisch-theologischen Auseinandersetzungen über die Beweisbarkeit der Un-

[5] Vgl. Tatian, Oratio ad Graecos 13,1-3.

[6] Vgl. ebd. 15.

[7] Vgl. Irenäus, Adversus haereses V, 12,2.

[8] Vgl. Origenes, De principiis III, 1,13.

[9] Marsilio Ficino, "Theologia Platonica", in: Opera, 885, zit. nach: Paul Oskar Kristeller, *Humanismus und Renaissance* (Uni-Taschenbücher, München: Fink, 1980), Vol. 1, p. 186.

sterblichkeit der menschlichen Seele zur Zeit Cajetans zukam. Sie durchzogen im Gefolge der Aristoteles-Rezeption und -Interpretation die gesamte Renaissance, entzündeten sich vor allem an der Kommentierung von "De anima" und erreichten Anfang des 16. Jahrhunderts im Anschluss an das V. Laterankonzil ihren Höhepunkt. Unverkennbar "erlangte innerhalb der Theologie und Metaphysik der Renaissance das Problem der Unsterblichkeit infolge des Individualismus der Zeit eine derartige Dringlichkeit, das heißt infolge der Tendenz, den konkreten und individuellen Eigenschaften und Erfahrungen jedes einzelnen Menschen eine sehr große Bedeutung beizumessen".[10]

Zugleich stand in diesem Streit die Harmonie von Glaube und Wissen, Theologie und Philosophie auf dem Spiel.[11] Wenn die Unsterblichkeit der Seele nicht nur als unbeweisbar, sondern darüber hinaus als philosophisch falsch aufgezeigt werden konnte, musste das Prinzip der 'doppelten Wahrheit' als einziger Ausweg erscheinen, um an der christlichen Glaubensbotschaft festhalten zu können. An sich war das Problem in der Tradition nichts Neues. Duns Scotus hatte die philosophische Unbeweisbarkeit der Unsterblichkeit der Seele gelehrt und diese zum reinen Glaubensartikel erklärt.[12] In dem Maße, wie die philosophischen Anfragen an die christliche Lehre sich mehrten, erhielt die Frage neue Brisanz. Der Autoritätsbeweis war weniger denn je geeignet, in der Konfrontation mit den vielfältigen philosophischen Schulrichtungen Lösungen aufzuzeigen.[13] Padua wurde für diese Diskussion zum Zentrum der Auseinandersetzungen. Hier trafen Vertreter des Averroismus, der mit seiner Lehre von der Einheit des Intellekts eine individuelle Unsterblichkeit ablehnen musste und philosophisch höchstens ein kollektives Fortbestehen des menschlichen Intellekts vertreten konnte, mit Thomisten und Skotisten zusammen, die mit jeweils verschiedenen Gründen an der Unsterblichkeit festhielten. In der Kritik am Averroismus fanden platonische

[10] Marsilio Ficino, Theologia Platonica, Vol. 2, p. 108.

[11] So beschreibt etwa Gasparo Contarini in seinem Traktat "De immortalitate animae" (1516/1517) die Hauptkontroverse mit seinem Lehrer Pietro Pomponazzi: "... hancque philosophiam, quae suum noscit defectum, perfectionem animi censemus; illam vero quae putat lumen naturale sibi debere in omnibus sufficere, negatque scientiam eius inchoatam, quia nequit pertingere ad perfectam, putamus nos esse philosophiam admodum periculosam, et quae instillare animo possit pestiferum et noxium infidelitatis impietatisque venenum, et quamvis se candidam dicat, atque sub legibus viventem, veremur nos ne inflata sit ac tumida. Haec fere summa est eorum, in quibus vicissim dissentimus": zit. nach Etienne Gilson, "Autour de Pomponazzi. Problématique de l'immortalité de l'âme en Italie au début du XVIe siècle", *Archives d'histoire doctrinale et littéraire du moyen âge* 36 (1961), pp. 163-279, p. 228 mit Anm. 38.

[12] Vgl. Hubert Klug, "Die Lehre des seligen Johannes Duns Scotus über die Seele", *Philosophisches Jahrbuch* 36 (1923), pp. 131-145; pp. 198-212; 37 (1924), pp. 57-75.

[13] Marie-Hyacinthe Laurent, "Introductio. Le Commentaire de Cajétan sur le 'De Anima'", in Thomas de Vio Cardinalis Caietanus, *Commentaria in "De anima Aristotelis"*, Vol. 1 (Rom: Istitutum Angelicum, 1938), ed. I. Coquelle, pp. VIIf.

Argumente breiten Raum, mit denen man die Eigenständigkeit und Unsterblichkeit der Seele vertreten konnte, jedoch mit der Konsequenz eines dualistischen Spiritualismus.

3. Doppelte Wahrheit? Das V. Laterankonzil als Antwort auf Pietro Pomponazzi

Cajetans Eigenständigkeit und seine Sonderstellung im Unsterblichkeitsstreit werden häufig mit seinem Auftreten auf dem V. Laterankonzil 1512–1517 in Verbindung gebracht.[14] Während der 8. Sessio am 19. Dezember 1513 wurde die Konstitution "Apostolici Regiminis" verabschiedet, die gegen heterodoxe Strömungen in der Seelenlehre auf die Definition der Seele als *forma corporis* auf dem Konzil von Vienne 1312 zurückgriff und sie um die Bestimmung der Unsterblichkeit erweiterte: "So verurteilen wir denn mit Billigung des Heiligen Konzils alle und weisen alle zurück, die behaupten, die vernunftbegabte Menschenseele sei sterblich, oder sie sei ein und dieselbe in allen Menschen, und verurteilen ebenso alle, die die entgegengesetzten Lehren in Zweifel ziehen".[15]

Damit richtete sich das Konzil gegen den averroistischen Monopsychismus, zugleich aber auch u.a. gegen die Seelenlehre des Pietro Pomponazzi, der nach dem Konzil in mehreren Traktaten seine Lehre öffentlich und ohne wesentliche Modifikationen wiederholte, vor allem in seinem "Tractatus de immortalitate animae" (1516) und in der "Apologia Petri Pomponatii" (1518). An sich lehnte auch Pomponazzi die averroistische Position ab. Er konnte jedoch an der Individualität der Seele als Lebensprinzip des Körpers von seinen philosophischen

[14] Zu Cajetans Stellungnahme zur Unsterblichkeitsfrage: Etienne Gilson, "Cajétan et l'humanisme théologique", *Archives d'histoire doctrinale et littéraire du moyen âge* 22 (1955), pp. 113-136; ders., "Autour de Pomponazzi. Problématique de l'immortalité de l'âme en Italie au début du XVIe siècle", *Archives d'histoire doctrinale et littéraire du moyen âge* 36 (1961), pp. 163-279; Georg Heidingsfelder, "Zum Unsterblichkeitsstreit in der Renaissance", in *Aus der Geisteswelt des Mittelalters. Martin Grabmann zur Vollendung des 60. Lebensjahres gewidmet*, ed. A. Lang, J. Lechner, M. Schmaus, 2 Vols. (Münster i. W.: Aschendorff, 1935), pp. 1265-1286; Mannes Dominikus Koster, "Zur Metaphysik Cajetans. Ergebnisse jüngster Forschung", *Scholastik* 35 (1960), pp. 537-551; Paul Oskar Kristeller, *Studien zur Geschichte der Rhetorik und zum Begriff des Menschen in der Renaissance* (Göttingen: Gratia-Verlag, 1981); Marie-Hyacinthe Laurent, "Introductio. Le Commentaire de Cajétan sur le 'De Anima'", in Thomas de Vio Cardinalis Caietanus, *Commentaria in "De anima Aristotelis"*, Vol. 1, a. a. O., VII-LII; Giovanni di Napoli, *L'immortalità dell'anima nel Rinascimento* (Turin: Società editrice internationale, 1963); Martin Pine, *Pietro Pomponazzi and the Immortality Controversy* (New York: Colombia University, 1965); Barbara Hallensleben, *Communicatio. Anthropologie und Gnadenlehre bei Thomas de Vio Cajetan* (Münster: Aschendorff, 1985), pp. 187-204.

[15] "sacro approbante Concilio damnamus et reprobamus omnes asserentes animam intellectivam mortalem esse, aut unicam in cunctis hominibus; et haec in dubium vertentes": Mansi 32, 842; DH 1440.

Voraussetzungen her nur auf Kosten der Beweisbarkeit der Unsterblichkeit festhalten. So ging er in seinen Schlussfolgerungen mit Averroes weitgehend einig: Die Seele sei nicht eigenständige geistige Substanz, sondern gehöre zu den *formae materiales*, wenn auch als "höchste und vollkommenste" unter ihnen. Folglich sei die Seele vom Körper untrennbar und entstehe und vergehe mit ihm.[16] Die Unsterblichkeit ist für Pomponazzi ein *problema neutrum*, ein philosophisch nicht entscheidbares Problem, wie die Ewigkeit der Welt.[17] Weil es sich jedoch um eine heilsrelevante Wahrheit handle, habe Gott sie uns geoffenbart, und wir müssten aufgrund der Heiligen Schrift und der Lehre der Kirche daran festhalten.

Seine philosophisch recht eindeutige Stellungnahme ließ Pomponazzi bei aller aufrichtigen Treue zur kirchlichen Lehre und trotz der Beteuerung des Gegenteils zur Position der 'doppelten Wahrheit' tendieren, die in der Konzilskonstitution ebenfalls scharf verurteilt wird: "Da das Wahre dem Wahren nicht im geringsten widerspricht, definieren Wir, dass jede der Wahrheit des erleuchteten Glaubens entgegengesetzte Behauptung völlig falsch ist; und damit es nicht erlaubt sei, andere Lehrsätze aufzustellen, gebieten Wir noch entschiedener Einhalt".[18] Es ist zu betonen, dass Cajetan die Aussagen des Konzils zur Unsterblichkeit der Seele wie zum Problem der doppelten Wahrheit ausdrücklich billigte. Sein Einspruch, der mit der Gegenstimme von Bischof Nikolaus von Bergamo der einzige blieb, richtete sich ausschließlich gegen den zweiten Teil der Konstitution, in dem den Philosophen "unter strenger Verpflichtung vorgeschrieben" wird: "Sie sollen, nachdem sie ihren Hörern Prinzipien oder Schlussfolgerungen von Philosophen vorgetragen oder dargelegt haben, mit denen diese offenkundig vom rechten Glauben abweichen, wie es für die hier erwähnte Lehre von der Sterblichkeit oder Einzigkeit der Seele, für die Lehre von der Ewigkeit der Welt oder anderes derartige zutrifft, verpflichtet sein, alles daranzusetzen, diesen ihren Hörern die Wahrheit der christlichen Religion einsichtig zu machen und sie unter Ausschöpfung aller Möglichkeiten mit überzeugenden Gründen darüber zu belehren und mit allem Eifer die Beweisgründe solcher Philosophen, da sie alle widerlegbar sind, nach Kräften zurückzuweisen und zu widerlegen".[19] Offenbar sah Cajetan darin eine unzulässige Beschränkung der

[16] "Ideo rationabilius videtur, quod anima humana, cum sit suprema et perfectissima materialium formarum, vere est, quo aliquid est hoc aliquid, et nullo modo vere est hoc aliquid. Quare veraciter est forma simul incipiens et desinens cum corpore, neque aliquo pacto potest operari vel esse sine eo: unumque tantum modum essendi vel operandi habet": De immortalitate animae, c. 9; zit. nach: Georg Heidingsfelder, a. a. O. 1269.

[17] Vgl. Etienne Gilson, Autour de Pomponazzi, a. a. O., p. 193.

[18] "Cumque verum vero minime contradicat, omnem assertionem veritati illuminatae fidei contrariam omnino falsam esse definimus; et, ut aliter dogmatizare non liceat, districtius inhibemus": Mansi 32, p. 842; DH 1441.

[19] "Insuper omnibus et singulis philosophis in universitatibus studiorum generalium, et alibi publice legentibus, districte praecipiendo mandamus, ut cum philosophorum principia aut

Eigenständigkeit philosophischen Denkens. Eine Entscheidung über eine bestimmte Position zur Unsterblichkeitsfrage ist damit nicht präsumiert.

4. "vanissima adinventio Cajetani". Der Kardinal in der Kritik

Die Schriften Pomponazzis provozierten scharfe Kritik, die sich auch auf Cajetan ausdehnte: ihn sah man als Urheber der Lehren des umstrittenen Philosophiedozenten an. Cajetans Ordensbruder Bartholomäus Spina († 1546), dem er 1516 die Edition seines Kommentars zur Summa theologiae I-II anvertraut hatte, erwies sich in dieser Frage als sein erbitterter Gegner. Seine 1519 in Venedig erschienene Trilogie – "Propugnaculum Aristotelis de immortalitate animae contra Cajetanum"; "Tutela de immortalitate animae contra Petrum Pomponatium Mantuanum"; "Flagellum in Apologiam Peretti de immortalitate animae"[20] – richtete sich in einem Atemzug gegen Pomponazzi und Cajetan. Lange habe er seine Kritik aus Ehrfurcht vor dem Älteren zurückgehalten, doch da der bereits befürchtete "Skandal in der Kirche Gottes" nun aufgebrochen sei, könne er nicht mehr schweigen.[21] Durch Cajetan sieht Spina sowohl die Lehre des Aristoteles wie die des Thomas von Aquin infragegestellt. Die "vanissima adinventio Cajetani" habe im gesamten Orden Verwirrung bei denen ausgelöst, die bislang gemeint hätten, von zwei Lehrern der Wahrheit unterrichtet worden zu sein.[22]

Die Literatur macht sich bis heute in weitem Umfang Spinas Vorwürfe gegen Cajetan zu eigen. Es entbehre "nicht der Komik, dass die vom Konzil verurteilten Lehren des italienischen Philosophen und Humanisten Pomponazzi zum Teil auch die Lehren Cajetans sind ... Aber die Orthodoxie verfuhr zu dieser Zeit strenger mit den Laien als mit den Kirchenmännern".[23] Diese Unterstellungen verlieren bei der Beschäftigung mit den Quellen ihr sachliches Fundament.

conclusiones, in quibus a recta fide deviare noscuntur, auditoribus suis legerint, seu explanaverint, quale hoc est de animae mortalitate aut unitate, et mundi aeternitate, ac alia hujusmodi, teneantur eisdem veritatem religionis Christianae omni conatu manifestam facere, et persuadendo pro posse docere, ac omni studio hujusmodi philosophorum argumenta, cum omnia solubilia existant, pro viribus excludere atque resolvere": Mansi 32, p. 842. Die Konzilsakten berichten über die Stellungnahme Cajetans: "Et reverendus pater dominus Thomas generalis ordinis Praedicatorum dixit, quod non placet secunda pars bullae, praecipiens philosophis, ut publice persuadendo doceant veritatem fidei": ebd. p. 843.

20 Venedig 1519.

21 "Et ecce non multo post, quod timebam, accidit scandalum in ecclesia Dei": "Prohemialis epistola" zum "Propugnaculum", zit. nach: Georg Heidingsfelder, a. a. O., p. 1284.

22 Flagellum, lib. I Alpha II h; zit. nach: Georg Heidingsfelder, a. a. O., p. 1285.

23 Olivier de la Brosse, *Lateran V und Trient*, 2 Vols. (Mainz: Matthias-Grünewald-Verlag, 1978), Vol. 1, p. 95; ähnlich Etienne Gilson: "un simple laïque ne pouvait pas se permettre les mêmes libertés qu'un cardinal": Autour de Pomponazzi, a. a. O., p. 277.

Auch der Hinweis, dass Pomponazzi unter Umständen in Padua Cajetans Schüler gewesen sein könnte und später eventuell mit ihm indirekt in Kontakt stand, besagt noch nichts über eine sachliche Verwandtschaft ihrer Lehren. Schon mancher Lehrer hat seine Schüler eigene Wege ziehen sehen.

Leider war Cajetan durch seine Legation nach Deutschland und seine Auseinandersetzungen mit der beginnenden Reformation gerade auf dem Höhepunkt des Streites gehindert, zu den Vorwürfen Stellung zu nehmen. Vielleicht hätten wir sonst eine klärende Selbstinterpretation seines Werkes erhalten. Angesichts der durchgängigen Einheitlichkeit seiner Argumentation erweist sich eine solche allerdings als unnötig. Eine gut abgesicherte Lösung der Interpretationsschwierigkeiten ergibt sich aus der Unterscheidung zwischen der Unsterblichkeit der Seele – die Cajetan in all seinen Schriften für philosophisch beweisbar erklärt und ausdrücklich beweisen will – und der Auferstehung des Fleisches – für die es nach ihm zwar Angemessenheitsgründe gibt, die aber im strengen Sinne ein Glaubensartikel ist. In diese Deutung lassen sich alle Stellungnahmen Cajetans während seines Lebens widerspruchsfrei einordnen. Die Irritationen haben weitgehend ihren Grund darin, dass Cajetan diese Unterscheidung terminologisch nicht eindeutig durchhält und an einigen Stellen den Ausdruck 'Unsterblichkeit der Seele' gleichsam als Oberbegriff für beide Teilaspekte des Unsterblichkeitsproblems verwendet. Laurents Feststellung gilt jedenfalls nicht nur für Cajetans Aristoteles-Kommentar, sondern für dessen Gesamtwerk: "C'est donc pour ne pas avoir lu ses œuvres, ou peut-être pour ne pas les avoir comprises, que des auteurs ont reproché à Thomas De Vio d'avoir rejeté [...] la thèse dont il s'est fait le défenseur".[24]

5. Cajetans Argumentation

a. Die Sehnsucht der Natur. Predigt "Über die Unsterblichkeit der Seelen" 1503

Die früheste Quelle, die wir von Cajetan zur Frage der Unsterblichkeit besitzen, ist die 1503 vor Papst Julius II. gehaltene Predigt "Über die Unsterblichkeit der Seelen".[25] Hier verteidigt er klar und im wesentlichen mit denselben Argumenten wie später im Summenkommentar und bei seiner Aristoteles-Interpretation die Unsterblichkeit mit philosophischen Argumenten: Wie derjenige ein schlechter Richter ist, der auf eine der beiden Parteien festgelegt ist, so muss

[24] Marie-Hyacinthe Laurent, Introductio, a. a. O. XXXIV.

[25] Opuscula omnia Thomae de Vio Caietani, Cardinalis Tit. S. Xisti, in tres distincta Tomos, variis quaestionibus, cum suis conclusionibus, ac utilissimis annotationibus appositis, recens aucta atque locupletata, Lyon 1562, 186b-188a; im Folgenden zitiert als: Op.

auch der über alles erkennend urteilende Geist von allem Erkannten frei sein.[26] Da wir aber über alle körperlichen Naturen zu urteilen vermögen, kann das Erkennen keine Funktion des Körpers sein[27], sondern ist allein Vollzug des Geistes, der eine vom Körper unabhängige Subsistenz besitzt. "Wenn daher jede Art, der ein eigener bzw. einziger Selbstvollzug (*propria vel una operatio*) zukommt, nach allgemeiner Auffassung der Philosophen beständig und ewig ist, dann kann niemand mit Recht abstreiten, dass unser Geist – von dem wir bei der Kontemplation erkennen, dass er aus sich allein handelt – auch für sich selbst bestehen und bleiben und leben könnte. Dass die Geistseele also unsterblich ist, haben wir somit aus ihrem unabhängigen Selbstvollzug bewiesen".[28]

Einen weiteren Beweis leitet Cajetan aus der natürlichen Sehnsucht des Geistes nach dem ewigen Leben ab. Beweiskraft erhält dieses Argument, weil und insofern es sich bei diesem *desiderium* nicht um einen vagen Wunschtraum oder eine irreale Projektion handelt, sondern um das mit der Natur des erkennenden Geistes gegebene Streben nach dem alle Zeit übersteigenden Absoluten.[29] "Weil ein Naturstreben nicht vergeblich sein kann, deshalb gilt: Wenn unsere Geistseele ihrer Natur nach das ewige Leben begehrt, dann kann niemand bezweifeln, dass sie sich der Unsterblichkeit erfreut".[30] So schließt Cajetan mit einem nachdrücklichen Bekenntnis zur Unsterblichkeit der Seele als Vernunftwahrheit: Da diese Wahrheit so eindeutig vernunftgemäß ist, "kann nur ein Ungebildeter, Unverständiger, ein schwerfälliger, stumpfer und dummer Geist die Unsterblichkeit der Seelen zu einem *problema neutrum* machen. Wieviel besser wären die beraten gewesen, die das Verborgene zu erforschen vorgeben, dabei aber das, was uns doch die Natur klar vor Augen führt, verstellen und verdecken, wenn sie ihre Blindheit durch Schweigen verborgen hätten. Denn sie würden für bessere

[26] "sit qui iudicat, a rebus iudicandis alienus: nam si illarum aliqua inhaeserit, aut totum sibi iudicium inflectit, aut falsam fecit aliarum afferre censuram": Op. 187 a.

[27] "necesse est ut noster hic animus universae naturae corporeae natus arbiter, ab omni sit corpore alienus": ebd.

[28] "species itaque omnis, quae propriam sibi vel unam vendicat operationem, communi philosophorum sententia constans atque perennis est, inficiari profecto nemo poterit, quin nostra mens (quam dum contemplamur, per se solam agere comprobavimus) per se quoque solam esse manereque possit ac vivere. Immortalem ergo animam esse hactenus a propria actione probavimus": ebd.

[29] "His autem iunctum si fuerit, quod intellectualis spiritus desiderium tendat ad esse, non hac aut illa aetate conclusum, sed ab omni tempore elevatum (quoniam intellectu apprehensum solummodo cupit bonum, quod ab omnium temporum differentiis, quia universale est, constat esse absolutum) consequens est ut is, quo intelligimus et sapimus, animus, in universum tempus effusum habeat vivendi desiderium cum pari robore, evadere quippe quia non potest, quin aut certo tempore, aut semper esse desideret, cum definito non subsit tempori, reliquum est, ut ad sempiternum se extendat": Op. 187b.

[30] "naturae appetitus inanis esse non potest, quare si noster animus suapte natura sempiternam cupit vitam, eum immortalitate vigere nemo dubitabit": Op. 187a.

Philosophen erachtet, wenn sie schwiegen, als indem sie sich höchst unverständig zeigen, wenn sie jetzt so töricht schwätzen" ...[31]

b. "Dieser Grieche... ". Kommentar zu "De anima" des Aristoteles

Philosophisch ausgefeilter und detaillierter geht Cajetan das Problem in dem sechs Jahre später veröffentlichten Kommentar zu "De anima" des Aristoteles an. Bereits in seinem Widmungsschreiben an Kardinal Oliver Carafa deutet er an, dass er – nach vielen eigenen Bemühungen um den Text und Unterredungen mit gelehrten Männern – eine "gewagte" Interpretation vorlege, und bittet die Leser, diese mit "Gleichmut" entgegenzunehmen und zu prüfen.[32] Obwohl Aristoteles als der "exakteste" in Fragen der Seelenlehre gelte, sei seine Stellungnahme zur Unsterblichkeit nicht eindeutig.[33] So verfolgt Cajetan während seines gesamten Kommentars – vor allem bei der Interpretation der entscheidenden Passagen des III. Buches[34] – stets ein doppeltes Ziel: In der Kommentierung als solcher will er erhellen, was "dieser Grieche"[35] gemeint hat. Davon unterscheidet er ausdrücklich die philosophische Wahrheitsfrage, um die es ihm letztlich geht und die er immer wieder ausdrücklich behandelt. Klar lehnt er die Annahme einer 'doppel-

[31] "si ratione investigata et ad sensuum usque explorationem deducta humanae sententiae quietem tribuunt, ineruditi, indocilis, tardi, hebetis, stupidique est immortalitatem animorum in problema revocare neutrum. O quam sibi melius consolerent isti qui se rerum occultarum scrutatores profitentes quae natura in sole exposuit, offendunt atque obtegunt si suam caecitatem silentio opprimerent: meliores namque haberentur philosophi, dum tacerent, quam imperitiores, dum tam inepte garriunt": Op. 187b.

[32] "Quorum ego verborum seriem mecum iam pridem tacite contemplatus, mox vero et cum doctissimis viris communicato sensu quem ex illis videbam nullis contra solutionibus reluctatos, fateor me denique ausum esse omnibus hic perlegenda conscribere quae cum multis ante contulerim. Quocumque autem res cadat unum illos oro, qui in haec nostra inciderent, ut aequo scilicet animo saltem mei pectoris ingenuitatem accipiant": Thomas de Vio Cardinalis Caietanus, *Commentaria in "De anima Aristotelis"*, Vol. 1, a. a. O., p. 7.

[33] "Aristoteles certe ipse, quamquam putetur exactissimus in discutiendis animae nostrae viribus, quatenus eam corporis entelechiam appellat, tamen illius immortalitatem sic titubante vestigio delibavit, ut hoc saltem loco, praebita potius studiosis viris quam erepta videatur facultas in alteram quoque partem verba illius interpretandi": ebd. p. 6.

[34] Aristoteles, De anima, 430 a 10 - 25.

[35] "neque ut verum, neque ut consonum, neque ut probabile philosophiae haec scripserim; sed tantum ut exponens opinionem istius Graeci, quam conabor ostendere esse falsam secundum philosophiae principia": Thomas de Vio Cardinalis Caietanus, *Commentaria in "De anima Aristotelis"*, Vol. 3, ed. Guy Picard / Gilles Pelland (Bruges: Desclée de Brouwer, 1965), Nr. 102. Im Folgenden wird diese Edition nach den Nummern der Abschnitte zitiert. Es ist also unzutreffend, wenn M. D. Koster schreibt: "... für Cajetan bedeutet der philosophische Beweis der Unsterblichkeit des Menschengeistes ganz dasselbe wie sie von Aristoteles her beweisen": Zur Metaphysik Cajetans, a. a. O. p. 544.

ten Wahrheit' ab: Was aus dem Glauben heraus falsch ist, kann nicht aus philosophischen Prinzipien als wahr folgen.[36]

Cajetan reduziert das gesamte Unsterblichkeitsproblem auf die Auslegung zweier philosophischer Grundaussagen des Aristoteles. Zu Beginn seiner Schrift gibt Aristoteles selbst die entscheidende Voraussetzung für eine Unsterblichkeit der Seele an: "Wenn die Seele einen eigenen Selbstvollzug (*propria operatio*) hat, dann ist sie abtrennbar; wenn nicht, dann nicht".[37] Die Entscheidung dieser Alternative ist abhängig von der Deutung des der Seele eigenen Vollzugs: "Wenn das Erkennen eine körperlich affizierte Vorstellung (*fantasia*) oder zumindest nicht ohne sie ist, dann kann es nicht ohne den Körper sein".[38] Nach Cajetan hat Aristoteles an dieser Stelle – im Gegensatz zu Aussagen in anderen Kapiteln und in anderen seiner Werke[39] – die Meinung vertreten, nur der *intellectus agens* sei immateriell, abtrennbar und unsterblich, während der eigentlich individuelle *intellectus possibilis* mit dem Körper entstehe und vergehe.[40] Bestätigt sieht Cajetan seine Deutung dadurch, dass Aristoteles in der Nikomachischen Ethik von der Glückseligkeit des Menschen als Menschen spricht[41]: Wer den Menschen seinem Eigenstand nach als geistbegabt betrachtet, muss ihm die Aufnahmefähigkeit für die ewige Glückseligkeit schlechthin zusprechen; wird der Mensch zum Erkennenden nur durch Teilhabe am *intellectus agens*, so ist er zur Glückseligkeit nur bedingt und "auf Zeit" befähigt.[42]

Cajetan ist sich durchaus bewusst, dass seine Interpretation von der des Aquinaten abweicht, insofern Thomas sich in seinem Unsterblichkeitsbeweis in Übereinstimmung mit Aristoteles gesehen hatte.[43] In einer systematisch-

[36] "ex principiis philosophiae utpote veris non deducitur recte nisi verum. Hoc autem [= die Ansicht des Aristoteles] constat ex fide esse falsum. Igitur non potest ex principiis philosophiae sequi": Cajetan, Commentaria in "De anima Aristotelis", Vol. 3, a. a. O., Nr. 102.

[37] Aristoteles, De anima, I,1, 403 a 8: "si anima habet operationem propriam, est separabilis; et si non, non": zit. in Nr. 93.

[38] "si intelligere est fantasia aut non sine fantasia, non erit hoc sine corpore": Aristoteles, De anima, I,1, 403 a 8; zit. ebd.

[39] Cajetan verweist vor allem auf "De anima" II,1, 413 a 6; III,4, 429 a 25 - 27; I,5, 411 b 17; II,2, 413 b 24; "De generatione animalium" II,3, 736 b 28; "Metaphysik" XII,3, 1070 a 26; vgl. Nr. 100.

[40] Vgl. Nr. 94-98.

[41] Vgl. Nikomachische Ethik I,2-12; bes. 11, 1100 a 9 - b 6.

[42] "Qui enim hominis substantialem partem putant esse intellectualem per substantiam suam, ponunt consequenter in ea capacitatem felicitatis simpliciter et aeternae. qui vero putant, ut Aristoteles, hominis partem esse intellectualem per participationem luminis intellectus agentis, ponunt consequenter quod non est capax felicitatis nisi secundum quid et ad tempus": Nr. 115.

[43] "s. Thomas ademit sibi omnem viam concordiae cum doctrina Aristotelis, iuxta expositionem suam. Tenet namque Aristotelem putasse animas intellectivas immortales, et numeratas secundum numerum corporum": Kommentar zu S.Th. I, 7, 4, XV; Cajetans Kommenta-

philosophischen Reflexion bemüht er sich jedoch um den Nachweis, dass aus den Prämissen des Aristoteles dessen Schlussfolgerung nicht zwangsläufig folge, und zeigt zwei Wege auf, um mit dem Philosophen selbst zum Beweis der Unsterblichkeit der Seele zu kommen. Dass die Seele (1.) ihren eigenständigen Selbstvollzug hat, bedeutet nach Cajetan nicht notwendig, dass sie "ohne Vermittlung jedes körperlichen Gegenstandes" wirkt, sondern nur, dass sie nicht an ein körperliches Organ gebunden ist.[44] Die faktische Abhängigkeit von körperlichen Vorstellungsbildern könne als akzidentell gedacht werden und widerspreche nicht der wesensmäßigen Eigenständigkeit des Erkenntnisvollzuges.[45] So kann Cajetan (2.) annehmen, dass eine Unterschiedenheit zwischen Geistseele und Leib nicht nur formell, sondern auch "dem Sein nach" besteht.[46] Das philosophische Fundament dieser Annahme sieht er darin, dass das Erkennen sich auf alle körperlichen Gegenstände richtet und folglich selbst frei von Materialität sein muss. Andernfalls wäre der menschliche Geist vergleichbar der belegten Zunge eines Kranken, dessen Geschmacksunterscheidung beeinträchtigt ist.[47]

In seiner Lösung folgt Cajetan ausdrücklich "dem heiligen Thomas und der Wahrheit selbst"[48] und gibt zwischen den an Materie gebundenen *formae materiales* und den für sich subsistierenden *formae separatae* der Seele eine mittlere Stellung: Er bestimmt sie als "Form, die dem Sein nach unabhängig von der Materie ist und dennoch dem Sein nach mit ihr eine Einheit bildet".[49] "So allein ist gesichert, dass sie sowohl immateriell und geistig (und folglich zu eigenem

re zur "Summa theologiae" des Thomas von Aquin sind in der Ausgabe der Werke des Aquinaten durch Leo XIII. (*Editio Leonina*) beigefügt: Bd IV-XII, Rom 1888-1906; zitiert wird unter Angabe des Artikels der "Summa" und des Abschnitts im Kommentar.

44 "Animae enim habere propriam operationem dupliciter a philosophis sumptum invenio in proposito: primo 'propriam', id est sine communicatione rei corporeae ; secundo 'propriam', id est sine communicatione corporei organi": Nr. 104.

45 "obligatio autem ad fantasiam intellectus intelligentis absque corporeo organi inest tali intellectui per accidens": Nr. 109.

46 "intellectum ... oportet non solum formaliter sed realiter non esse iunctum materialibus": Nr. 118; vgl. Nr. 114.

47 "Oportet ergo, si omnium materialium naturas intelligere potest, quod nullius sit naturae materialis in actu, sed potentia ad omnes materiales naturas. Haec ratio, non solum intellecta formaliter, sed etiam realiter et secundum esse, convincit: quoniam in sensu manifeste apparet quod, sive per se sive per accidens aliquid sensibile adminisceatur sensui, impeditur sensus, ut patet in gustu infirmi": Nr. 118.

48 Nr. 121.

49 "inter formas materiales (quae scilicet educuntur de potentia materiae, ac per hoc dependent secundum esse a materia utpote earum causa) et formas separatas omnino a materia (quae in seipsis subsistunt, sine omni communicatione sui esse in materia, quas angelos dicimus) rationabile medium ponitur forma secundum esse independens a materia et tamen communicans secundum esse in materia (quae ex independentia habet quod non est educta de potentia materiae, et ex communicabilitate quod in materia sit et quod materia participet esse illius)": Nr. 122.

Selbstvollzug fähig) und unsterblich ist als auch wahre spezifische Form des Menschen, vervielfacht gemäß der Anzahl der Menschen. Und dies steht in Übereinstimmung mit der gesamten Philosophie, und zwar so sehr, dass gilt: Wenn du in irgendeiner Weise davon abweichst, wirst du in Unstimmigkeiten geraten".[50] Nach Cajetan ist die Annahme einer solchen mittleren Form in höchstem Maße stimmig, damit in ihr eine Verbindung von sinnlicher und geistiger Natur erfolgt und die Materie zur Teilnahme an der geistigen Ordnung geführt wird.[51]

c. Die Seele als "forma media". Kommentar zur "Summa theologiae" des Thomas von Aquin

Seine Sicht der Seele als *forma media* entfaltet Cajetan im Kommentar zur "Summa theologiae", die in den entscheidenden Quaestiones etwas früher als der Kommentar zu "De anima" abgeschlossen wurde (1507): Die menschliche Seele bildet den untersten Grad in der Ordnung der Geistwesen.[52] Als solche ist sie subsistent, d.h. besitzt Selbstsein, und ist folglich im strengen Sinne geschaffen[53] – im Gegensatz zur sinnlich wahrnehmenden Seele (*anima sensitiva*), die mit dem Körper vergeht und nicht unmittelbar durch Schöpfung entstehen muss.[54] Eine Annahme der Präexistenz der Seelen vor Erschaffung der Körper lehnt Cajetan ab.[55] Die menschliche Seele ist in seiner Sicht nicht einfach eine *res naturalis* unter anderen; in ihrem Selbstvollzug wird sie sich selbst erkennbar, ist sie vollendet in sich selbst.[56]

[50] "sic solum salvatur et quod est vere immaterialis et intellectualis (ac per hoc habens opus proprium) et immortalis, et quod est vere forma specifica hominis numerata ad numerationem hominum. Consonatque toti philosophiae, adeo ut: [si] hinc quocumque declinaveris, ad aliquid inconveniens duceris": Nr. 123.

[51] "Non est admirabile, imo valde consonat philosophiae, ut talis forma media inveniatur, ut materia elevetur ad participationem formae infimae inter immateriales, ut constituatur compositum ex natura sensibili et intellectuali": Nr. 123.

[52] "anima nostra, ultima in ordine intellectualium ...“: Kommentar zu S.Th. I, 55, 3, XIII.

[53] „Anima rationalis sola est subsistens: ergo sola propria habet esse: ergo fieri. Et non ex materia praeiacente. Ergo per creationem": Kommentar zu S.Th. I, 90, 2, I.

[54] Vgl. Cajetans Kommentar zu S. Th. I, 118, 1, II.

[55] "animae non sunt creatae ante corpora, sed simul creantur cum corporibus infunduntur": Kommentar zu S.Th. I, 118, 3, III; vgl. Cajetans Kommentar zu Joh 1,9; Cajetans Kommentare zur Heiligen Schrift erschienen in einem fünfbändigen Reprint im Olms-Verlag, Hildesheim – Zürich – New York 2005, als Nachdruck der Ausgabe Lyon 1639.

[56] "Anima nostra non per essentiam, sed per actum suum se cognoscit": Kommentar zu S.Th. I, 87, 1, I; "anima ipsa efficitur ipsum cognoscibile, et sic facta in actu, agit ... Falluntur autem plurimi in hoc, quia de anima iudicant ad modum rerum naturalium ... animam intelligere, proprie loquendo, nihil aliud est quam propriam operationem exercere; quam, quia

Die *Geist*seele des Menschen ist jedoch zugleich Geist*seele* und insofern Lebensprinzip des Leibes. Sie durchformt ihn ohne Abhängigkeit von ihm und verleiht ihm so Anteil an ihrer Subsistenz und Einheit.[57] Ihr Sein ist also zugleich das Sein des Kompositum aus Seele und Leib. Dieses *esse compositi* bleibt auch dann bestehen, wenn die Seele als *forma* von dem Kompositum getrennt wird.[58] Die Vereinigung mit dem Körper ist der Seele "natürlich"[59] und erfolgt *propter melius*.[60] Das Erkennen ohne körperlich vermittelte Vorstellungsbilder ist für die (vom Körper getrennte) Seele zwar nicht widernatürlich (*contra naturam*), aber doch "über ihre Natur hinausliegend" (*praeter naturam*) und kennzeichnet ihre übernatürliche Vollendung.[61] Den Tod betrachtet Cajetan als "unnatürlich" (*violenta*)[62], den Zustand der *anima separata* als einen unvollkommenen.[63] An dieser Stelle wird deutlich, dass das eigentliche Problem nicht in der Unsterblichkeit der Seele liegt, die Cajetan auch hier selbstverständlich als beweisbar annimmt, sondern in der Frage nach der Auferstehung des Fleisches, d.h. nach der Erneuerung der Einheit von Seele und Leib nach dem Tod.

d. "negando scientiam". Schriftkommentare

Schwierigkeiten bereitet den Cajetan-Interpreten die Einordnung seiner kurzen Stellungnahmen zur Unsterblichkeitsfrage in den Schriftkommentaren gegen Ende seines Lebens. Hier scheint er seine frühere Position zu widerrufen und die

immanens est, concomitatur quod sit in ipsa et ab ipsa simul": Kommentar zu S.Th. I, 79, 2, XIX-XX.

57 "Unde animam intellectivam excedere facultatem materiae nihil aliud est quam ipsam esse tantae perfectionis essentialiter quod, quamvis informet, subsistens tamen seu independens a materia est. Vel, animam intellectivam supergredi facultatem materiae est eam esse talis generis, quid ex ratione sui generis seu ex hoc quod intellectiva est, non habet quod informet materiam; illam tamen informat subsistenda": Kommentar zu S.Th. I, 75, 1, XVI.

58 "Quia esse animae non ponitur esse compositi ut proprium, sed ut communicatum; et ideo corruptio quae est ab esse compositi, non hoc facit ut esse compositi non sit, sed ut non sit compositi": Kommentar zu S.Th. I, 76, 1, XXXV.

59 "uniri corpori sit ex natura animae": Kommentar zu S.Th. I, 89, 1, VII.

60 "anima unitur corpori propter melius, quia propter naturalem modum intelligendi consequendum": Kommentar zu S.Th. I, 89, 1, VII; "intelligere per conversionem ad superiora est nobilius et melius simpliciter, sed non animae ... ": ebd.

61 "praeternaturale non est idem quod contra naturam; sed est communius quid, et superius ad id quod convenit alicui contra naturam, et supra naturam, et extra naturam, et quomodolibet aliter quam secundum propriam naturam. In proposito autem sumitur praeternaturale pro eo quod est supernaturale, non miraculose, sed supra naturam propriam ipsius animae": Kommentar zu S.Th. I, 89, 1, XIII.

62 Kommentar zu Hiob 14.

63 "esse in corpore, et intelligere cum phantasmate, et naturale animae; esse vero separatum, et intelligere per conversionem ad superiora, est ei praeter naturam": Kommentar zu S.Th. I, 98, 1, VII; vgl. zu S.Th. I-II, 4, 5; zu 2 Kor 5,6.

Unsterblichkeit unter die prinzipiell unerkennbaren Glaubensmysterien einzureihen. Im Römerbriefkommentar (1528) heißt es: "Ich weiß, dass eine Wahrheit nicht das Gegenteil einer anderen sein kann, aber ich weiß nicht, wie sie zu vereinen sind [die Freiheit des Willens und die Vorherbestimmung Gottes], wie ich auch nicht weiß die Unsterblichkeit der Menschenseele, wie ich nicht weiß die Menschwerdung des göttlichen Wortes und andere Dinge der Art, die ich alle dennoch glaube".[64] Noch schärfer klingt der Kommentar zu Koh 3,21 (1534): "Der Verfasser spricht hier in Abwägung der verschiedenen Ansichten, die an der Unsterblichkeit der Seele zweifeln ... Denn indem er sagt *Wer weiß es?*, spricht er gleichsam so, als würde er sagen: Niemand weiß es. Und obwohl er in der Form der Beweisführung spricht, hält er die Unsterblichkeit der menschlichen Seele für wahr und leugnet nur die wissenschaftliche Erkenntnis. Denn kein Philosoph hat bislang die Unsterblichkeit der Menschenseele bewiesen, es findet sich kein Beweisgrund dafür, sondern wir nehmen sie im Glauben an, und sie entspricht den Wahrscheinlichkeitsgründen".[65]

e. Ein Positionswechsel?

Diese Äußerungen werden weitgehend als Wandel zum "Skeptizismus"[66] interpretiert und zurückgeführt auf Cajetans Resignation angesichts der Kritik seiner Gegner oder auch auf psychologische Motive: Es dürfe "kaum zweifelhaft sein, dass solche Skepsis weniger philosophischen Gründen entsprang als den schweren persönlichen Erfahrungen des Kardinals im Zusammenhang mit der Plünderung Roms und dem Fortschreiten der Reformation. Wahrscheinlich handelt es sich eher um den Reflex der Gemütslage Cajetans in jenen enttäuschenden Jahren als um ein Zeichen eines prinzipiellen Misstrauens in die Fähigkeiten des menschlichen Verstandes".[67] Abgesehen davon, dass keine dieser Deutungen dem streng sachbezogenen Geist Cajetans gerecht wird, der sich weder von "Gemütslagen" beeinflussen ließ noch einen so gravierenden Meinungswechsel stillschweigend 'nebenbei' vollzogen hätte, ist auch die Grundannahme nicht

[64] "respondeo me scire quod verum vero non est contrarium, sed nescire haec iungere: sicut nescio mysterium trinitatis, sicut nescio animam immortalem, sicut nescio verbum caro factum est, et similia, quae tamen omnia credo": Kommentar zu Röm 9,23; vgl. zu Koh 3,21.

[65] "Ecce verba argumentantis ad vertendum in dubium immortalitatem animae ... Nam dicendo, *Quis scit?* perinde dicit, ac si dixisset, nullus scit. Et quanvis argumentando loquatur, dicit tamen verum, negando scientiam immortalitatis animae nostrae. Nullus enim Philosophus hactenus demonstravit animam hominis esse immortalem: nulla apparet demonstrativa ratio; sed fide hoc credimus, et rationibus probabilibus consonat": Kommentar zu Koh 3,21.

[66] Marie-Hyacinthe Laurent, Introductio, a. a. O. XXXV.

[67] Ulrich Horst, "Thomas de Vio Cajetan (1469-1534)", in H. Fries / G. Kretschmar, ed., *Klassiker der Theologie I* (München: C. H. Beck, 1981), pp. 269-282, p. 275.

zwingend, es handele sich um einen fundamentalen Positionswechsel. Festzustellen ist zunächst, dass sich keine vergleichbaren Äußerungen im gesamten Werk Cajetans einschließlich seiner späten Schriften für die behauptete Interpretation finden. Um so mehr Gewicht gewinnen die Stellungnahmen zur Auferstehung des Fleisches, die Cajetans Ausführungen zum Unsterblichkeitsproblem durchgängig begleiten.

6. "sumus homines non animae". Kontinuität und Kohärenz der Position Cajetans

Schon in der Predigt von 1503 hatte Cajetan in der Ewigkeitssehnsucht des Menschen ausdrücklich nur einen Beweis für die Unsterblichkeit der Geistseele, nicht des Menschen gesehen.[68] Während diese natürliche Sehnsucht des Geistes nicht vergeblich sein kann, ist die Auferstehung des Menschen mit Leib und Seele nur durch Gott zu erwirken und erfolgt nicht aufgrund der Kondition der menschlichen Natur.[69] Im Summenkommentar wird eigens betont, dass die 'Natürlichkeit' der Verbindung der Seele mit dem Leib kein Beleg für die künftige Auferstehung, sondern nur ein Wahrscheinlichkeitsgrund sei.[70] Die aufschlussreichsten Aussagen enthält der Kommentar zum 15. Kapitel des 1. Korintherbriefes, der aus der Zeit der umstrittenen Äußerungen zur Unsterblichkeitslehre stammt und zumindest später als der Römerbriefkommentar abgefasst wurde. Mit Paulus erklärt Cajetan die stellvertretende Taufe und alle irdischen Leiden für Christus für vergeblich, wenn es keine Auferstehung der Toten gibt, und betont: Dies ist zu verstehen "von uns selbst, von den Menschen und nicht von dem Teil von uns, den unsere Seele bildet. Das alles wäre vergeblich im Hinblick auf unser Heil und Leben, denn Menschen sind wir, nicht Seelen (*sumus homines non animae*), körperlich-sinnenhafte Substanzen, nicht reine Geistwesen".[71] In demselben Zusammenhang entwickelt er kurz seine Seelenlehre, die

[68] "Immortalem perinde esse non hominem, sed seipsum noster animus propria appetitione (quae prava falsaque esse nequit) testatur, clamat, demonstrat": Op. 187b.

[69] Vgl. Kommentar zu Hiob 14.

[70] "unio animae ad corpus proculdubio naturalis est. Sed non convincit resurrectionem futuram; quamvis probabiliter eam suadeat": Kommentar zu S.Th. I, 76, 1, XXXVIII.

[71] "Et intellige haec tamen de baptismi quam de periculorum vanitate in sensu antedicto, scilicet de nobisipsis, de hominibus non de partei nostri quae est anima. Essent enim haec omnia vana quantum ad salutem et vitam nostram, qui sumus homines non animae: qui sumus substantiae corporeae sensitivae, non substantiae spirituales": Kommentar zu 1 Kor 15,29; vgl. ebd.: "Ego enim non sum anima mea. Constat autem relative ad ipsos homines loquendo paria esse non resurgere homines et non esse aliam vitam hominum nisi istam"; "res quae est anima nostra, et est anima et est spiritus. Est anima pro quanto animat corpus, est spiritus pro quanto intellectualis ordinis est et superius communicat".

das Miteinander von Unabhängigkeit und durchformender Verbindung mit dem Körper ohne Abweichungen von seinen vorausgegangenen Lehren darstellt.[72]

Der Glaubensartikel von der Auferstehung des Fleisches gehört für Cajetan in die Gnadenlehre und ist eng mit seiner Christologie verbunden. Philosophisch könne man sich ihr nur mit Wahrscheinlichkeitsgründen annähern. Darin geht Cajetan sehr weit, wenn er die Verbindung zwischen Leib und Seele als "natürlich" bezeichnet und sogar die Auferstehung des Fleisches als "natürlich" im Hinblick auf das Ziel selbst (*quoad finem*), als "übernatürlich" lediglich im Hinblick auf die Entstehung (*secundum fieri*) darstellt.[73] Es kann für sie zwar kein strenger philosophischer Beweis geführt werden – "weil es jedoch vernunftgemäß ist, dass eine solche Unvollkommenheit von der Erstursache in einer solch vornehmen Natur auf Dauer nicht zugelassen wird, kommt der Wahrscheinlichkeitsgrund für die Auferstehung dem Glauben zu Hilfe".[74]

7. Neuer Umgang mit den Quellen. Gründe für das Missverständnis

Diese einhelligen und in sich stimmigen Aussagen lassen die hier vertretene These nicht nur als möglich, sondern als gut gesichert erscheinen: Cajetan hat in den zwei umstrittenen Stellen aus seinen späten Schriftkommentaren unter der 'Unsterblichkeit der Seele', die er zu den philosophisch unzugänglichen Glaubensmysterien rechnet, die Unsterblichkeit der *Menschenseele* verstanden, zu der die Auferstehung des Fleisches gehört.[75] Zu erklären bleibt dann freilich die Unruhe und Verwirrung, die Cajetans Stellungnahmen unter seinen Zeitgenossen auslösten. Ein Hauptgrund wird darin zu suchen sein, dass die 'historisch-kritische Methode' seiner Quelleninterpretation in der Kommentierung des Aristoteles zu seiner Zeit nicht ohne weiteres in ihrer Bedeutung erkannt und mitvollzogen wurde. Zu eng war die Wahrheitsfrage im Bewusstsein vieler Theologen und Philosophen an die authentische Interpretation des Aristoteles bzw. des

[72] "res quae est anima nostra, et est anima et est spiritus. Est anima pro quanto animat corpus, est spiritus pro quanto intellectualis ordinis est et superius communicat": ebd.

[73] "resurrectio est naturalis quoad finem; quia scilicet tendit ad finem, scilicet unionem animae ad corpus, quae est naturalis secundum esse, non tamen secundum fieri, sed supernaturalis": Kommentar zu S.Th. I, 76, 1, XXXVIII.

[74] "Quia tamen rationabile est quod nec etiam talis imperfectio a prima causa in tam nobili natura perpetuo permittatur probabilis ratio resurrectionis fidei suffragatur": ebd.

[75] Unverständlich sind auf diesem Hintergrund die dezidierten Aussagen, Cajetan habe mit der thomistischen Tradition gebrochen (Jared Wicks, "Thomism Between Renaissance and Reformation: the Case of Cajetan", *Archiv für Reformationsgeschichte* 68 [1977], pp. 9-31), er habe seine Meinung "dal tomismo all'agnosticismo" gewandelt (Giovanni di Napoli, *L'immortalità dell'anima nel Rinascimento*, pp. 214-226), er habe sich auf dem V. Laterankonzil gegen die Dogmatisierung der Unsterblichkeit der Seele ausgesprochen (Paul Oskar Kristeller, *Humanismus und Renaissance*, Vol. 1, a. a. O., 63).

Thomas von Aquin geknüpft. Selbst die harten Angriffe Spinas lassen sich letztlich auf ein Autoritätsproblem zurückführen. Nach aller Kritik kann Spina seinen Ordensbruder mit der Bemerkung bedenken: "Alles, was du für die Unsterblichkeit der Seele hier anführst, ist wahr – mit der einen Ausnahme, dass du wiederholt behauptest, Aristoteles habe sich in dieser Frage getäuscht".[76] Thomas hatte seine Unsterblichkeitslehre von vornherein als Aristotelesdeutung vorgetragen, indem er die auch von Cajetan zugestandene Offenheit in den Denkprämissen des Aristoteles stillschweigend auf eine christliche Deutung hin weitergeführt hatte. Cajetan stellt die Grenzen der im Text des Aristoteles gegebenen Aussagen bewusst heraus. Damit sahen sich nicht nur alle angegriffen, die Aristoteles mit der philosophischen Wahrheit zu identifizieren geneigt waren – zugleich fiel Cajetans methodisches Vorgehen auch auf Thomas von Aquin zurück, der eines Irrtums überführt zu sein schien. Die sachlichen Übereinstimmungen zwischen dem Aquinaten und seinem großen Kommentator wurden angesichts der methodischen Differenzen offenbar nicht mehr beachtet.

Die Einsicht, dass die unfruchtbare Polemik nur im Rückgang zu den umstrittenen Originalquellen zu beenden war, setzte sich zur Zeit Cajetans immer stärker durch. So wurde zum vielleicht ernsthaftesten Gegner des lateinischen Averroismus in Padua der venetianische Patrizier und Humanist Almaro Barbaro († 1493) mit seiner Schule. Er unterwarf die averroistische Aristoteles-Übersetzung einer scharfen Kritik und entzog damit vielen philosophischen Positionen von vornherein den Boden.[77] Der Senat von Venedig hatte sich dadurch veranlasst gesehen, 1497 in Padua einen zusätzlichen Lehrstuhl für die Erklärung des Aristoteles aufgrund des griechischen Textes einzurichten. Wenn Cajetan sich also dem authentischen Aristoteles-Text zuwandte, so tat er dies nicht zuletzt im Gefolge des Humanisten Barbaro, ohne die Priorität der Wahrheitsfrage preiszugeben. Zugleich liegen hier – nicht erst in der Begegnung mit dem *sola-scriptura*-Prinzip der Reformation – wichtige Wurzeln für Cajetans spätere Schriftkommentare: "Cajétan, commentateur du *De anima*, prépare par sa méthode Cajétan, commentateur de la Sainte Ecriture".[78]

Ging es Cajetan in seiner Erkenntnislehre vor allem darum, die Geistbegabung des Menschen und ihre Konsequenzen herauszustellen, dann zeigt er in der Seelenlehre, dass ihn sein Denken nicht in einen anthropologischen Dualismus führte. Mehr als jede andere philosophische Richtung konnte er die Verbindung von Leib und Seele des Menschen als Einheit darstellen – ist ihre Einheit doch in dem einen Sein der Seele, das zugleich das Sein des Kompositum aus Seele und Leib ist, gegeben. Ja, mit Aristoteles und Thomas weist Cajetan folgerichtig

76 "Omnia ... quae pro immortalitate animae hic inducis, vera sunt, hoc excepto, quod repetis Aristotelem fuisse in hoc deceptum": zit. nach: Georg Heidingsfelder, a. a. O. 1286.

77 Vgl. Marie-Hyacinthe Laurent, Introductio, a. a. O. XXI.

78 Ebd. XXXI.

die Frage, wie aus Leib und Seele eine Einheit werde, als sinnlos und überflüssig zurück. Zum Problem werden sie allerdings für Platon, Averroes und andere, die diesen Philosophen folgen.[79] Im Licht des Glaubens führt das philosophische Nachdenken über die Sonderstellung des Menschen, in dem sich sinnliche und geistige Welt verbinden, zum staunenden Lobpreis Gottes: "Lasst uns also" – so schließt Cajetan seine Predigt über die Unsterblichkeit – "den Herrn Jesus Christus anziehen, damit wir uns durch ihn glückseliger Unsterblichkeit und einst unsterblicher Glückseligkeit erfreuen mögen".[80]

[79] "Non enim oportet quaerere quomodo ex anima et corpore fiat unum (dixit Aristoteles), sicut nec ex cera et figura. Sed oporteret bene ab Averroi, Platone et aliis, quaerere quomodo fiat unum": Nr. 136; vgl. Kommentar zu S.Th. I, 76, 1, XXXII.

[80] "Induamur Dominum Jesum Christum, quo felici immortalitate, atque immortali felicitate tandem perfruamur. Dixi": Op. 188a.

Mariano Delgado

"... reiss ab den Schleier dieser holden Einung" – Die Sehnsucht nach Unsterblichkeit in der mystischen Erfahrung des Johannes vom Kreuz

Der spanische Mystiker Johannes vom Kreuz (1542-1591)[1] wurde 1926 durch Pius XI. zum Kirchenlehrer erhoben. Er bekam dabei den bezeichneten Titel

[1] Die Werke des Johannes vom Kreuz werden nach folgenden Abkürzungen zitiert: CA (Cántico espiritual; Geistlicher Gesang, 1. Fassung), CB (Cántico espiritual; Geistlicher Gesang, 2. Fassung), D (Dichos de luz y amor; Worte von Licht und Liebe), Ep (Epistolario; Briefe); LA (Llama de amor viva; Liebesflamme, 1. Fassung), LB (Llama de amor viva; Liebesflamme, 2. Fassung), N (Noche oscura; Dunkle Nacht), P (Poesías; Gedichte), S (Subida del Monte Carmelo; Aufstieg auf den Berg Karmel). Für den Originaltext vgl. San Juan de la Cruz, *Obras completas*, ed. José Vicente Rodríguez / Federico Ruiz Salvador (Madrid: Editorial de Espiritualidad, [5]1993). Für die deutsche Version vgl. Johannes vom Kreuz, *Gesammelte Werke*. Vollständige Neuübertragung, hg. und übersetzt von Ulrich Dobhan / Elisabeth Hense / Elisabeth Peeters (Freiburg: Herder, 1995ff.). Werke wie CB oder LA, die darin noch nicht ediert wurden, werden entweder vom Verfasser selbst übersetzt oder folgen dieser Ausgabe: Johannes vom Kreuz, *Gesammelte Werke*, übersetzt von Aloysius ab Immaculata Conceptione und Ambrosius a S. Theresia, 5 Bde. (München: Kösel, 1924-1929). Die Gedichte des Johannes vom Kreuz werden in der eigenen Übertragung des Vf. zitiert. Eine Auswahl der deutschsprachigen Sekundärliteratur bis 1990 ist im folgenden Werk zugänglich: Ulrich Dobhan / Reinhard Körner (Hg.), *Johannes vom Kreuz – Lehrer des »Neuen Denkens«: Sanjuanistik im deutschen Sprachraum* (Würzburg: Echter, 1991). Empfehlenswerte deutschsprachige Literatur, die nach 1991 erschienen ist, ist erfasst im ersten Band der oben zitierten vollständigen Neuübertragung, S. 19f. Zu Johannes vom Kreuz vgl.: *Concordancias de los escritos de San Juan de la Cruz*, ed. Juan Luis Astigarraga / Agustí Borrell / F. Javier Martín de Lucas (Rom: Teresianum, 1990). Unter der sonstigen Sekundärliteratur vgl. besonders: Reinhard Körner, *Mystik – Quell der Vernunft: Die Ratio auf dem Weg der Vereinigung mit Gott bei Johannes vom Kreuz* (Erfurter Studien zur Theologie 60, Leipzig: St. Benno, 1990); Fernando Urbina, *Die dunkle Nacht – Weg in die Freiheit: Johannes vom Kreuz und sein Denken* (Salzburg: Müller, 1986); Eulogio Pacho / Federico Ruiz Salvador (Eds.), *Experiencia y pensamiento en San Juan de la Cruz* (Madrid: Editorial de Espiritualidad, 1990); *Actas del congreso internacional Sanjuanista: Ávila, 23-28 de Septiembre de 1991*, 3 Vols. (Valladolid: Sever-Cuesta, 1991); Ulrich Dobhan / Reinhard Körner, *Johannes vom Kreuz: Die Biographie* (Freiburg i.Br.: Herder, 1992); Reinhard Körner, *Johannes vom Kreuz* (Meister des Weges 1, Freiburg i. Br.: Herder, 1993); Mathias Behrens, *Analogie und Mystik: Ein philosophisch-theologisches Gespräch mit dem heiligen Johannes vom Kreuz* (Münchener theologische Studien 2, Systematische Abteilung 57, St. Ottilien: EOS, 2000); Bernhard Teuber, *Sacri-*

"doctor mysticus", nicht zuletzt weil bei ihm, wie Hans Urs von Balthasar geschrieben hat, aus christlicher Sicht *der* Weg zu Gott schlechthin deutlich erscheint, "der die für alle normative Gotterfahrung enthält".[2] Von Johannes Paul II. wurde er 1993 zum Schutzpatron der spanischsprachigen Dichter ernannt, denn viele seiner mystischen Gedichte gehören zum Gipfel spanischer Lyrik. Wie Meister Eckhart in der deutschen Sprache ist Johannes vom Kreuz ein Mystiker, der Theologen, Philosophen, Psychologen und Literaturwissenschaftler verbindet. Bevor ich anhand von drei Gedichten seine Sehnsucht nach Unsterblichkeit darlege, soll das Vorverständnis christlicher Mystik kurz erläutert werden.

1. "Und wenn der Mensch Gott sucht..." – Oder die christliche Heilsdramatik als Vorverständnis

Der Kern der mystischen Erfahrung bleibt uns verborgen. Was die Mystiker uns bieten, ist die Versprachlichung 'ihrer' Erfahrung, d.h. deren 'Interpretation' mit der Vernunft 'ihrer' Glaubenstradition. Johannes vom Kreuz wagt diese Versprachlichung wohl wissend, "dass weder menschliches Wissen ausreicht, um es zu verstehen, noch Erfahrung, um es sagen zu können" (S Prol. 1) bzw. dass alles, "was gesagt werden mag, hinter dem, was es dort gibt, um so vieles zurückbleibt, wie das Gemalte hinter dem Lebendigen" (LB Prol. 1), also dass mystische Erfahrung 'unaussprechlich' ist.[3] Die vielen zirkelhaften Wiederholungen in den Prosakommentaren sind ein deutliches Zeichen seines Ringens um die Mitteilung des letztlich Unaussprechlichen, das am ehesten in der metaphorischen Sprache der Poesie ausgedrückt werden kann. Hans Urs von Balthasar geht daher nicht fehl, wenn er meint, Johannes vom Kreuz sei "als Dichter mehr Kirchenlehrer denn als Prosaist".[4]

Bekanntlich sind die Substantive Mystik und Mystiker Wortschöpfungen aus dem 17. Jahrhundert, das zugleich als Beginn der Mystikforschung gelten kann. Die Mystiker avant la lettre sprachen bis dahin eher von mystischer Theologie in der Tradition des Dionysius Areopagiten oder von Kontemplation im Sinne der *cognitio Dei experimentalis*. So definiert Johannes vom Kreuz "mystische Theologie" als – selbst für das Erkenntnisvermögen, das sie aufnimmt (vgl. 2 S 8,6) – "geheime Wissenschaft von Gott, die von den spirituellen Menschen Kontemp-

ficium litterae: Allegorische Rede und mystische Erfahrung in der Dichtung des heiligen Johannes vom Kreuz (München: Fink, 2003).

[2] Hans Urs von Balthasar, *Herrlichkeit*: Eine theologische Ästhetik. Band 2: *Fächer der Stile*, Teil 2: *Laikale Stile* (Einsiedeln: Johannes Verlag, 1962), S. 528.

[3] Die Unaussprechlichkeit der mystischen Erfahrung wird immer wieder betont: CA Prolog 1; CA 29/30,9; CA 38,4; CB 20/21,15; CB 39,6; 2 S 26,1; 2 N 17,15.

[4] Balthasar, *Herrlichkeit*, S. 531.

lation genannt wird; sie ist eine sehr köstliche Wissenschaft, denn sie ist eine Liebeswissenschaft" (CB 27,5). Anderswo nennt er das Wesen der mystischen Erfahrung "eingegossenes liebendes Erkennen Gottes" (2 N 18,5) bzw. "eine gesamtheitliche liebende Einsicht" (noticia amorosa general: 2 S 14,2 u. 12 u. ö).[5]

Die mystische Erfahrung ruft ein paradoxes "Wissen im Nicht-Wissen" bzw. ein "Verstehen im Nicht-Verstehen" (CB 39,12) hervor. Erst mit der Mystikforschung entsteht das Bedürfnis nach einer Definition des Phänomens zwecks Abgrenzung des zu erforschenden Gegenstandes. Bedeutende Mystikforscher haben immer wieder 'heuristische' Mystikdefinitionen gewagt – und zugleich auf die Vielfalt des Phänomens aufmerksam gemacht.

Alois M. Haas kennzeichnet Mystik im allgemeinsten Sinn als jene religiöse Erfahrungsebene, "in der sich eine stringente Einheit zwischen Subjekt und Objekt dieser Erfahrung in irgendeinem noch näher zu bezeichnenden Sinn abzeichnet".[6] Haas subsumiert unter Mystik sowohl die – letztlich unaussprechliche und für Aussenstehende daher auch unzugängliche – Erfahrung selbst als auch das Kommunikationsgeschehen. Anschliessend vermerkt er aber, dass die Frage "Was ist Mystik?" sich nur im Blick auf die unendlich vielfältigen Formen des Phänomens in der Geschichte sowie unter Einbeziehung der verschiedenen Interpretationen desselben beantworten lässt: "Es gibt nicht Mystik an sich, sondern Mystik *von* etwas, Mystik einer bestimmten religiösen Form: Mystik des Christentums, Mystik des Islams, Mystik des Judentums und dergleichen."[7] – hat der jüdische Religionsphilosoph Gershom Scholem zu Recht geschrieben.

Bernard McGinn definiert christliche Mystik bzw. das mystische Element im Christentum als "unmittelbare, bzw. direkte Gegenwart Gottes", und zwar "als Vorbereitung auf sie, als Bewusstsein von ihr und als Reaktion auf sie".[8] Diese

[5] Vgl. dazu Körner, *Mystik*, S. 5-10.

[6] Alois M. Haas, "Was ist Mystik?", in ders., *Gottleiden – Gottlieben: Zur volkssprachlichen Mystik im Mittelalter* (Frankfurt am Main: Insel, 1989), S. 23-44, hier S. 24. Haas weiss, dass solche Einheitserfahrungen selten und heute schwieriger sind als früher: "Sie haben Voraussetzungen, die dem konsumorientierten Menschen heute äusserst schwer fallen. Es darf und kann nicht nur daran liegen, dass die Menschen sich der Meditation widmen. Das ist gewiss eine wichtige Forderung. Aber es bleibt zu bedenken, dass auch Meditation in einem sehr selbstischen Sinne getätigt werden kann. Wichtiger ist die Chance einer Gelassenheit, die auch als Voraussetzung einer weltweit ausgleichenden Gerechtigkeit (ein Schlüsselwort der MystikerInnen) sowohl im materiellen wie geistigen zu gelten hat." *Ders.*, Mystik im Kontext, München 2004, S. 498f.

[7] Gershom Scholem, *Die jüdische Mystik in ihren Hauptströmungen* (Zürich: Rhein-Verlag, 1957), S. 6f. Hier zitiert nach: Alois M. Haas, "Was ist Mystik?", in ders., *Gottleiden*, S. 26.

[8] Bernard McGinn, *Die Mystik im Abendland,* Bd. 1: *Ursprünge* (Freiburg i.Br.: Herder, 1994), S. 16. Eine Übersicht über die verschiedenen interdisziplinären Mystikansätze und -

weite Definition wird der engen im Sinne Haas' entgegengesetzt; denn bei einer Definition der christlichen Mystik als "die Erfahrung einer Art Einigung mit Gott [...], die auf Verschmelzung oder Identität von Göttlichem und Menschlichem beruht, wobei das individuelle Personsein verloren geht", gäbe es derart so wenige Mystiker in der Geschichte des Christentums, "dass man sich fragt, warum Christen das Wort 'mystisch' so oft verwendeten (vom späten zweiten Jahrhundert an) und schliesslich im 17. Jahrhundert den Ausdruck 'Mystik' prägten."[9]

Christlicher Mystikerfahrung liegt eine bestimmte Heilsdramatik, d.h. das Vorverständnis des Glaubens zugrunde. Demnach ist Gott Anfang und Ende, Auslöser und Vollender unserer Bestimmung, d.h.: wir sind nicht blosser 'Sternenstaub'. Da Jesus Christus, der Sohn Gottes, "sich in seiner Menschwerdung gewissermassen mit jedem Menschen vereinigt" hat, ist unsere Bestimmung, unsere "letzte Berufung" vielmehr die Gottebenbildlichkeit, wie das Zweite Vatikanische Konzil in *Gaudium et spes* 22 betont hat. Wir sollten uns dieser unserer "erhabenen Würde" bewusst werden und uns auf den Weg zu Gott machen, der "mich geliebt und sich selbst für mich dahingegeben" hat (Gal 2,20). Aber Christus ist nicht nur für die Christgläubigen gestorben, "sondern für alle Menschen guten Willens". Daher haben die grossen Mystiker immer gespürt, "dass der Heilige Geist allen die Möglichkeit anbietet ... in einer Gott bekannten Weise [mit ihm] verbunden zu sein" (*Gaudium et spes* 22).

Christliche Heilsdramatik geht also davon aus, dass Gott immer schon den Menschen sucht und um seine Liebe wirbt. Johannes vom Kreuz hat das so ausgedrückt: "Wenn die Menschenseele Gott sucht, so sucht sie ihr Geliebter noch viel dringlicher" (LB 3,28). Gott hat uns zuerst geliebt (vgl. Joh 15,16). Gott, der uns für sich erschaffen hat, hat uns gesucht (buscado), berührt (tocado), verwundet (herido, llagado), schon im Mutterleib, wie der Psalm 139 (v13) sagt und Johannes vom Kreuz immer wieder betont. Der geniale Michelangelo hat dies im berühmten Fresko der Sixtinischen Kapelle festgehalten, in dem Gott und Adam einander berühren wollen, wobei die Dynamik, die Kraft der Liebe von Gott ausgeht. Gott und Mensch sind wie zwei Liebende, "die sich auf einem Weg starker Hingabe und fröhlicher Grosszügigkeit suchen und finden".[10]

theorien (theologische, philosophische, psychologische, anthropologische, religionsvergleichende und philologische) findet sich ibid., S. 383-481.

9 Ibid., S. 15.

10 Sabier Pikaza, "Amor de Dios y contemplación cristiana: introducción a San Juan de La Cruz", in *Actas*, vol. 3, S. 51-96, hier S. 51; vgl. ders., *El 'Cántico Espiritual' de San Juan de la Cruz: Poesía. Biblia. Teología* (Madrid: Ediciones Paulinas, 1992); zur zentralen Bedeutung der Vermählungssymbolik in der Mystik des Johannes vom Kreuz vgl. ausser der in den bisherigen Anmerkungen zitierten Literatur u.a.: María-Angeles López García, "El léxico nupcual en los escritos de Juan de la Cruz", in *Actas*, vol. 1, S. 339-351; Fernande Pepin, *Noces de Feu: Le symbolisme nuptial du 'Cántico Espiritual' de Saint Jean de la Croix à la lumière du 'Canticum Canticorum'* (Paris/Montreal: Desclée u.a., 1972); Colin P.

Ziel der Begegnung zwischen Gott und Mensch ist die Einung mit Gott bzw. die 'Christusförmigkeit' des Menschen: "Ich lebe, doch nicht mehr ich, Christus lebt in mir" (Gal 2,20). Neuerdings hat Benedikt XVI. in seiner ersten Enzyklika *Deus caritas est* betont, dass die Vereinigung des Menschen mit Gott, die auch "geistliche Vermählung" genannt wird, "nicht Verschmelzen, Untergehen im namenlosen Ozean des Göttlichen" ist, "sondern Einheit ist, die Liebe schafft, in der beide – Gott und der Mensch – sie selbst bleiben und doch ganz eins werden".[11]

Die mystischen Schriften des Johannes vom Kreuz wollen die Frage beantworten, wie wir von der wesenhaften Gotteinung, an der wir als Menschen durch den freien Schöpfungsakt Gottes immer schon teilhaben, da "Gott in jeglicher Menschenseele, und sei es die des grössten Sünders der Welt, wesenhaft wohnt und gegenwärtig ist" (2 S 5,3; vgl. die oben zitierten Aussagen von *Gaudium et spes* 22), zu jener Gotteinung oder Umformung in Gott gelangen können, "die nicht immer gegeben ist, sondern nur wenn es dazu kommt, dass es eine Verähnlichung aus Liebe gibt. Deshalb wird diese Gotteinung durch Verähnlichung genannt, so wie jene seinsmässige oder wesenhafte Gotteinung. Erstere ist naturgegeben, letztere übernatürlich. Sie gibt es, wenn Wollen und Empfinden von beiden, nämlich des Menschen und Gottes, miteinander ganz übereinstimmen, so dass es in dem einen nichts mehr gibt, das dem anderen widerstrebt" (2 S 5,3). Johannes vom Kreuz spricht immer wieder davon, dass diese Gleichgestaltung mit Gott die Bestimmung eines jeden Menschen ist: "Was Gott beansprucht, ist, uns zu Göttern durch Teilhabe zu machen, wie er es von Natur aus ist, so wie das Feuer alle Dinge in Feuer verwandelt" (D 106; vgl. u.a. auch CB 39,6 und 2 N 20,5). Zu dieser Gotteinung kann jeder Mensch entsprechend seinem geringen oder grossen Fassungsvermögen gelangen, "so doch nicht alle in demselben Grad, weil das so ist, wie der Herr es jedem geben will" (2 S 5,10). Des Menschen Aufgabe besteht darin, sich dieser Bestimmung bewusst zu werden, den "dunklen Glauben" zu wagen, Gottes Gnadenhandeln nicht im Wege zu stehen und alles gänzlich von sich zu entfernen, "was dem Wollen und Empfinden Gottes widerstrebt" (2 S 5,3; vgl. auch 5,8).

Dies kann im Sinne einer 'Mystik des Alltags' auch so verstanden werden: Immer wenn wir aus lauterer Liebe zu Gott die Vaterunser-Bitte "Dein Wille geschehe" aussprechen, vollzieht sich die Gotteinung durch Verähnlichung, die Umformung in Gott durch Liebe. Es ist bestimmt kein Zufall, dass Teresa von

Thompson, *The Poet and the Mystic: A Study of the 'Cántico Espiritual' of San Juan de la Cruz* (Oxford: Oxford Univ. Press, 1977).

[11] Enzyklika Deus caritas est von Papst Benedikt XVI. (Verlautbarungen des Apostolischen Stuhls 171, Bonn 2005), Nr. 10 (S. 18). Selten ist die christliche 'unio mystica' so treffend beschrieben worden. Vgl. dazu: Mariano Delgado, "Der Blick auf die durchbohrte Seite Jesu: Zur neuen Enzyklika", in *Schweizerische Kirchenzeitung* 174 (2006), S. 86, 88 -90.

Avila die sieben Bitten des Vaterunsers ausführlich kommentiert hat,[12] und dass Johannes vom Kreuz das Vaterunser als einzig wirklich nötiges Gebet eines Christen nachdrücklich empfiehlt, denn darin ist "alles enthalten, was Gottes Wille ist, und alles, was uns frommt" (3 S 44,4).

Es gibt auch einige Kriterien, die uns helfen könnten, zwischen echter und falscher christlicher Mystik zu unterscheiden:[13] Zeichen echter christlicher Mystik ist die praktizierte, nicht bloss geglaubte Einheit von Gottes- und Nächstenliebe; denn gerade der Mystiker weiss, dass wir am Abend (des Tages, des Lebens, der Welt) in der Liebe geprüft werden sollen (D 59) – nicht über den Grad unserer Kontemplation. Schliesslich gehört dazu auch das Bemühen um Reform und Aufbau der Kirche im Sinne der im Neuen Testament gegebenen Massstäbe, damit auch diese – und nicht nur der einzelne Mystiker – als Braut Christi immer 'christusförmiger' werde. Die Vision des Franz von Assisi 1206 in der zerfallenen Kirche von San Damiano, als Christus zu ihm vom Kreuz herab sprach: "Baue meine Kirche wieder auf, die ganz zerfällt", drückt das ekklesiologische Reformanliegen echter christlicher Mystiker treffend aus.

Dies vorausgesetzt, können wir in der mystischen Erfahrung des Johannes vom Kreuz drei Teilerfahrungen unterscheiden, die wir anschliessend anhand von drei Gedichten erläutern werden: zunächst geht es um die Erfahrung der radikalen Hinwendung zu Gott, der uns mit seiner Liebe gesucht, berührt und verwundet hat, es geht also um die Einsicht, dass nur Gott unser Verlangen wirklich stillen kann; dies führt zu einer wachsenden Unruhe im Herzen, weil man sich nach der Vereinigung mit Gott sehnt, diese aber zunächst nur ahnt. Der zweite Schritt ist die Erfahrung der Vereinigung mit Gott unter den Bedingungen der Endlichkeit, d.h. mitten in der dunklen Nacht dieser Welt; sie ist eine Gnade, die von der Gelassenheit begleitet wird. Schliesslich führt diese Vereinigung, an die sich der Mystiker immer erinnert und von der er fortan zehrt, zu einer Steigerung seiner Gottessehnsucht, weil er nun darauf brennt, dass die Vereinigung mit Gott nicht mehr unter den Bedingungen der Endlichkeit, sondern in der Unsterblichkeit zur Vollendung gelangt.

[12] Santa Teresa de Jesús, *Obras completas*, ed. Efrén de la Madre de Dios / Otger Steggink (Madrid: BAC, ^{9}1997), S. 344-419.

[13] Vgl. Mariano Delgado / Gottard Fuchs, "Die Kirchenkritik der Mystiker. Prophetie aus Gotteserfahrung", in dies. (Hg.), *Die Kirchenkritik der Mystiker: Prophetie aus Gotteserfahrung,* Bd. 1: *Mittelalter* (Studien zur christlichen Religions- und Kulturgeschichte 2, Freiburg Schweiz/Stuttgart: Academic Press Fribourg/Kohlhammer, 2004) S. 9-18. Vgl. auch Hans Urs von Balthasar, "Zur Ortsbestimmung christlicher Mystik", in ders., *Pneuma und Institution* (Skizzen zur Theologie 4, Einsiedeln: Johannes Verlag, 1974), S. 320-324.

2. "In mir leb' ich schon nicht mehr" – Oder wenn Gott Alles und unser Herz unruhig wird

Ich lebe, ohne dass ich in mir lebe

Ich lebe, ohne dass ich in mir lebe
Und dergestalt ist meine Hoffnung:
Weil ich nicht sterbe, sterbe ich.

1. In mir leb' ich schon nicht mehr,
und leben ohne Gott, das kann ich nicht,
so bleib' ich ohne ihn und mich:
Was ist das für ein Leben?
Es schafft mir tausend Tode,
doch hoff' ich auf mein eigenes Leben
im Sterben, weil ich nicht mehr sterbe.

2. Dieses Leben, das ich lebe,
heisst, das Leben zu entbehren,
und so ist's ein stetes Sterben,
bis dass ich leben darf in DIR.
Mein Gott, hör auf das, was ich sage,
denn so ein Leben will ich nicht,
weil ich nicht sterbe, sterbe ich.

3. Wenn fern von DIR ich weile –
was für ein Leben kann ich haben,
wenn nicht den Tod zu leiden,
den grössten, den es jemals gab?
Und Mitleid habe ich mit mir,
da ich auf solche Art verharre:
weil ich nicht sterbe, sterbe ich.

4. Der Fisch, gerissen aus dem Wasser,
entbehrt so der Tröstung nicht,
denn in dem Tod, den er erleidet,
ist er am Ende wirklich tot.
Wo findet sich ein Tod, der passt
Zu meinem jämmerlichen Leben?
Je mehr ich lebe, desto mehr leid' ich den Tod?

5. Wenn ich mich zu trösten meine,
DICH zu sehen im Sakrament,
bereitet es mir noch mehr Schmerz,
nicht an DIR mich zu erfreu'n.
Alles führt zu gröss'rer Busse:
Ich seh' DICH nicht, wie ich es will,
weil ich nicht sterbe, sterbe ich.

6. Und freu' ich mich, o Herr,
voll Hoffnung, DICH zu sehn,

dann seh' ich, dass ich DICH verlieren kann,
und es verdoppelt sich mein Schmerz.
Ich lebe in so grosser Furcht
In Hoffnung zwar, wie ich ja hoffe,
ersterbe ich, weil ich nicht sterbe.

7. Befreie mich von diesem Tod,
mein Gott, gewähre mir das Leben;
halt meine Seele nicht gebunden
mit dieser Schlinge festem Knoten,
nimm wahr, wie ich verlange DICH zu sehen!
Mein Unglück ist so ganz und gar:
Weil ich nicht sterbe, sterbe ich.

8. Beweinen werd' ich meinen Tod,
mein leben werde ich beklagen:
da es durch diese meine Sünden
in der Gefangenschaft verbleibt.
Mein Gott, wann wird es sein,
dass ich in Wahrheit sagen kann:
ich lebe schon, weil ich nicht sterbe?[14]

Als Johannes vom Kreuz um 1573, kaum 30jährig, dieses Gedicht schrieb, stand er nach der Begegnung mit Teresa von Avila am Anfang seines Weges – und doch hatte er bereits das Wesentliche begriffen: dass in dieser Welt alles Schall und Rauch ist, ein lautes NICHTS, und Gott hingegen ALLES ist, das einzig Wahre; dass wir unser eigenes ICH preisgeben ("In mir leb' ich schon nicht mehr") und uns auf Gott ausrichten sollten, um ein "Leben in Fülle" (Joh 10,10) zu haben. Aber Johannes vom Kreuz hat noch nicht erlangt, "dass er ‚mit Gott' und 'in Gott' lebt. Sein Zustand ist der eines gänzlichen 'ohne' – 'ohne ihn und ohne mich', eine Existenz der 'tausend Tode'."[15] Daher vermittelt dieses Gedicht nicht 'Gelassenheit', sondern eher die 'Furcht', Gott zu verlieren: "dann seh' ich, dass ich DICH verlieren kann, / und es verdoppelt sich mein Schmerz. / Ich lebe in so grosser Furcht ...".

Der Schmerz der Sehnsucht nach einem Leben in Gott wird in diesem Gedicht leidenschaftlich ausgesprochen. Der Mystiker hat das Ziel im Auge, befindet sich aber noch fern davon ("Wenn fern von DIR ich weile"). Die Dialektik ICH/DU, MICH/DICH, MIR/DIR, die innere Unruhe, die nicht einmal in der Eucharistie Trost findet ("Wenn ich mich zu trösten meine, / DICH zu sehen im Sakrament, / bereitet es mir noch mehr Schmerz"), die verzweifelte Sehnsucht nach dem Tod, um Gott endlich begegnen zu können ("nimm wahr, wie ich ver-

[14] Nach der Übertragung von Mariano Delgado und Günter Stachel, in: Günter Stachel, "Ich lebe... Die mystischen Gedichte des Johannes vom Kreuz – neu übersetzt", in *Christ in der Gegenwart* 48 (21/1996), S. 174. Hervorhebungen M.D.

[15] Ibid.

lange DICH zu sehen!"), prägen das Gedicht. Wie der Psalmist betet und schreit der Mystiker seine Sehnsucht nach Gott. Aber er steht am Anfang eines langen Weges der gesteigerten Sehnsucht, der Finsternis, der Reue und des Schmerzes, bevor ihm die Vereinigung mit Gott geschenkt wird: "Es ist gut, dass wir durch Juan kennen, wie das 'Unterwegs' eines grossen Mystikers aussieht. Es gibt nicht nur die heile Welt der Erleuchteten, der Liebenden und derer, die 'Eines' geworden sind."[16] Es gibt auch die Erfahrung einer göttlichen Berührung, die uns plötzlich, unerwartet, geschenkt wird, alsbald vorüber ist, und eher Unruhe als Gelassenheit zurücklässt.

3. "Geliebte dem Geliebten gleichgestaltet" – Oder die Erfahrung der Einung mit Gott und der Gelassenheit

Die dunkle Nacht

1. In einer Nacht ganz dunkel,
erfüllt von Sehnsucht und entflammt von Liebe
– o du glückliche Stunde! –
ging ich ganz unbesehen,
als es schon still in meinem Haus geworden;

2. im Dunkeln und ganz sicher,
auf der geheimen Leiter und verkleidet
– o du glückliche Stunde! –,
im Dunkeln und in Tarnung,
es war schon still in meinem Haus geworden;

3. in der Nacht, die so glücklich,
im Geheimen, als keiner mich bemerkte
und mich auch nichts ablenkte,
da war kein Licht, kein Führer,
nur das, was mir im Herzen sehnlichst brannte.

4. Das selbe war mein Führer
gewisser als das Licht der Mittagsstunde
dorthin, wo meiner harrte
der mir so wohl Bekannte,
zum Ort, an dem sich keiner liess erblicken.

5. O Nacht, die du geführt hast,
o Nacht, voll Liebreiz mehr als Morgenröte!
O Nacht, die du verbunden
Geliebten und Geliebte,
Geliebte dem Geliebten gleichgestaltet!

[16] Ibid.

6. An meiner Brust, die blühte
und ganz für ihn allein sich aufbewahrte,
dort ruhte er im Schlafe,
da durft' ich ihn beschenken,
als ihm der Zedern Wehen Kühlung brachte.

7. Und dort der Hauch der Zinne
– als streichelnd ich die Haare ihm gebreitet –,
mit seiner Hand, so heiter!,
hat mir den Hals verwundet,
dass alle meine Sinne mir entschwanden.

8. Da blieb ich und vergass mich,
das Antlitz neigt' ich über den Geliebten,
alles verschwand, ich liess mich,
liess fallen meine Sorge,
vergessen lag sie unter Lilienblüten.[17]

Zwischen Dezember 1577 und Mitte August 1578 wurde Johannes vom Kreuz von eigenen Mitbrüdern, die sich gegen seine Ordensreform sperrten und ihn daher entführt hatten, in einem Kloster zu Toledo unter erbärmlichen Bedingungen gefangen gehalten. "Ich weiss nicht, wie Gott solches zulassen kann" – schrieb Teresa von Ávila am 21. August 1578, nachdem sie Einzelheiten über die Leidensgeschichte des Johannes vom Kreuz erfahren hatte.[18] Johannes vom Kreuz, ein Geschenk Gottes an Kirche und Menschheit, wurde misshandelt und erniedrigt; an den Fasttagen (Montag, Mittwoch und Freitag!) musste er vor der versammelten Klostergemeinschaft auf dem Boden kniend sein karges Brot fristen, während jeder Ordensbruder ihm einen Geiselhieb auf dem Rücken verpasste, wovon er für den Rest seines Lebens schmerzende, schlecht verheilte Narben tragen wird. In dieser Erfahrung der physischen und geistlichen Nacht, wo er zeitweise auch daran zweifelte, ob seine Ordensreform dem Willen Gottes entsprach, wenn sich die eigenen Ordensbrüder so sehr dagegen sperrten, fand er seine letzte Gewissheit nicht wie der am warmen Kamin sitzende Descartes im rationalen "Ich denke, also bin ich", sondern allein im Glauben an seinen Gott, dessen Liebe er bereits bruchstückhaft erfahren hatte. Und Mitten in dieser Erfahrung der Nacht wurde ihm die Gleichgestaltung mit dem geliebten Gott geschenkt, so dass er fortan wie der Apostel Paulus sagen konnte: "nicht mehr ich lebe, sondern Christus lebt in mir" (Gal 2,20).[19]

[17] Nach der Übertragung von Mariano Delgado und Günter Stachel, in: Günter Stachel, "In einer Nacht ganz dunkel. Die mystischen Gedichte des Johannes vom Kreuz – neu übersetzt", in *Christ in der Gegenwart* 48 (8/1996), S. 61-62.

[18] Santa Teresa de Jesús, *Obras completas*, S. 1175.

[19] Diese Stelle wird von Johannes vom Kreuz sehr oft zitiert: CB 12,7; CB 22,6; LB 2,34; CA 11,6; CA 27,4; LA 2,30.

Das Gedicht "Die dunkle Nacht" spielt vordergründig auf seine abenteuerliche Flucht aus dem klösterlichen Kerker, aus dem er sich nachts durch das Fenster abseilte und "unbesehen" entkam, "als keiner mich bemerkte". Aber das Gedicht ist vor allem eine allegorische Beschreibung der mystischen Erfahrung mit der Grundstruktur eines geistlichen Exodus aus dem eigenen ich: in der Nacht, allein vom dunklen Licht des Glaubens geleitet, das in seiner Dunkelheit "gewisser als das Licht der Mittagsstunde" ist, sowie einst "die finstere Wolke" das Volk Israel durch die Wüste führte, zieht er aus und macht sich auf dem Weg zum geliebten Gott, "dorthin, wo meiner harrte / der mir so wohl Bekannte", d.h. der im Glauben erkannte Jesus Christus, der ihn schon gesucht, berührt und verwundet hatte, wie im ersten Gedicht angedeutet wurde. Dieser verwandelt ihn zu einem neuen Menschen im Sinne der Christusförmigkeit. Der Mystiker beschreibt diese Erfahrung in der 5. Strophe in Analogie zur Sprache des kirchlichen "Exsultet" ("Dies ist die Nacht") in der Liturgie der Osternacht mit einem dreifachen Besingen jener dunklen Nacht ("O Nacht..."), in der er die Gleichgestaltung mit Gott erfahren durfte: "Geliebte dem Geliebten gleichgestaltet!" Der siebte Preis des österlichen "Exsultet" lautet: "O wahrhaft selige Nacht, die Himmel und Erde versöhnt, die Gott und Menschen verbindet..." Man beachtet, wie der Mystiker, der zugleich ein Meister der Lyrik ist, in den letzten zwei Versen dieser 5. Strophe die erfahrene Gotteinung mit dem Stilmittel des Chiasmus beschreibt (nach dem griechischen Buchstaben "chi", X, der als Symbol für die Verschränkung von "zwei" gebraucht wird). Im Gedicht ist der Bezug zum "Hohelied" deutlich, nicht nur in der Bildersprache (Brust, Haare, Hals, Antlitz): auch dort sucht die Geliebte den Geliebten in der Nacht, und als sie ihn findet, wird die Liebesbegegnung im Chiasmus besungen: "Ich bin meines Geliebten / mein Geliebter ist mein, / der unter Lilien weidet" (Hld 6,3). Wir übertreiben nicht, wenn wir dieses Lied (Johannes vom Kreuz hat seine Gedichte als Lieder betrachtet und gesungen), das die "dunkle Nacht" der Gotteinung besingt, als "den Gipfel abendländischer Mystik" bezeichnen: "Der liebende Sänger (die 'Geliebte') ist vereint 'mit ihm', dem Ungenannten; 'überformt' (transformada) 'mit ihm' und 'durch ihn'. Auch Eckhart kennt die ganz 'neue Form', die dem geschenkt wird, der für Gott ganz 'aus sich ausgegangen' ist."[20]

War im ersten Gedicht die Sehnsucht nach einem Leben in Gott ausgedrückt, aber verbunden mit der Furcht, Gott wieder zu verlieren, so ist für das Gedicht "Die dunkle Nacht" die Erfahrung der Einung prägend, verbunden mit der "Gelassenheit", d.h. der Gewissheit, dass Gott bei uns für immer Wohnung genommen hat (Joh 14,23) und uns nicht verlassen wird: "Die Sinne 'entschwinden', 'alles verschwand'. Antlitz in Antlitz macht alles 'vergessen' – 'unter Lilienblüten'. Mitten unter Anfeindungen, unter Krankheit und frühem Tod erscheint die Freude, die alles übertrifft".[21] Johannes vom Kreuz, der Gott zumeist "den Ge-

[20] Stachel, "In einer Nacht...", S. 62.
[21] Ibid.

liebten" nennt, weiss nun, dass ihn nichts "von der Liebe Christi" scheiden kann (Röm 8,35, 38-39).

Johannes vom Kreuz wird gemeinhin als "Mystiker der dunklen Nacht" bezeichnet. In seiner bahnbrechenden Studie *Saint Jean de la Croix et le problème de l'espérience mystique* (Paris 1924) nannte Jean Baruzi, der Schüler und Nachfolger des Modernisten Alfred Loisy, die "dunkle Nacht" die originellste Schöpfung und gar das einzige wirkliche Symbol der Mystik des Johannes vom Kreuz, während die geistliche Vermählung ein der mystischen Tradition entliehenes Pseudosymbol sei.[22] Seine Mystik erscheint aber zugänglicher, wenn wir nicht die "dunkle Nacht", sondern die "Vermählung", d.h. also die "Liebe", für das zentrale Thema halten.[23] Nacht und Flamme sind Teilerfahrungen in der Grunderfahrung der Vermählung mit Gott durch Liebe. Der vermeintliche Vorrang der Nachtsymbolik ist nicht in den Gedichten begründet, sondern in den Prosakommentaren zum Gedicht "Die dunkle Nacht", die unvollendet blieben und sich mit der Erklärung der "Nacht-Erfahrung" auf dem Weg zur Gotteinung befassen.

4. "... reiss ab den Schleier dieser holden Einung" – Oder die Sehnsucht nach Vollendung

Die Liebesflamme

1. O Liebesflamme, Leben,
dein zarter Brand verwundet
die Seele mir in ihrem tiefsten Grunde!
Da du mir nicht mehr ausweichst:
So du es willst, vollbring es,
reiss ab den Schleier dieser holden Einung.

2. O sanfte Glut des Geistes!
Wundmale, mir geschenkte!
O zarte Hand! O kostbare Berührung!
Geschmack ewigen Lebens
Und Tilgung aller Schulden:
Du tötest, wandelst so den Tod zum Leben.

3. O Lampen, feuerleuchtend,
in deren Strahlenglanze
die allertiefsten Höhlen meiner Sinne,
– sie waren blind und dunkel –

[22] Hier zitiert nach der spanischen Ausgabe: Jean Baruzi, *San Juan de la Cruz y el problema de la experiencia mística* (Valladolid: Junta de Castilla y León, 1991), S. 335.

[23] Vgl. Olegario González de Cardedal, "Memoria, misterio y mística en San Juan de la Cruz", in *Actas*, vol. 3, S. 429-453.

mit seltner Sanftheit Licht und
Wärme spenden, mit dem Geliebten eines!

4. Wie milde und wie liebreich
erwachst du mir im Herzen,
wo du geheimnisvoll allein nur wohnst,
im Dufte deines Hauches von
Glück und Seligkeit erfüllt:
Von welcher Zartheit ist dein Liebeswerben![24]

Was bleibt dem Mystiker nach der Erfahrung der Gotteinung? Die Erinnerung an das Erfahrene, aus der man für den Rest des Lebens zehren wird; und eine noch stärkere Sehnsucht nach Unsterblichkeit, d.h. nach der endgültigen Begegnung mit Gott jenseits dieser irdischen Hülle. Diese Sehnsucht ist aber nicht durch die Unruhe und die Furcht des ersten Gedichtes geprägt, sondern strahlt die Gelassenheit desjenigen aus, der sich in der Liebe Gottes geborgen fühlt. Gerade dies – Gelassenheit, Liebe, Wonne, Sehnsucht nach Vollendung – ist das Thema dieses Gedichtes. Es entstand um 1584 und wurde von Johannes vom Kreuz zweimal kommentiert: 1586 (Kommentar A) und 1591 kurz vor seinem Tod (Kommentar B). Darin hat er die Liebesflamme beschrieben als innigstes Handeln des Heiligen Geistes an der Seele, das sie zur höchsten Liebeseinung mit Gott führt: "Diese Liebesflamme ist der Geist ihres [der Seele] Bräutigams, das ist des Heiligen Geistes... Und das Handeln des Heiligen Geistes in der in Liebe gleichgestalteten Seele besteht darin, dass Er sie durch innere Wirkungen entflammt, in und durch Liebe entflammt, so dass der Wille der Seele, in einer einzigen Liebe mit jener Flamme innig verbunden, in höchster Stufe liebt" (LB I,3). Wer so schreibt, weiss, wovon er redet, auch wenn die mystische Erfahrung letztlich unaussprechlich ist. Diese Unaussprechlichkeit wird in diesem Gedicht mit den Ausrufen 'O' und 'Wie!' betont: "Immer wenn sie eingesetzt werden, wollen diese Worte vom inneren mehr zu verstehen geben, als die Sprache auszudrücken vermag" (LB I,2).

Die drei 'O-Strophen' beschreiben die Einung mit Gott im rhytmischen Aufwallen wie Ravels Bolero. Die ersten drei Verse der ersten Strophe besingen die 'Verwundung' des tiefsten Seelengrundes durch den zarten Brand der Liebesflamme; in den weiteren drei Versen wird die Sehnsucht nach Unsterblichkeit ausgedrückt, nach Vollendung der Gotteinung. Wir werden noch darauf zurückkommen. Die ersten drei Verse der zweiten Strophe beschreiben, vom Heiligen Geist ausgehend, die mystische Gleichgestaltung als ein Werk der Dreifaltigkeit: die Glut des Geistes wird dabei genauso erfahren wie die Hand des Vaters und die Berührung des Sohnes. Die letzten drei Verse drücken die erfahrene 'Erlö-

[24] Nach der Übertragung von Mariano Delgado und Günter Stachel, in: Mariano Delgado, "Die 'Liebesflamme'. Die mystischen Gedichte des Johannes vom Kreuz – neu übersetzt, in *Christ in der Gegenwart* 48 (44/1996), S. 365-366.

sung' in den drei Zweitdimensionen aus: "Geschmack ewigen Lebens" (Zukunft), "Tilgung aller Schulden" (Vergangenheit) und gegenwärtige paradoxe Erfahrung wahren Lebens im Tod des alten Menschen. Die dritte Strophe besingt den Glanz, das Licht und die Wärme der trinitarischen Lampen, die nicht nur zur Gleichgestaltung mit dem Geliebten führen, sondern auch die Blindheit und Dunkelheit der tiefsten Höhlen der Sinne (der Vermögen der Seele) mit der neu gewonnenen Gotteserkenntnis erleuchten.

Die abschliessende 'Wie-Strophe' fängt das crescendoartige der 'O-Strophen' auf wie ein Kontrabass die Geigenmelodie. Mit der Gelassenheit des sich im Glauben wirklich geborgen Wissenden wird hier der bleibende Nachgeschmack der mystischen Gleichgestaltung beschrieben. Von einem milden und liebreichen Erwachen des Geliebten im Herzen ist die Rede: der Mystiker als ein 'Hörer des Wortes', das er in seinem Herzen trägt, es stets betrachtet, und dessen Duft ihn mit Glück und Seligkeit erfüllt.

Das Grundsymbol des Liedes ist das des Feuers: so wie das Feuer mit seiner Flamme zunächst das Holz verwundet, es allmählich austrocknet und von seinem Schmutz freimacht, "bis es das Holz mit seiner Hitze so zubereitet, dass es in es eindringen und es sich gleichgestaltet kann" (LB I,19), so dass in der Glut das Holz zur Flamme geworden ist... genauso verfährt Gottes Liebesfeuer mit der Menschenseele: es läutert sie, was zunächst Qualen und Schmerzen bereitet, und es eint sich mit ihr zu einer lebendigen Flamme, die nun "verzehrt und doch nicht peinigt" (CB 39).

Uns interessieren hier besonders die letzten zwei Verse aus der ersten Strophe. Die "Liebesflamme" ist das Ende des mystischen Weges auf Erden, denn die Vollendung kann nicht vor dem Tod geschehen: "Du kannst mein Angesicht nicht sehen; denn kein Mensch kann mich sehen und am Leben bleiben" (Ex 33,20).[25] Aus diesem Grund bittet der Mystiker gelassen um die Vollendung: "so du es willst, vollbring es, / reiss ab den Schleier dieser holden Einung."

Für Johannes vom Kreuz bedeutet dies: "Vollziehe nun vollends in aller Vollkommenheit die geistliche Vermählung mit mir durch beseligende Schau; denn sie ist es, um die der Mensch hier bittet" (LB I,27). Johannes vom Kreuz versteht darunter auch die doppelte Bitte des Vaterunsers: "Adveniat regnum tuum, fiat volunats tua" (Mt 6,10; LB I,28). Und da der Mensch sieht, "dass ihm nichts mehr fehlt als nur noch diesen schwachen Schleier des natürlichen Lebens zu zerreisen, in den er sich verstrickt fühlt, gefangen und behindert in seiner Freiheit, bittet er, 'voll Sehnsucht, aufgelöst und bei Christus zu sein' (Phil 1,23), dass dieser zerrissen werden möge, indem er sagt: 'Zerreiss den Schleier dieser holden Einung', weil es ihm leid tut, dass ein so unzulängliches und schwaches Leben ihn am anderen so hohen und starken hindern soll" (LB I,31) ... "denn alle Dinge bedeuten ihr [der Menschenseele] nichts, und auch sie selbst ist in

[25] Diese Bibelstelle wird von Johannes vom Kreuz oft zitiert: 2 S 8,4; 2 S 24,2; 3 S 12,1; CB 11,5.

ihren Augen nichts. Nur Gott ist für sie der Alles" (LB I,32) … "so zerreiss den dünnen Schleier dieses Lebens und lass es nicht so weit kommen, dass es das Alter und die Jahre ihn auf natürliche Weise abschneiden; damit ich dich sogleich mit der Fülle und Sättigung lieben kann, die meine Seele ersehnt, grenzenlos und ohne Ende" (LB I,36). Diese 'Todessehnsucht' ist, wie gesagt, von der verzweifelten, untröstlichen des ersten Gedichtes grundverschieden: dazwischen liegt die Erfahrung der Gotteinung in Geborgenheit und Gelassenheit. Über die letzten drei Verse des Liedes, in denen es um jenes "Hauchen" Gottes geht, das "von Glück und Seligkeit und zarter Gottesliebe zum Menschen" erfüllt ist, möchte Johannes vom Kreuz lieber schweigen: "Denn ich sehe klar, dass ich es nicht im geringsten zu sagen verstünde". Es handelt sich um ein sanftes Erwachen Gottes im Seelengrund, um uns "mit göttlicher Einmaligkeit und Zartheit" (LB IV,17) zu sich zu führen: "Von welcher Zartheit ist dein Liebeswerben!"

5. Ausblick

In den drei vorgestellten Gedichten des Johannes vom Kreuz kommt die Sehnsucht des Mystikers nach Unsterblichkeit vor, aber auf je verschiedene Art und Weise. Im Gedicht "Ich lebe, ohne dass ich in mir lebe" spürt man die untröstliche Unruhe desjenigen, der angefangen hat zu erfahren, dass Gott allein genügt, aber fürchtet, von Gott verlassen zu werden. Daher eine Todessehnsucht, die manchmal an die der unglücklich Verliebten und Verzweifelten erinnert.

Das Gedicht "Die dunkle Nacht" ist nach der Erfahrung der Gotteinung in den Zeiten der Gefahr (Ps 23,4: "Muss ich auch wandern in finsterer Schlucht, / ich fürchte kein Unheil; denn du bist bei mir, / dein Stock und dein Stab geben mir Zuversicht") entstanden; es ist spirituell und sprachlich ein reifes Werk, ein Gipfel nicht nur der abendländischen Mystik, sondern auch der spanischen Lyrik. Die erfahrene Gotteinung vermittelt hier Geborgenheit und Gelassenheit: der Mystiker weiss, dass die Liebe Gottes von Dauer ist und Gott, der bei ihm Wohnung genommen hat, ihn nicht verlassen wird. Wer solches erfahren hat, der ist imstande, seine mystische Weisheit in den grandiosen Zeilen auszudrücken, die im Stundenbuch der Teresa von Avila gefunden wurden:

Nada te turbe,
nada te espante
todo se pasa,
Dios no se muda,
la paciencia
todo lo alcanza,
quien a Dios tiene
nada le falta,
sólo Dios basta.

Nichts soll dich betrüben,
nichts dich erschrecken
alles geht vorüber,
Gott zieht nimmer aus,
Geduld
erreicht alles,
wer Gott bei sich hat,
dem fehlt nichts,
Gott allein genügt.[26]

Der Trost, der Teresa hier zugesprochen wird, gilt auch für alle, die auf Gott gesetzt haben: bleiben wir gelassen, Gott, der bei uns Wohnung genommen hat, zieht nicht mehr aus, er meint es ernst mit uns, er ist treu und verlässlich, wer auf ihn baut, wird nicht enttäuscht werden. In den Phasen der Trockenheit soll man sich in Demut und Geduld üben und das Ziel unseres Lebens nicht aus den Augen verlieren: nur Gott vermag unser Verlangen zu stillen.

Im Gedicht "Die Liebesflamme" finden wir zwar eine Steigerung der Sehnsucht nach Unsterblichkeit, aber eingerahmt durch die Erinnerung an die erfahrene Gotteinung und die Gelassenheit des sich bei Gott für immer geborgen Wissenden. Im Gedicht ist keine untröstliche Unruhe zu spüren, sondern eine 'eschatologische Ungeduld': dieses Leben, in dem man Gott im Fragment erfahren durfte, möge vergehen, damit unsere göttliche Berufung Vollendung findet.

[26] Spanischer Text in: Santa Teresa de Jesús, *Obras completas*, S. 667. Deutsche Übertragung von Mariano Delgado.

Franz Gmainer-Pranzl

Hoffnung auf Unsterblichkeit? Theologische Fragen in interkultureller und interreligiöser Perspektive

"*Ewiges Licht leuchtet deinen Heiligen, o Herr: Unsterblichkeit ist ihr Besitz. Halleluja*" – so lautet eine Antiphon aus dem katholischen Stundengebet, das wir als junge Theologen vor Jahrzehnten am Vorabend von Allerheiligen im Linzer Dom sangen.[1] Ich erinnere mich gut an den feierlichen, verhaltenen Charakter der Choralmelodie und an den großen, dunklen Kirchenraum, in den hinein wir den alten Gesang über die Unsterblichkeit der Heiligen ertönen ließen. Zu dieser Jahreszeit, in der viele Menschen auf die Friedhöfe strömten, die Gräber ihrer Verstorbenen schmückten, in großer Zahl an der Allerheiligenfeier teilnahmen und ihrer verstorbenen Angehörigen gedachten, war das Thema "Unsterblichkeit" wie eine selbstverständliche Begleitmelodie, die im Hintergrund mitschwang.

Dennoch stand diese "Unsterblichkeit" auch in Frage und wurde in Zweifel gezogen: War das Ganze nicht ein frommer Wunsch? Hatte nicht Ludwig Feuerbach Recht, wenn er in seinem Werk *Das Wesen des Christentums* (1841) schrieb:

> Das Wesen des Glaubens, welches sich durch alle seine Gegenstände bis ins Speziellste hinein bestätigen lässt, ist, dass das ist, was der Mensch *wünscht* – er *wünscht* unsterblich zu sein, also *ist* er unsterblich; er *wünscht*, dass ein Wesen sei, welches *alles vermag, was der Natur und Vernunft unmöglich* ist, also existiert ein solches Wesen; er wünscht, dass eine Welt sei, welche den Wünschen des Gemüts entspricht, eine Welt der *unbeschränkten Subjektivität*, d. i. der ungestörten Gemütlichkeit, der ununterbrochenen Seligkeit; nun existiert aber *dennoch* eine dieser gemütlichen Welt entgegengesetzte Welt, also *muss* diese Welt *vergehen* – so notwendig vergehen, als notwendig ein Gott, das absolute Wesen des menschlichen Gemüts, besteht […].[2]

Feuerbachs – allgemein als "Projektionsthese" bekannte – Dekonstruktion theistischer Glaubensvorstellungen klingt in Bertrand Russells Christentumskritik nach, in der es mit Blick auf die Vorstellung von "Unsterblichkeit" heißt: "Nicht vernünftige Argumente, sondern Gefühle führen zum Glauben an ein zukünfti-

[1] Es handelte sich um die Erste Antiphon in der Ersten Vesper zum Hochfest Allerheiligen.

[2] Ludwig Feuerbach, *Das Wesen des Christentums* (Universal-Bibliothek Nr. 4571, Stuttgart: Reclam, 1998), p. 207.

ges Leben."[3] Ist also die "Hoffnung auf Unsterblichkeit" ein unaufgeklärter Rest an menschlichen Vorstellungen, die sich als Fiktion, als anthropologisches Narkotikum, als archaisch-theologische Trotzhaltung erweisen, deren ungebrochene Resistenz sich nicht argumentativ, sondern nur emotional – als Mittel gegen die Angst vor dem Tod – erklären lässt? Gerät nicht die christliche Glaubensüberzeugung, die den Glauben an die "Auferstehung der Toten" und das "ewige Leben" bekennt, angesichts vieler ungelöster Fragen in schwere Bedrängnis? Wäre nicht, wie dies Jürgen Habermas einmal in einem Interview nannte, ein "Bewusstsein radikaler Trostlosigkeit"[4] dem Menschen gemäßer und letztlich hilfreicher zur Lebensbewältigung als eine "Hoffnung auf Unsterblichkeit", die letztlich nichts an den menschlichen Kontingenzerfahrungen ändert?[5]

Christliche Theologie wäre schlecht beraten, würde sie solche Anfragen wegschieben und darauf verweisen, dass Menschen 'ja ohnehin dann, wenn es dem Ende entgegengehe, zur Kirche kämen'. Es ist schließlich nicht zu übersehen, dass viele (junge) Menschen in der westlichen Gesellschaft Abschied von den traditionell christlichen Vorstellungen von "Auferstehung" und "Unsterblichkeit" nehmen und neue Orientierungen suchen. Die Theologie ist herausgefordert, ihre eigenen Vorstellungen, Deutungsmuster und Theorieansätze zu hinterfragen und im Licht des eigenen Glaubensanspruchs sowie der zeitgenössischen gesellschaftlichen Auseinandersetzung neu zu formulieren. Die traditionelle Rede von der "Unsterblichkeit" bildet also den Anlass, um (1) einen neuen Blick auf die "Grammatik" theologischer Diskurse zu werfen, (2) wichtige Kriterien für interreligiöse Vergleiche zu benennen und in diesem Sinn (3) die Frage nach der Bedeutung von "Unsterblichkeit" vom Ansatz einer christlichen Theologie der Verheißung her spezifischer zu verorten.

1. Ein Blick auf die Grammatik theologischer Diskurse

Theologie im Sinn christlicher Glaubensverantwortung versteht sich als *Diskurs*, also als eine "durch Argumentation gekennzeichnete Form der Kommunikati-

3 Bertrand Russell, *Warum ich kein Christ bin* (München: Szczesny, 1963), p. 101.

4 Jürgen Habermas, "Interview mit Gad Freudenthal", in ders., *Kleine Politische Schriften I-IV* (Frankfurt: Suhrkamp, 1981), pp. 467-490, p. 489.

5 Vgl. die Anmerkung von Ludwig Wittgenstein, *Logisch-philosophische Abhandlung. Tractatus logico-philosophicus* (Werkausgabe, Band 1, stw 501, Frankfurt: Suhrkamp, [9]1993), p. 84: "Die zeitliche Unsterblichkeit der Seele des Menschen, das heißt also ihr ewiges Fortleben auch nach dem Tode, ist nicht nur auf keine Weise verbürgt, sondern vor allem leistet diese Annahme gar nicht das, was man immer mit ihr erreichen wollte. Wird denn dadurch ein Rätsel gelöst, dass ich ewig fortlebe? Ist denn dieses ewige Leben dann nicht ebenso rätselhaft wie das gegenwärtige?" (Tractatus, 6.4312).

on"[6], die dadurch, dass sie aus einer Haltung der Teilnahme an einer religiösen Lebensform heraus erfolgt, *nicht* "weniger kritisch" wird, sondern ihre intellektuelle Verantwortung in einer Weise wahrnimmt, die sowohl den Kriterien wissenschaftlicher Rationalität als auch dem Charakter religiöser Ansprüche gerecht wird – was keine leichte Aufgabe darstellt. Die "Grammatik" christlicher Glaubensverantwortung versteht sich als "diskursives Netz", das die Plausibilität des Glaubens im Raum öffentlicher Vernunft aufzuweisen versucht.[7] Vier Aspekte einer solchen "Grammatik theologischer Erkenntnis", die vor allem im Zusammenhang der Themenstellung "Unsterblichkeit" relevant sind, möchte ich im Folgenden erläutern.

1.1 Responsivität

Mit der unscheinbaren Bemerkung aus dem Römerbrief, dass 'der Glaube vom Hören kommt' (vgl. Röm 10,17), brachte Paulus ein fundamentales Moment des christlichen Selbstverständnisses zum Ausdruck: Das, was der Glaube zu sagen (bzw. die Theologie zu reflektieren) hat, ist nicht Explikation des Eigenen, sondern Antwort auf etwas "Anderes". Das Wort, das Glaube und Hoffnung schenkt, wurde *gehört* und bewirkt, dass der Mensch darauf *antwortet* – zustimmend oder ablehnend. "Glaube" ist im biblischen Verständnis nicht eine innere Disposition, die eigene Vorstellungen und Erwartungen zum Ausdruck bringt, sondern die Annahme einer Botschaft, die "von außen" kommt.[8] Und Theologie ist in entsprechender Weise nicht eine Extrapolation dessen, was man "immer schon" erwartet hat, sondern *Response* auf das, was uns angeht. Das, was christlicher Glaube meint, ist *Antwort auf ein Wort*. Dies stellt ein Grundprinzip theologischer Erkenntnislehre dar: Glaube ist *responsiv*.

Der Philosoph Bernhard Waldenfels hat bekanntlich das Prinzip der *Responsivität* als nicht aufzulösendes Mit- und Zueinander von "Anspruch" und "Antwort" interpretiert und die "Antwortlichkeit"[9] gleichsam als Existential des Menschen begriffen. Nicht das – scheinbar – "souveräne" Sich-Abschirmen vor Ansprüchen, denen wir begegnen, sondern die Antwort auf Ansprüche – also

[6] Jürgen Habermas, "Wahrheitstheorien", in ders., *Vorstudien und Ergänzungen zur Theorie des kommunikativen Handelns* (stw 1176, Frankfurt: Suhrkamp, 1995), pp. 127-183; p. 130.

[7] "Die Theologie […] setzt […] als Bedingung ihrer eigenen Möglichkeit die universale Kommunikabilität und d. h. die Intelligibilität des Glaubens voraus" (Walter Kasper, "Die Wissenschaftspraxis der Theologie", in Walter Kern, Hermann J. Pottmeyer, Max Seckler, ed., *Handbuch der Fundamentaltheologie*: Vol. 4: *Traktat Theologische Erkenntnislehre mit Schlussteil Reflexion auf Fundamentaltheologie* [UTB 8173, Tübingen-Basel: A. Francke, ²2000], pp. 185-214, p. 200).

[8] Vgl. die Selbstvergewisserung christlicher Verkündigung in 1 Joh 1: "[…] was wir gehört haben […], das verkünden wir: das Wort des Lebens" (V. 1). "Was wir gesehen und gehört haben, das verkünden wir auch euch […]" (V. 3).

[9] Bernhard Waldenfels, *Antwortregister* (Frankfurt: Suhrkamp, 1994), p. 320.

deren Verantwortung – zeichnet den Menschen aus. Der Anspruch trifft mich immer, *bevor* ich darauf reagieren kann: "Indem ich mich angesprochen und angeblickt weiß, kommt mir die fremde Stimme und der fremde Blick zuvor."[10] Diese Grundeinsicht *responsiver Vernunft* kommt im Zusammenhang christlicher Theologie durch den Begriff "Offenbarung" zum Ausdruck: Das, wofür die Theologie steht, "ist ihr zuvorgekommen"; es ist nicht ihr eigenes Wort, sondern Antwort auf einen Anspruch. Damit ist nicht gemeint, dass die Sprache und Ausdrucksweise einer Theologie "geoffenbart" sind, sondern dass sich Glaube (als Praxis) und Theologie (als deren Reflexion) als Responsion auf einen bleibend unverfügbaren Zuspruch verstehen. Wenn Waldenfels betont: "Der fremde Anspruch gibt etwas zu sagen und zu tun, nicht etwas zu haben oder zu verzehren"[11], bringt er philosophisch auf den Punkt, was für eine Grammatik *theologischer* Diskurse eine entscheidende Voraussetzung bildet: Christliche Glaubensaussagen verstehen sich *responsiv* und nicht deskriptiv: sie antworten auf einen Anspruch, über den sie nicht verfügen.

1.2 Eschato-Logik

Der Anspruch, von dem sich Glaubende angegangen wissen und auf den sie glaubend zu antworten versuchen, ist nach biblischem Zeugnis weder eine moralische Verpflichtung, die es zu erfüllen gilt, noch ein Faktum der Vergangenheit, das aus Gründen des Respekts auch gegenwärtig "noch" beachtet werden sollte, sondern ein *end-gültiges Ereignis*, das – obwohl historisch vergangen – als "absolute Zukunft" des Menschen zur Geltung kommt.[12] Im Auftreten Jesu von Nazareth, in seinem Wort und seiner Tat, in seinem Tod und in der Bezeugung seiner Rehabilitation und Rettung durch Gott ("Auferstehung") ist nach der Überzeugung des Neuen Testaments allen Menschen jenes endgültige, "letzte Wort" (vgl. Hebr 1,2) zugesagt, in dem die Fülle der Wahrheit und des Heils gegenwärtig ist. Auch wenn die Geschichte der Menschheit "noch weiterläuft", ist *in ihr* bereits jene Vollendung gegenwärtig, die am "Ende der Zeit" offenbar werden wird.

Diese biblische Perspektive gilt es zu beachten, wenn von "Eschatologie" die Rede ist, also von jenem Traktat der Theologie, der von der Vollendung des Menschen handelt. Früher als "Lehre von den letzten Dingen" bezeichnet ("*De novissimis*"), weckte er naturgemäß das Interesse vieler Menschen, die wissen

[10] Ibid., p. 315.

[11] Ibid., p. 614.

[12] So die bekannte Redeweise Karl Rahners, der eine "futurologische Kurzformel" des christlichen Glaubens verfasste: "Das Christentum ist die Offenhaltung der Frage nach der absoluten Zukunft, die sich als solche selbst in Selbstmitteilung geben will, diesen ihren Willen in Jesus Christus eschatologisch irreversibel festgemacht hat und Gott heißt" (*Grundkurs des Glaubens. Einführung in den Begriff des Christentums* [Freiburg i. Br.: Herder, 1976], p. 439).

wollten, was sie denn 'drüben' zu erwarten hätten. "Welche Freuden hat der 'Himmel' zu bieten?" "Wie schaut es in der 'Hölle' aus?" "Wie viele Seelen befinden sich im 'Fegfeuer'?" Solche und ähnliche Fragen geisterten in der religiösen und pseudotheologischen Literatur herum, die ein Bedürfnis zu stillen versuchte, das sich Sicherheit über das "Jenseits" verschaffen wollte. Dass in diversen "Jenseitsreportagen", die sich abseits der kirchlichen Dogmatik selbständig machten, die biblische Hoffnungs- und Vollendungsperspektive kaum noch eine Rolle spielte – weder inhaltlich noch formal –, wurde deutlich bewusst, als Karl Rahner seine Überlegungen zur Hermeneutik eschatologischer Aussagen vorlegte. In diesem Beitrag aus dem Jahr 1960 hielt Rahner fest, dass die "Zukunft", über die der Glaubende in seinen eschatologischen Aussagen etwas "weiß", "prospektiv *aus* und *an seiner* heilsgeschichtlichen Erfahrung in seiner *Gegenwart* ablesbar ist"[13]. Der "Sitz im Leben" eschatologischer Aussagen ist "die Erfahrung von dem Heilshandeln Gottes *an uns selbst* in Christus"[14], weshalb biblische Eschatologie immer "als Aussage von der Gegenwart als geoffenbarter her auf die echte Zukunft hin"[15] gelesen werden müsse. Was wir als Heilsanspruch an uns erfahren haben, bildet die Grundlage für das, was wir theologisch über unsere Vollendung sagen (können). Die zentrale These des Rahnerschen Beitrags lautet:

> Eschatologie ist also nicht die antizipierende Reportage später erfolgender Ereignisse [...] *aus* den künftigen Ereignissen heraus und von ihnen her [...], sondern der für den Menschen in seiner geistigen Freiheits- und Glaubensentscheidung notwendige Vorblick *aus* seiner durch das Ereignis Christi bestimmten heilsgeschichtlichen Situation *heraus* [...] auf die endgültige Vollendung dieser seiner eigenen, schon eschatologischen Daseinssituation zur Ermöglichung seiner eigenen, erhellten und doch glaubend wagenden Entscheidung ins dunkel Offene hinein, damit der Christi darin seine Gegenwart annehme als Moment an der Verwirklichung der im Anfang (der letztlich Christus ist) gestifteten Möglichkeit und als schon jetzt verborgen gegenwärtige und endgültige Zukunft [...].[16]

Angesichts eines ungebrochenen Interesses an allen möglichen Formen von "Jenseits-Wissen" ist mit Rahner auf die spezifische "Eschato-Logik" christlicher Theologie zu verweisen, deren Aussagen nicht als "Informationen von der anderen Seite des Todes her" zu verstehen sind, sondern als Entfaltung gegenwärtiger, in Christus erfahrener Hoffnung auf die Vollendung in Gott hin. Das Sprachspiel christlicher Eschatologie versteht sich in diesem Sinn als "Grammatik der Hoffnung" und nicht als Arkandisziplin, in der zeit- und bewusstseinsjen-

[13] Karl Rahner, "Theologische Prinzipien der Hermeneutik eschatologischer Aussagen", in ders., *Schriften zur Theologie*: Vol. 4: *Neuere Schriften* (Einsiedeln: Benziger, 1960), pp. 401-428, p. 414.

[14] Ibid., p. 417.

[15] Ibid., p. 418.

[16] Ibid., p. 414f.

seitige Geheimnisse verhandelt werden. "Jüdisch-christliche Eschatologie ist eine Grammatik der Bilder und Worte, diesseitig von dem sprechen und das symbolisch präsentieren zu können, was jenseits der Grenze von Zeit und Geschichte erhofft wird."[17]

1.3 Interkulturalität

Christliche Glaubensrede ist Antwort auf ein Wort, das als endgültiges zugesagt wurde. Theologie kann das, *worauf* sie antwortet, niemals diskursiv einholen; das "Was" ihrer Antwort wird dem "Worauf" des Anspruchs nicht gerecht. Auf vielfältige Weise kommt die praktische und reflexive Response der Theologie zur Geltung, und christliche Theologie war von Anfang an der Überzeugung, dass eine solche Antwort prinzipiell *in allen Kontexten* menschlichen Lebens möglich ist. Es gibt also keine kulturelle Lebensform, keinen sozialen Lebenszusammenhang, kein menschliches Erfahrungsfeld, das gewissermaßen "antwortunfähig" wäre und dem Anspruch der Glaubensbotschaft nicht auf entsprechende Weise begegnen könnte. Von Anfang an war klar, dass christlicher Glaube praktisch und diskursiv *interkulturell* kommuniziert werden kann und muss. Die "Grammatik theologischen Denkens" kennt keine "christlichen Kulturen", die für die Vermittlung von Glaubenstraditionen gleichsam "besser geeignet" wären als andere. *Das* "Wort" lässt sich in *allen* "Worten" verantworten, es überschreitet Grenzen der Sprache, der Kultur und der sozialen Zusammengehörigkeit und sprengt Identifikationen *einer* bestimmten Kultur mit "*dem* christlichen Glauben" immer wieder auf.

Der biblische Topos für diese interkulturelle Potenz des Glaubens ist "Pfingsten": die Fähigkeit, fremde Sprachen zu verstehen und in neuen Sprachen zu reden – eine Erfahrung der Urgemeinde (vgl. Apg 2,4.8) und eine Verheißung des Auferstandenen (Mk 16,17). Die Logik des Christentums besteht nicht darin, die Vielzahl der sprachlichen, ethnischen und kulturellen Zugehörigkeiten auf jene zu reduzieren, die für das kirchliche Leben und theologische Denken als "am besten geeignet" erscheinen; vielmehr ist dem Christlichen zutiefst eine Dynamik der Übersetzung und Vermittlung eingeschrieben, die sich einem *universalen* Anspruch verdankt – was leider im Kontext eines kolonialen Missionsverständnisses vergessen wurde. Gerade "Mission" – jener so oft missverstandene, missbrauchte und verzweckte Grundvollzug der Kirche – meint die interkulturelle Vermittlung des Glaubens und "das pfingstliche Moment der Annahme jedes Volkes und jeder Kultur"[18] und nicht das Aufoktroyieren *einer* Gestalt des Glaubens auf alle anderen oder die Identifikation *einer* Antwort mit "*dem* Wort".

[17] Franz Gruber, *Von Gott reden in geschichtsloser Zeit. Zur symbolischen Sprache eschatologischer Hoffnung* (Freiburg i. Br.: Herder, 1997), p. 194.

[18] Michael Sievernich, *Die christliche Mission. Geschichte und Gegenwart* (Darmstadt: Wissenschaftliche Buchgesellschaft, 2009), p. 151.

Die systematische Theologin Margit Eckholt hat schon vor Jahren in einer umfangreichen Studie darauf hingewiesen, dass die Weltkirche ihr eigenes interkulturelles Potential – trotz seiner Wiederentdeckung am Zweiten Vatikanischen Konzil – theologisch und pastoral noch nicht eingeholt habe; dementsprechend "gehört zur wissenschaftstheoretischen Grundlegung der Theologie heute die Fähigkeit der 'Über-Setzung' in unterschiedlichste Sprachformen, die Fähigkeit eines je neuen Perspektivenwechsels"[19]. Zudem macht Eckholt eine bemerkenswerte Einsicht geltend: Der "Fortschritt" des Zweiten Vatikanums besteht nicht darin, dass es die Mission abgeschafft hätte – eine Behauptung sowohl von Gegnern als auch von Befürwortern der "Mission", für die es in den Texten der Konzils nicht den geringsten Anhalt gibt –, sondern vielmehr darin, dass es sie als fundamentales Prinzip der Kirche neu entdeckte. Mit anderen Worten: das Zweite Vatikanische Konzil markiert den Übergang von einer monokulturell-eurozentrischen Kirche zu einer missionarisch-nachkonstantinischen Weltkirche. "Die Freiheit der Kirche jeder Kultur gegenüber ist Ausgangspunkt für den Aufbruch aus ihrer Verhaftung in die westlich-abendländische Kultur, für einen ganz neuen 'missionarischen' Ansatz [...]."[20]

"Interkulturalität" ist also kein Trend, den die Kirche übernimmt, sondern ihre ureigenste Verfasstheit als einer Glaubensgemeinschaft, die in prinzipiell *allen* kulturellen Traditionen lebt und arbeitet, betet und feiert, Diakonie und Theologie betreibt, Gemeinden bildet und Ämter überträgt. Das bedeutet für die Begriffe, Kategorien und Methoden theologischen Denkens, dass es eine prinzipielle Übersetzungsmöglichkeit zwischen ihnen geben muss, wie dies Hans Kessler mit Blick auf kontextuelle Christologien hervorhob hat: "Alles christlich und christologisch Wichtige lässt sich in allen Sprachen sagen."[21] *Katholisch* (im umfassenden, nicht konfessionell enggeführten Sinn) ist eine Theologie nicht dann, wenn sie ein bestimmtes Begriffssystem in alle Welt exportiert, sondern genau dann, wenn sie eine interkulturelle Vermittlungs- und Übersetzungskompetenz aufweist und dadurch die behauptete "Universalität" ihrer Botschaft vollzieht.

1.4 Apologetik

Verantwortung eines Wortes, "*des* Wortes", kann auf Widerspruch und Widerstand stoßen. Theologie ist daher immer auch angefragt und angefochten – eine

[19] Margit Eckholt, *Poetik der Kultur. Bausteine einer interkulturellen dogmatischen Methodenlehre* (Freiburg i. Br.: Herder, 2002), p. 49.

[20] Ibid., p. 328f.

[21] Hans Kessler, "Partikularität und Universalität Jesu Christi. Zur Hermeneutik und Kriteriologie kontextueller Christologie", in Raymund Schwager, ed., *Relativierung der Wahrheit? Kontextuelle Christologie auf dem Prüfstand* (QD 170, Freiburg i. Br.: Herder, 1998), pp. 106-155, p. 153.

Erfahrung, die sich tief ins Gedächtnis kirchlichen Lebens eingegraben hat und in der Neuzeit zur Ausbildung der klassischen drei "*demonstrationes*" geführt hat, die nicht nur eine "Apologie" für Religion, Christus und Kirche (so die bekannten drei Traktate) unternahmen, sondern überhaupt "*Apologetik*" als eine Art "Verteidigungswissenschaft" für den Glauben zur Folge hatten. Das "Apologetische" aber ist der Kirche nicht gut bekommen; bis heute stoßen sich Menschen an Haltungen, die sie als engstirnig, einseitig verteidigend und verurteilend erfahren.

Dabei steht der Begriff "Apologetik" schon am allerersten Anfang christlichen Lebens für eine bestimmte, klar angegebene Tätigkeit: In 1 Petr 3,15, der "klassischen" Begründungsstelle für die Fundamentaltheologie, ist davon die Rede, dass diejenigen (Christen), von denen eine "Sinnrechenschaft" über die Hoffnung, die in ihnen ist, verlangt wird, stets zu einer "*apología*" bereit sein sollten.[22] Eine solche "Apologie" ist aber nicht bloß eine Kritik an den Gegnern des Christentums, sondern der mühsame, intellektuell, kommunikativ und sozial herausfordernde Versuch, denen, die nach dem "Sinn" dieses Glaubens fragen, eine tragfähige Antwort anzubieten.[23] In 1 Petr 3,15 klingt der juristische Hintergrund von "*apología*" durch: eine Verteidigungsrede vor Gericht zu halten. Eine "Apologie" war eine Rede, die Gründe *zugunsten* eines Angeklagten vorbrachte; der "Apologet" war nicht Kritiker und Ankläger, sondern Verteidiger eines Angeklagten – ein Szenario, das im konkreten und im übertragenen Sinn für Christen relevant war. Zum einen waren sie in der Antike tatsächlich immer wieder wegen ihrer Lebensführung und damit zusammenhängender Implikationen angeklagt, und es brauchte Menschen, die eine Verteidigung der Christen übernahmen;[24] zum anderen ging es im Raum öffentlicher Auseinandersetzungen um (religiöse) Wahrheitsansprüche darum, die Option für ein Leben aus dem christlichen Glauben als sinnvoll, vernünftig und nachvollziehbar aufzuweisen. In diesem Zusammenhang erwies sich das Christentum nicht als "esoterisch", sondern als "apologetisch": es stellte sich den Anfragen und ging auf die Kritik ein. Max Seckler versteht "Apologie" in diesem Sinn als "Bewährung einer Botschaft in den Horizonten der Wahrheitsfrage", die von der Annahme ausgeht, "dass der Wahrheitsanspruch und die Wahrheitsbewandtnis des Chris-

[22] Vgl. die detaillierten Erläuterungen von Max Seckler, "Fundamentaltheologie: Aufgaben und Aufbau, Begriff und Namen", in *Handbuch der Fundamentaltheologie*: Vol. 4 (Anm. 7), pp. 331-402; p. 351-357.

[23] Deswegen heißt es nach der viel zitierten Stelle in 1 Petr 3,15 (Einheitsübersetzung): "Seid stets bereit, jedem Rede und Antwort zu stehen, der nach der Hoffnung fragt, die euch erfüllt", im folgenden Vers: "Aber antwortet bescheiden und ehrfürchtig […]".

[24] Vgl. die Vielzahl antiker Formen von "Apologie" bei Michael Fiedrowicz, *Apologie im frühen Christentum. Die Kontroverse um den christlichen Wahrheitsanspruch in den ersten Jahrhunderten* (Paderborn: Ferdinand Schöningh, [2]2001).

tentums in der Begegnung mit anderen Kulturen und Traditionen argumentativ und vernunfteinsichtig einlösbar sind"[25].

Von daher lässt sich mit gutem Recht behaupten, dass die Grammatik christlich-theologischer Diskurse von einer Offenheit zur "Apologetik" geprägt ist, die aber nicht in einer Verurteilung von Kritikern oder in einem rationalistischen "Beweis" für die "Wahrheit des Glaubens" besteht, sondern in einem Plausibilitätsaufweis für eine Lebensoption, die sich in einer Praxis christlicher Hoffnung verwirklicht.

Die Überlegungen zur theologischen Erkenntnislehre haben die Thematik "Unsterblichkeit" nicht aus den Augen verloren, sondern einige wichtige Voraussetzungen in Erinnerung gerufen, die – zumindest aus christlich-theologischer Sicht – für einen interkulturell und interreligiös verantwortungsvollen Umgang mit solchen Fragen unabdingbar sind. Die Herausforderung interreligiöser Vergleiche, die sich beim Thema "Unsterblichkeit" unweigerlich stellt, soll im zweiten Teil dieses Beitrags zur Sprache kommen.

2. Kriterien interreligiöser Vergleiche

Eine Themenstellung wie "Unsterblichkeit" ist wie geschaffen dafür, interreligiöse Verwechslungen und Missverständnisse zu produzieren. Nicht selten werden ähnlich lautende Begriffe einfach identifiziert und so zum Beispiel alles, was irgendwie mit "Unsterblichkeit" zu tun hat, in einen Topf geworfen. Ein (selbst-)kritischer Blick auf die vorausgesetzten Einteilungen, Kategorisierung und Kriterien sowie ein aufmerksamer Bezug auf wichtige "Orte" der Wahrheitsfindung kann helfen, falsche Identifizierungen und religionstheologische Fehlschlüsse zu verhindern.

Darüber hinaus ist zu bedenken, dass nicht nur die Einteilungsmuster und Begrifflichkeiten, mit denen religiöse Phänomene und Elemente kategorisiert werden, immer wieder hinterfragt werden müssen, sondern auch die – fraglos vorausgesetzte – Identität von "Religion(en)". Rainer Flasche macht darauf aufmerksam, "dass es 'die' Religion nicht gibt und die historischen Religionen weder ein Teil der 'Religion' sind noch in ihrem Religionsein auf die eine wahre Religion angelegt oder auf sie hingeordnet sind"[26]. Flasche versteht den Oberbegriff "Religion" als "eine Chiffre für eine Reihe von empirischen Zusammenhängen – z. B. Verhaltensweisen, Vergesellschaftungsformen, Handlungsabläufe, Lehr- und Glaubenssysteme usw., die je und je eine bestimmte Wahrheitswirklichkeit für

[25] Max Seckler, *Fundamentaltheologie* (Anm. 22), p. 341.

[26] Rainer Flasche, *Religionswissenschaft-Treiben. Versuch einer Grundlegung der Religionenwissenschaft* (Marburger Religionsgeschichtliche Beiträge, ed. Rainer Flasche, Vol. 5, Berlin: LIT, 2008), p. 123f.

sich reklamieren"[27], aber nicht als klar vorgegebene Größe, in die sich dann beispielsweise verschiedene Variationen von "Unsterblichkeitsvorstellungen" einfügen lassen. Der Berliner Religionswissenschaftler Hartmut Zinser unterstreicht die für interreligiöse Vergleiche wichtige Einsicht, dass "Religionen" und "religiöse Phänomene" nicht Wirklichkeiten bilden, die einfach nur "entdeckt" werden müssen, sondern Traditionen darstellen, die "Ergebnis eines gesellschaftlichen Selbstverständigungsprozesses"[28] sind. Damit etwas "religiös" ist, muss es von anderen gesellschaftlichen und kulturellen Bereichen unterschieden und in einem geistigen und sozialen Prozess der Deutung als solches anerkannt werden: "Den einzelnen Objekten, Lehren, Vorstellungen haftet die Qualität Religion nicht durch sich selbst an, sondern weil Menschen ihnen diese zuschreiben."[29] Interreligiöse Vergleiche können deshalb nicht einfach von invarianten Zugehörigkeiten, Identitätsmerkmalen und Strukturen ausgehen, sondern müssen – auch bei einem Thema wie "Unsterblichkeit" – von sozialen und gesellschaftlichen Abhängigkeiten, Verschiebungen und Transformationen ausgehen. Nur durch das Ernstnehmen kontextueller Bedingungen werden interreligiöse Vergleiche der Realität gerecht.

2.1 Bezug auf menschliche Grundfragen

Ein Hauptkriterium für gelingende interreligiöse Vergleiche sind die Grundfragen der Menschen (wohlgemerkt: *aller* Menschen, nicht nur der Glaubenden). Bevor in einzelnen Religionen bestimmte Elemente und Aspekte ausfindig gemacht werden, die dann aufwändig und detailliert miteinander verglichen werden, sollte bewusst sein, was die maßgeblichen Fragen sind, auf die Menschen von den Religionen eine Antwort erwarten. Das Zweite Vatikanische Konzil hat diesen Ansatz bei den Grundfragen der Menschen gewählt, um in deren Licht die unterschiedlichen Positionen und Traditionen der einzelnen Religionen wahrzunehmen:

> Die Menschen erwarten von den verschiedenen Religionen Antwort auf die ungelösten Rätsel des menschlichen Daseins, die heute wie von je die Herzen der Menschen im tiefsten bewegen: Was ist der Mensch? Was ist Sinn und Ziel unseres Lebens? Was ist das Gute, was die Sünde? Woher kommt das Leid, und welchen Sinn hat es? Was ist der Weg zum wahren Glück? Was ist der Tod, das Gericht und die Vergeltung nach dem Tode? Und schließlich: Was ist jenes letzte und unsagbare Geheimnis unserer Existenz, aus dem wir kommen und wohin wir gehen?[30]

[27] Ibid. S. 56.

[28] Hartmut Zinser, *Grundfragen der Religionswissenschaft* (Paderborn: Schöningh, 2010), p. 68.

[29] Ibid. 74.

[30] Erklärung des Zweiten Vatikanischen Konzils über die Haltung der Kirche zu den nichtchristlichen Religionen: *Nostra aetate*, Nr. 1.

Dieser Schlüsseltext des Konzils, der übrigens in Gaudium et spes 10 eine Parallelstelle hat,[31] benennt das, was *allen* Menschen gemeinsam ist und als zentrales Kriterium interreligiöser Dialoge zur Geltung kommt: die Frage nach Sinn und Ziel des menschlichen Lebens. Themen wie Liebe und Freundschaft, Gemeinschaft und persönliche Identität, Krankheit und Leid, Heil und Tod, die eng mit dieser Grundfrage zusammenhängen, treiben jeden Menschen um, ganz gleich, ob er einer Religion angehört oder nicht oder in welcher religiösen Tradition er steht. Der Text von *Nostra aetate* 1 stülpt keine fertige Antwort über die Fragen, sondern eröffnet die Perspektive auf jenes "*ultimum et ineffabile mysterium*", das als Ursprung und Ziel menschlicher Existenz erscheint. Antworten werden erwartet, aber nicht vorgegeben, wie Roman Siebenrock in seinem Kommentar anmerkt: "Wie diese Antworten lauten oder ob die Religionen die Erwartungen erfüllen, ist dadurch ebenso wenig festgelegt wie die Frage, wie diese Antworten zu bestimmen seien. Der Religionsbegriff ist anthropologisch korrelativ eingeführt, aber dadurch nicht erfüllungskorrelativ fixiert."[32]

Zwar sind auch menschliche "Grundfragen" kulturell und gesellschaftlich verortet und werden in der expliziten und idealen Form, wie sie im Konzilstext formuliert wurden, nicht gestellt; dennoch sind sie Teil der *conditio humana*, auf die bei interreligiösen Vergleichen Bezug genommen werden muss, soll etwa eine Auseinandersetzung mit "Unsterblichkeit" nicht zu einer rein theoretischen Diskussion werden, die an der konkreten Frage nach Glück und Heil, Tod und Vollendung des Menschen völlig vorbeigeht.

2.2 Bezug auf die "Zeichen der Zeit"

Die Fragen, die Menschen im Innersten bewegen, sind nicht nur "immer und überall" gegeben, sondern können in bestimmten gesellschaftlichen Umbruchssituationen in besonderer Weise aufbrechen. Solche bedrängenden Erfahrungskontexte, in denen sich eine Herausforderung meldet, die alle unausweichlich betrifft, nennt die katholische Theologie "Zeichen der Zeit". Sie stellen Zumutungen dar, die etwas "zu sagen haben" und dem Menschen eine Antwort abverlangen, wie etwa die gesellschaftliche Veränderung von Partnerschaft und Fami-

[31] Es "wächst angesichts der heutigen Weltentwicklung die Zahl derer, die die Grundfragen stellen oder mit neuer Schärfe spüren: Was ist der Mensch? Was ist der Sinn des Schmerzens, des Bösen, des Todes – alles Dinge, die trotz solchen Fortschritts noch immer weiter bestehen? Wozu diese Siege, wenn sie so teuer erkauft werden mussten? Was kann der Mensch der Gesellschaft geben, was von ihr erwarten? Was kommt nach diesem irdischen Leben?" (Pastoralkonstitution des Zweiten Vatikanischen Konzils über die Kirche in der Welt von heute: *Gaudium et spes*, Nr. 10).

[32] Roman Siebenrock, "Theologischer Kommentar zur Erklärung über die Haltung der Kirche zu den nichtchristlichen Religionen Nostra Aetate", in *Herders Theologischer Kommentar zum Zweiten Vatikanischen Konzil* (Freiburg i. Br.: Herder, 2005), Vol. 3, pp. 591-693, p. 651.

lie, die Bedrohung durch nukleare Aufrüstung, die ökologische Frage, der Klimawandel, der Umbruch weltpolitischer Zusammenhänge nach 1989, die Herausforderung der globalen Migration usw. Diesen "Zeichen der Zeit" entrinnt man nicht; auch wer sie verleugnet, wird von ihrer machtvollen Dynamik erfasst. Sie bringen "die geschichtliche Instanz des *hic et nunc*"[33] zum Ausdruck, also das, was gerade jetzt ansteht, und "verweisen auf etwas, was in einem historischen Geschehen die Autorität eines Ortes hat, dem die Kirche nicht ausweichen kann"[34].

Nicht selten haben sich interreligiöse Dialoge und Vergleiche im Licht der "Zeichen der Zeit" ereignet. Ein besonderes Beispiel dafür ist die Einberufung des Weltgebetstreffens vom 27. Oktober 1986 durch Papst Johannes Paul II. nach Assisi. Es fand angesichts der bedrängenden Frage statt, ob und inwiefern die verschiedenen religiösen Traditionen dieser Welt etwas zum Frieden beitragen können. Der damalige Vorsitzende der Päpstlichen Kommission "*Iustitia et Pax*", Kardinal Roger Etchegaray, erläuterte dieses interreligiöse Ereignis angesichts eines fundamentalen "Zeichens der Zeit":

> [...] Wir sind als Vertreter vieler Religionen aus allen Teilen der Welt gekommen und finden uns in voller Übereinstimmung mit unseren eigenen Religionen zusammen im vollen Bewusstsein dessen, was wir auf Grund unseres jeweiligen Glaubensbekenntnisses sind. Wir sind hier versammelt, ohne auch nur im geringsten Grenzen zu verwischen. Das macht die Tiefe und den Wert unseres gemeinsamen Betens aus. Jede der Religionen, zu der wir uns bekennen, zählt den inneren Frieden und den Frieden unter den einzelnen Menschen wie den Völkern zu ihren Zielen. Jede von ihnen strebt dieses Ziel auf ihre eigene, unverwechselbare und durch nichts zu ersetzende Weise an [...].[35]

Papst Johannes Paul II. brachte diesen Zusammenhang in seiner Abschlussansprache noch deutlicher auf den Punkt:

> [...] Wenn es auch zwischen uns viele und bedeutsame Unterschiede gibt, ist es nicht dennoch richtig zu sagen, dass es auf der tieferen Ebene der Menschlichkeit einen gemeinsamen Grund gibt, von wo her es zusammenzuarbeiten gilt für die Lösung dieser dramatischen Herausforderung unserer Zeit: wahrer Friede oder katastrophaler Krieg?[36]

Diesen "gemeinsamen Grund" zu finden, um zur Lösung aktueller Probleme beizutragen, ist eine Möglichkeit, religiöse Differenzen für eine kreative Ausei-

[33] Giuseppe Ruggieri, "Zeichen der Zeit. Herkunft und Bedeutung einer christlich-hermeneutischen Chiffre der Geschichte", in Peter Hünermann, ed., *Das Zweite Vatikanische Konzil und die Zeichen der Zeit heute* (Freiburg i. Br.: Herder, 2006), pp. 61-70; p. 64.

[34] Hans-Joachim Sander, "Theologischer Kommentar zur Pastoralkonstitution über die Kirche in der Welt von heute Gaudium et spes", in *Herders Theologischer Kommentar zum Zweiten Vatikanischen Konzil* (Freiburg i. Br.: Herder, 2005), Vol. 4, pp. 581-886, p. 597.

[35] Zitiert nach: *Die Friedensgebete von Assisi*. Einleitung von Franz Kardinal König, Kommentar von Hans Waldenfels (Freiburg i. Br.: Herder, 1987), p. 17.

[36] Ibid. 51.

nandersetzung fruchtbar zu machen und bei der Suche nach interreligiösen Äquivalenten (Stichwort "Unsterblichkeit") die "Zeichen der Zeit" als Chance und Krise des Menschlichen einzubeziehen.

2.3 Bezug auf den "Sitz im Leben" einer Religion

Die Wahrnehmung menschlicher Grundfragen und die Berücksichtigung der "Zeichen der Zeit" sind eine letztlich unverzichtbare Maßnahme, um religiöse Bezüge und interreligiöse Vergleiche nicht ortlos werden zu lassen; die Frage nach "Religion(en)" kann nicht abseits der bedrängenden Herausforderungen der Menschen gestellt werden. Zu diesem lebenswichtigen Außenbezug von Religionen gehört auch ein sensibler Umgang mit der inneren Konstellation religiöser Ordnungen. *Inter*religiöse Vergleiche müssen die *intra*religiösen Differenzen und Variationen ernst nehmen und dürfen nicht die Plausibilitäten der eigenen Überzeugung in fremde religiöse Zugehörigkeiten hineinprojizieren.

Egal, ob Vergleiche "deduktiv" (also ausgehend von Prinzipien und Kategorien, nach denen religiöse Phänomene geordnet werden) oder "induktiv" (ausgehend vom empirischen Material, das nach bestimmten Typen geordnet wird) erfolgen[37]; sie müssen nach Klaus Hock immer den Gesamtzusammenhang religiöser Überzeugungen beachten. Im Besonderen sind vier Punkte zu beachten:[38] Erstens sollte nur das aufeinander bezogen werden, was auch vergleichbar ist. Es macht zum Beispiel wenig Sinn, die "Heiligen Schriften" mehrerer Religionen miteinander zu vergleichen, ohne die spezifische Bedeutung dieses Begriffs in der einen oder anderen Religion zu berücksichtigen. Zweitens sollte das, was verglichen wird, nicht nur mit einem Oberbegriff beschrieben, sondern detailliert analysiert werden. So kann etwa die Hoffnung auf "Unsterblichkeit", die in einer religiösen Tradition zum Ausdruck kommt, in einer anderen etwas völlig anderes bedeuten. Drittens muss der Gesamtzusammenhang, in dem ein bestimmtes religiöses Phänomen steht, beachtet werden, damit nicht ein Element, das in der Religion A von zentraler Bedeutung ist, mit einem gleichlautenden Element in einer Religion B verglichen wird, wo es möglicherweise nur ein Randdasein fristet. Praktiken des Fastens im Judentum, im Islam und in den Hindu-Traditionen weisen gewiss Ähnlichkeiten im äußeren Vollzug auf, haben aber einen unterschiedlichen "Sitz im Leben" innerhalb des religiösen Kontextes, in dem sie stehen. Und viertens ist auf den Lebensbezug religiöser Elemente zu achten. Immer wieder kommt es vor, dass Außenstehende eine bestimmte religiöse Praxis als wichtig und entscheidend herausstellen, während sie für die Angehörigen dieser Religion nur von historischem Wert oder überhaupt irrelevant ist. Nicht selten wird ein hochspezielles und partikuläres Moment als "typisch"

[37] Vgl. Klaus Hock, *Einführung in die Religionswissenschaft* (Darmstadt: Wissenschaftliche Buchgesellschaft, 2002), p. 73.

[38] Vgl. ibid. 72.

oder "zentral" für eine Religion angesehen – was zu entsprechenden Irritationen, Missverständnissen und Fehlinterpretationen zwischen Angehörigen unterschiedlicher Religionsbekenntnisse führt.

Bei allen interreligiösen Vergleichen ist schließlich eine Gefahr zu beachten, die man als "Innen-Außen-Homogenisierung" bezeichnen könnte. Elmar Holenstein, einer der Pioniere interkulturellen Philosophierens im deutschsprachigen Raum, hat dieses Problem in verschiedenen Zusammenhängen aufgezeigt; was er mit Blick auf interkulturelle Vergleiche verdeutlicht, gilt auch für die Auseinandersetzung mit unterschiedlichen religiösen Traditionen. Seine Kritik lautet kurz gefasst: Kulturen bilden nicht homogene Identitäten, die sich "eindeutig" voneinander unterscheiden, sondern weisen in sich eine Pluralität von Identitätsmerkmalen sowie eine Differenziertheit auf, die nicht selten größer ist als die interkulturellen Differenzen. Die vierte seiner zehn "tentativen Thesen" lautet:

> Was Kulturen unterscheidet, ist weniger eine spezifische Eigenschaft oder ein spezifisches Bündel von Eigenschaften, das einer von ihnen ausschließlich eigen ist, als der unterschiedliche Stellenwert, der in ihnen einzelnen Eigenschaften zukommt. Was eine Kultur von einer anderen unterscheidet, ist eine unterschiedliche Hierarchie von Eigenschaften, die sich auch in anderen Kulturen finden. Unterschiedliche Eigenschaften sind stärker oder weniger stark ausgebildet. Unterschiedliche kulturelle Richtungen dominieren.[39]

Diese Dekonstruktion kultureller Exklusivismen und Essentialismen verbindet Holenstein mit einer Umkehr gewohnter hermeneutischer Abgrenzungen: "Interkulturelle Variationen sind intrakulturellen Variationen vergleichbar und nicht selten nicht größer als diese."[40] Diese Analyse ist auch für interreligiöse Vergleiche wichtig und hilft, die konkrete Vielfalt religiöser Ausprägungen innerhalb und außerhalb bestimmter Traditionen wahrzunehmen. Wenn etwa der Religionsphänomenologe Friedrich Heiler in einem Beitrag bereits vor Jahrzehnten schrieb: "So finden wir die allerverschiedensten Vorstellungen vom ewigen Leben im Christentum", und die Absicht kritisiert, "diese verschiedenartigen Komplexe miteinander zu harmonisieren"[41], legt er ein religionswissenschaftlich geschärftes und differenziertes Methodenbewusstsein an den Tag und zwingt eigene und fremde religiöse Vorstellungen nicht in ein Identitätskonzept, das der gelebten Wirklichkeit nicht standhält. Eine solche kritische Einstellung aber ist Voraussetzung für eine religionswissenschaftliche und theologische Analyse, die den konkreten "Sitz im Leben" einer Religion nicht verfehlt.

[39] Elmar Holenstein, "Interkulturelle Beziehungen – multikulturelle Verhältnisse. Im Ausgang von Japan-Berichten in der westdeutschen Presse", in ders., *Menschliches Selbstverständnis. Ichbewusstsein – Intersubjektive Verantwortung – Interkulturelle Verständigung* (stw 534, Frankfurt: Suhrkamp, 1985), pp. 104-180, p. 137.

[40] Ibid. 149.

[41] Friedrich Heiler, *Unsterblichkeitsglaube und Jenseitshoffnung in der Geschichte der Religionen* (Glauben und Wissen, Nr. 2, München-Basel: Ernst Reinhardt, 1950), p. 29.

2.4 Bezug auf kulturelle Identität

Damit interreligiöse Vergleiche nicht an Idealen oder Konstruktionen hängen bleiben, sondern an der gelebten Wirklichkeit einer Glaubenstradition Anhalt haben, ist ein Einbezug der *kulturellen* Kontexte religiösen Lebens nötig. Religionen existieren nicht als überkulturelle Realität, sondern sind unlösbar verwoben in jenes "Netz der Bedeutungen"[42], das menschliche Erfahrungswelten zuinnerst prägt. Die aktuelle *kulturwissenschaftliche* Ausrichtung der Religionswissenschaften[43] geht nicht mehr von einem zu entdeckenden "Wesen der Religion" aus, sondern begreift Religionen als gesellschaftliche und kulturelle Gebilde, die mit Deutungen versehen werden, aber nicht unabhängig von kulturellen Lebenswelten existieren.

Die Verhältnisbestimmung von kulturellen und religiösen Dimensionen eines Lebensfeldes gestaltet sich schwierig und kontrovers, besonders dann, wenn eine religiöse Tradition in einer Gesellschaft eine Monopolstellung innehat. Welches Symbol, welches Ritual, welche Norm, die von Relevanz ist, muss als "religiös", welche als "kulturell" beurteilt werden? Gibt es Kriterien, um hier eine sinnvolle Unterscheidung treffen zu können? Wenn keine Differenz aufweisbar ist: was unterscheidet "Religion" dann noch von "Kultur"? Es ist tatsächlich in vielen Fällen schwer, eindeutig Position zu beziehen, und es empfiehlt sich – angesichts mancher hoch aufgeladener Konflikte , mit der Qualifikation "religiös" zurückhaltend umzugehen. Oft genug zeigt sich der historische Befund, dass Elemente, denen ein explizit religiöser Status zugewiesen wird, durch soziale Deutungsprozesse geprägt wurden und manchmal erst später in den Rang des "Religiösen" erhoben wurden; salopp formuliert: nicht überall, wo "Religion" draufsteht, ist sie auch drin.

Die spezifische Differenz zwischen "Religion(en)" und "Kultur(en)" besteht meines Erachtens im *Heils*anspruch, den Religionen erheben. Kulturelle Identitäten sind geprägt durch Sinnorientierung,[44] religiöse Identitäten durch Heils- und Erlösungsvorstellungen. "Denn in allen Religionen geht es darum, etwas Unheiles heil zu machen, zu heilen."[45] Mit dieser Bestimmung lässt sich zwar "Religion" nicht eindeutig von "Kultur" abtrennen, aber im Kontext gesell-

[42] "Kultur ist das Geflecht von Bedeutungen, in denen Menschen ihre Erfahrung interpretieren und nach denen sie ihr Handeln ausrichten" (Clifford Geertz, "Ritual und sozialer Wandel: ein javanisches Beispiel", in ders., *Dichte Beschreibung. Beiträge zum Verstehen kultureller Systeme* [stw 696, Frankfurt: Suhrkamp, ^{4}1995], pp. 96-132; p. 99).

[43] Vgl. Hans G. Kippenberg, Kocku von Stuckrad, *Einführung in die Religionswissenschaft. Gegenstände und Begriffe* (München: C. H. Beck, 2003).

[44] Vgl. die These von Thomas Göller, *Kulturverstehen. Grundprobleme einer expistemologischen Theorie der Kulturalität und kulturellen Erkenntnis* (Würzburg: Königshausen & Neumann, 2000), "dass *Kulturalität* als menschliche Sinnbestimmtheit bzw. als Selbstgebung von Sinn mit allen Implikationen auszufassen ist" (ibid. p. 449).

[45] Rainer Flasche, *Religionswissenschaft-Treiben* (Anm. 26), p. 164.

schaftlich wirksamer Überlieferungen, Deutungsprozesse, Symbole und ethischer Normen ein Kriterium benennen, das die Suche nach "Sinn" und den Anspruch auf "Heil" nicht identifiziert.

Diese Differenzierung kann im interreligiösen Vergleich wichtig werden, wenn vorgebliche "religiöse Wahrheiten" oder theologische Behauptungen als "falsch" oder "unvereinbar" mit einer anderen religiösen Tradition gesehen werden, weil etwa bestimmte kulturelle Vorgaben als religiöse Wahrheitsansprüche ausgegeben werden. Ein Beispiel für eine solche Verwechslung bietet Aloysius Pieris SJ anhand des Begriffs "Reinkarnation". Während die traditionelle Gegenüberstellung von Christentum und Buddhismus ein klares "Ja"/"Nein" zur so genannten "Reinkarnation" formulierte, fragt Pieris nach vergleichbaren theologischen Deutungsmustern (die katholischerseits etwa durch die Lehre vom "Fegefeuer" gegeben sind) sowie nach kulturellen Voraussetzungen. Während im Kontext einer "kosmischen Religiosität" die Bedeutung von "Unsterblichkeit" als "physische[s] Fortbestehen des Vaters in seiner eigenen Nachkommenschaft" verstanden wurde und diese spirituelle Erfahrung durch "eine heilige Bezogenheit auf diese Welt" charakterisiert war,[46] kam diese zentrale religiöse Erwartung in Folge tief greifender gesellschaftlicher Veränderungen im Rahmen einer neuen, metakosmischen Weltsicht als "Befreiung von der Welt" zur Geltung; wer den Status der "Unsterblichkeit" erlangte, wurde nicht mehr in dieser Welt wiedergeboren.[47] Das Verständnis von "Unsterblichkeit" und "Reinkarnation" variiert also beträchtlich zwischen dem Kontext einer "kosmischen" und einer "metakosmischen" religiösen Kultur.

Das Beispiel zeigt, dass ein interreligiöser Vergleich die kulturellen Plausibilitäten und Deutungshorizonte berücksichtigen muss, um nicht religiöse Wertungen und Generalisierungen vorzunehmen, die letztlich mehr mit kulturellen Prägungen als mit religiösen Heilsüberzeugungen zu tun haben. Dennoch: eine eindeutige Scheidung in kulturelle "Sinndeutungen" und religiöse "Heilsansprüche" wird kaum möglich sein.

3. Die Frage nach "Unsterblichkeit" als Verheißung von Freiheit und Zukunft

Der Blick auf die "Grammatik" theologischer Aussagen und die Auseinandersetzung mit den Herausforderungen interreligiöser Vergleiche hat *inhaltlich* auf die Frage, was denn nun "Unsterblichkeit" bedeute, noch nicht viel beigetragen. Auch wenn ein unmittelbarer Einstieg in Texte, Bilder und Symbole zur Thematik "Unsterblichkeit" spannender sein mag als die mühsame Differenzierung von Aussageweisen theologischer Rede und Bezugsfelder interreligiöser Vergleiche,

[46] Aloysius Pieris, "Reinkarnation im Buddhismus. Eine christliche Bewertung", *Concilium* 29 (1993), pp. 389-393, p. 391.

[47] Vgl. ibid. 391f.

darf die (fundamental-)theologische und religionswissenschaftliche Reflexion nicht übersprungen werden; viel zu oft werden Themen und Versatzstücke aus religiösen Kontexten "eindrucksvoll" präsentiert (wobei hier besonders an die östlichen religiösen Traditionen zu denken ist), aber nicht wirklich in ihrem gesellschaftlichen und kulturellen Zusammenhang gesehen und auf wissenschaftlich redliche Weise mit anderen Religionen in Beziehung gesetzt. Von daher soll die Frage nach "Unsterblichkeit" in einer christlich-theologischen Perspektive als Diskurs begriffen werden, der die Möglichkeit von Freiheit und Zukunft des Menschen thematisiert.

3.1 "Unsterblichkeit" gehört zu den zentralen Topoi der Religionsgeschichte

Es steht außer Frage, dass es beim Thema "Unsterblichkeit" nicht um ein Rand- oder Spezialthema geht, sondern um einen Topos, der die Menschheit seit jeher bewegt. "Der Glaube, dass dem biolog[ischen] Tod des Menschen ein (wie auch immer geartetes) Weiterleben folgt, gehört zu den Grundüberzeugungen der meisten Religionen."[48] Die Auseinandersetzung mit dem Schicksal der Sterblichkeit, die Suche nach einer Überwindung des Todes, das Motiv des Ringens, ja des Kampfes um ein Mittel, das "Unsterblichkeit" schenkt[49] sowie der Versuch, postmortale Existenzformen zu beschreiben,[50] gehören zu den grundlegen-

[48] Martin Ott, "Unsterblichkeit, Unsterblichkeit der Seele. II. Religionsgeschichtlich", in Walter Kasper, ed., *Lexikon für Theologie und Kirche* (Freiburg i. Br.: Herder, 2001), Vol. 10, pp. 433-434; p. 433.

[49] Ich erinnere mich an eine fesselnde Geschichte aus einem Sagenbuch, das ich als Kind las. Es ging dabei um den Versuch, das "Amrita" zu gewinnen, den "Trank der Unsterblichkeit". Der Gott Wischnu gab dazu die Anleitung: Die Dewas und Asuras sollten das Wasser des Ozeans, in das Edelsteine und Heilkräuter geworfen wurden, mit einem gigantischen Quirl aufrühren – ein Werk, das die Weltschlange Anata vollbrachte. Als der Trank der Unsterblichkeit gewonnen war, verwandelte sich Wischnu in eine überaus schöne Frau, die die Asuras betörte, sodass sie nicht merkten, dass das Amrita nur an die Dewas, nicht aber an sie ausgeteilt wurde. Einzig Rahu, ein Angehöriger der Asuras, merkte den Betrug und nahm in Gestalt eines Dewa einen Schluck aus dem Krug, den Wischnu austeilte. Auch als Wischnu blitzschnell den Kopf Rahus mit einem Schwert abhieb – es war zu spät: dieser war bereits unsterblich geworden. Daraufhin erhob sich ein fürchterlicher Kampf zwischen den Asuras, die betrogen worden waren, und den Dewas, denen der Tod nichts mehr anhaben konnte. Die Asuras konnten diesen Kampf nicht gewinnen; sie wurden zu Dämonen, die in diesem Weltzeitalter mit der Macht der Finsternis gegen das Gute (verkörpert durch die Dewas) ankämpfen. – Vgl. "Dewas und Asuras: Wie die Götter unsterblich wurden", in Inge Dreecken, Walter Schneider, *Die schönsten Sagen des Morgenlandes* (München: Südwest, 1971), pp. 246-254.

[50] Vgl. eine Vorstellung aus dem alten Ägypten: "[…] du wirst die Gestalt eines Reihers oder einer Schwalbe, eines Falken oder einer Rohrdommel annehmen, was immer du wünschest. Du wirst auf der Fähre kreuzen und nicht umkehren lassen, du wirst auf den Überschwemmungswassern segeln, und dein Leben wird von neuem beginnen. Dein Ba [= ägyptische Seelenvorstellung in Vogelgestalt] wird nicht von deinem Körper weichen, und

den Themen vieler Texte in unterschiedlichsten religiösen Überlieferungen. Wenn also die Frage, was es mit dem Menschen angesichts des Todes sei, auch in den Texten der jüdisch-christlichen Überlieferung auftaucht, wird damit eine religiöse Menschheitsfrage aufgegriffen und auf spezifische Weise beantwortet. "Unsterblichkeit" jedenfalls ist kein ureigenes Thema christlicher Theologie, sondern ein Thema, das schon Jahrtausende zuvor als religiöses Motiv präsent war.

3.2 "Unsterblichkeit" ist ein theologisch-kontextueller Begriff

Angesichts der gegenwärtigen Kritik des Christentums in Europa, die sich auch in einer Infragestellung des Glaubens an ein "Leben nach dem Tod" manifestiert, könnte der alte und mächtige Topos "Unsterblichkeit" als religiöser Verstärker im Kontext einer säkularen Gesellschaft angesehen werden – gleichsam als unverbrauchbare Ressource religiöser Hoffnung, nachdem andere Überzeugungen verloren gegangen sind. Und tatsächlich treibt die Frage nach möglicher "Unsterblichkeit" Menschen um und lässt sie nach Antworten suchen. So attraktiv diese Thematik auch erscheinen mag – aus der Sicht christlicher Theologie ist sie als Lösungsmodell eines bestimmten kulturellen Kontextes anzusehen, aber nicht als "*die* zentrale christliche Überzeugung". Konkret heißt das, dass die Vorstellung, der Mensch bzw. seine "Seele" sei "unsterblich" oder könne es werden, vor allem dem Raum griechisch-hellenistischer Kultur und Religiosität entstammt. Die Hoffnung, dass der Mensch bei Gott Vollendung und ewiges Heil erlange, wie sie sich in der Glaubensgeschichte Israels ausbildete und auch in die Glaubensüberzeugung der christlichen Kirche einging, weist prinzipiell eine andere soteriologische Struktur auf als die Einstellung, es gäbe im Menschen ein unvergängliches Prinzip, dem auch der Tod nichts anhaben könne. Die biblische Hoffnung steht im Erfahrungszusammenhang eines personalen Glaubens und einer heilsgeschichtlichen Erfahrung, während sich die vom (Neu-) Platonismus inspirierte Einstellung im Rahmen eines kosmischen, an "Natur" orientierten Deutungsschemas bewegt.

dein Ba wird ein Gott werden mit den seligen Toten. Die vollendeten Bas werden zu dir sprechen, und du wirst mit ihnen empfangen, was es auf Erden gibt. Du wirst Macht haben über das Wasser, wirst die Luft einatmen und dich mit den Wünschen deines Herzens überfüllen. Deine Augen werden dir zum Sehen, deine Ohren zum Hören, dein Mund zum Sprechen und deine Füße zum Schreiten gegeben werden. Deine Arme und deine Schultern werden sich für dich bewegen, dein Fleisch wird fest sein, deine Muskeln geschmeidig, und du wirst frohlocken in allen deinen Gliedern. Du wirst deinen Körper prüfen und ihn heil und gesund finden, und kein Übel wird dir anhaften. Dein eigenes Herz wird mit dir sein, wahrlich, du wirst dein früheres Herz haben. Du wirst auffahren zum Himmel und die Unterwelt betreten in allen Gestalten, die du wünschest." – Zitiert nach: Mircea Eliade, *Geschichte der religiösen Ideen. Quellentexte. Übersetzt und herausgegeben von Günter Laczkowski* (Freiburg i. Br.: Herder, 1981), p. 276f.

Damit soll die Vorstellung einer "unsterblichen Seele" nicht abqualifiziert werden und auch nicht geleugnet werden, dass in der so genannten "Weisheitsliteratur" der biblischen Texte Motive der "Unvergänglichkeit"/"Unsterblichkeit" auftauchen (z. B. Weish 1,15; 2,23; 3,4; 8,17; 15,3). Unübersehbar ist jedoch, dass sich die biblische "Hoffnungslogik" nicht aus dem Vertrauen in ein "Prinzip der Unsterblichkeit" speist, sondern aus der geschichtlich erfahrenen Hoffnung, dass Gott sein Volk – und mit diesem Volk *alle Menschen* – retten wird. Medard Kehl bringt diese Einsicht systematisch auf den Punkt:

> Nicht die eigene Sehnsucht nach Unsterblichkeit projiziert ein "Weiterleben nach dem Tod", sondern die Vertiefung des Jahweglaubens führt konsequent zur hoffenden Frage nach dem Dasein der Toten.[51]

Ähnlich resümiert Hans Kessler:

> Die Frage nach der letzten Souveränität Jahwes über das Universum, nach dem siegreichen Erweis seiner universalen Herrlichkeitsmacht, treibt hier die Hoffnung auf Überwindung des Todes hervor, nicht der menschliche Wunsch nach Unsterblichkeit oder nach Vergeltung.[52]

Besonders scharf grenzt Jürgen Moltmann das (früh-)christliche Verständnis vom Kontext der hellenistischen Mysterienreligion ab, in den das Christentum eintrat. Demzufolge verliert die christliche Sicht der Geschichte ihren eschatologischen Stachel und gerät in den Bann einer kultisch vermittelten "ewigen Gegenwart", und das heißt: "Aus dem Verheißungsgeschehen, als welches das Reden und Wirken, das Sterben und Auferwecktwerden Jesu verstanden wurde, wird nun ein Erlösungsgeschehen, das in der Weise eines Mysteriendramas kultisch nachvollzogen werden kann."[53] Was der biblische Glaube als anspruchsvolle, ausstehende Verheißung des Kommenden bekenne, löse der Hellenismus gewissermaßen in die Erfahrung (bereits) gegenwärtiger Wirklichkeit auf. Wie auch immer man den Einfluss hellenistisch-griechischer Kultur und Denkform beurteilen mag – ob als bedenkliche Depotenzierung biblischer Eschatologie oder als legitime kulturelle Lebenswelt, in der sich der christliche Glaube artikulierte –, die entscheidende Differenz darf nicht verwischt werden: jüdisch-christlicher Verheißungsglaube kann sich in Kategorien von "Unsterblichkeit" ausdrücken, hängt aber nicht davon ab. Joseph Ratzinger hat diese "Grammatik biblischer Verheißung" präzise umschrieben:

[51] Medard Kehl, *Eschatologie* (Würzburg: Echter, ^{2}1988), p. 126.

[52] Hans Kessler, *Sucht den Lebenden nicht bei den Toten. Die Auferstehung Jesu Christi in biblischer, fundamentaltheologischer und systematischer Sicht. Neuausgabe mit ausführlicher Erörterung der aktuellen Fragen* (Würzburg: Echter, 1995) p. 58.

[53] Jürgen Moltmann, *Theologie der Hoffnung. Untersuchungen zur Begründung und zu den Konsequenzen einer christlichen Eschatologie* (Beiträge zur evangelischen Theologie. Theologische Abhandlungen, Band 38, München: Christian Kaiser, 1964) p. 143.

> Dieser Gott ist der Gott der Verheißung. Er ist nicht eine Naturmacht, in deren Epiphanie sich die ewige Mächtigkeit der Natur, das ewige "Stirb und Werde" zeigt; er ist nicht ein Gott, der den Menschen auf das ewig Gleiche des kosmischen Kreislaufs hinorientiert, sondern er verweist ihn auf das Kommende, auf das seine Geschichte zuschreitet, auf Sinn und Ziel, die endgültig sind – er gilt als Gott der Hoffnung auf das Künftige, eine Richtung, die unumkehrbar ist.[54]

Die Perspektive auf "Unsterblichkeit", die nicht selten als allgemein gültige religiöse Erwartung erscheint, stellt sich als eine vom Kontext griechischer Kultur geprägte Position, aber nicht als "*die* allgemein gültige" religiöse Erwartung. Für die biblischen Traditionen bleibt die Orientierung an Geschichte und Hoffnung, Zukunft und Freiheit grundlegend; sie bildet die "Matrix", von der her "Unsterblichkeit" interpretiert wird.

3.3 "Unsterblichkeit" meint die Freiheit und Zukunft des Menschen

Die Rede von "Unsterblichkeit" betrifft ein unaufgebbares Hoffnungsmoment in vielen religiösen Traditionen und auch in der jüdisch-christlichen Überlieferung.[55] Die Frage, was es um den Menschen und seine erhoffte Vollendung ist, kann in unterschiedlichen "soteriologischen Kulturen" beantwortet werden, und die christliche Theologie hat hier eine gewisse Bedeutungsvielfalt innerhalb ihrer eigenen Tradition sowie eine legitime Pluralität nichtchristlicher religiöser Antworten wahr- und ernst zu nehmen. Gerade deshalb aber hat die christliche Theologie sorgfältig auf ihre eigene Sprachgestalt zu achten. Über die Vollendung des Menschen zu sprechen heißt nicht, Verfügbares zu beschreiben, sondern Erhofftes zu antizipieren – in Bildern, in Texten, in Begriffen: "Theologische Begriffe fixieren die Wirklichkeit nicht, sondern sie werden von der Hoffnung expandiert und antizipieren zukünftiges Sein."[56]

Franz Schupp hat diesen eschatologischen Charakter theologischen Denkens konsequent herausgearbeitet. Er betont:

> Die Endgültigkeit der Offenbarung besteht daher nicht in einem wissenden Vorwegnehmen des Endes, sondern in dem Auftrag des Offenhaltens des Denkens und Handelns des Menschen auf eine letztlich nicht von ihm herstellbare und herbeiführbare

[54] Joseph Ratzinger, *Einführung in das Christentum. Vorlesungen über das Apostolische Glaubensbekenntnis* (München: Kösel, ^{4}2005), p. 114.

[55] Mit dem Begriff "jüdisch-christliche Tradition" möchte ich nicht die bleibenden theologischen Differenzen ausblenden, die zwischen dem christlichen Glauben und dem zeitgenössischen Judentum bestehen, also keine Form "jüdisch-christlicher Einheit" suggerieren (die schlussendlich von christlichen Vorgaben bestimmt wäre), sondern vielmehr die bleibende Verwiesenheit des Christentums auf seine jüdischen Wurzeln (der *keine* reziproke Verwiesenheit des Judentums entspricht!) zum Ausdruck bringen.

[56] Jürgen Moltmann, *Theologie der Hoffnung* (Anm. 53), p. 30. – "Antizipation" meint hier nicht, "jetzt schon zu wissen, was später kommt", sondern aus erfahrener Hoffnung auf die eigene Vollendung hin zu denken.

> Vollendung, die aber gerade als stets noch ausständige das Wesen des Menschen als das stets noch offene zu sich selbst bringt und darin hält.[57]

Gegenüber einer Vorstellung, der zufolge die Theologie "alles weiß", aber nur bei den so genannten "letzten Dingen" eine gewisse Unkenntnis zugeben muss, verwies Schupp auf "die biblische Denkform, in welcher Gott nicht im Rahmen einer kosmologischen Theorie, sondern durch sein geschichtliches Handeln begriffen wird"[58]. Von daher kann über "Unübersterblichkeit" nicht wie über einen Naturzustand gesprochen werden, den man entweder behauptet oder leugnet; vielmehr ist über den Menschen und sein Leben im Horizont erhoffter Vollendung zu sprechen. In diesem Zusammenhang ist es eine zentrale Aufgabe der Theologie, vermeintliche Unmittelbarkeit zu kritisieren, also den Versuch, die erhoffte Versöhnung von Freiheit und Geschichte vorschnell zu "beantworten", wie dies in politischen und religiösen Ideologien immer wieder geschieht. Schupp macht auf eine entscheidende wissenschaftstheoretische Voraussetzung theologischen Denkens aufmerksam:

> Theologie hat die geschichtlich-reale Versöhnung, die Verwirklichung von Vernunft und Freiheit nicht als Gegenstand, sondern nur als regulatives Prinzip vor sich. Die jeweils erreichbare kategoriale Gestalt als jeweils erreichbare Form ist aber wie das in ihr Reflektierte Fragment. Nur, wo dies ausdrücklich gemacht wird, kann ideologischer Schein vermieden werden.[59]

Nicht das "sichere Wissen", sondern eine "Identität als *Fragment*" ist die Lebens- und Denkform christlicher Theologie. Als glaubender Mensch über die Vollendung des Menschen zu reflektieren heißt, den Modus der Hoffnung auch für den Diskurs der Theologie wahrzunehmen und Behauptungen, die mit Totalitätsansprüchen vertreten werden, aus einem *eschatologischen* Selbstverständnis heraus zu kritisieren. In diesem Sinn, so Schupp, "findet sich theologische Rationalität dort, wo sie, selbst Reflexionsmoment an der Geschichte, diese theoretisch als möglichen Vermittlungsprozess von Freiheit so begreift, dass durch die Kritik von Totalität als verfügbarer Freiheit wie Zukunft möglich werden"[60].

Insofern der Begriff "Unsterblichkeit" eine solche Ermöglichung von Freiheit und Zukunft des Menschen bezeichnet, reformuliert er eine zentrale Hoffnung des Christen, die allerdings als Konsequenz einer heilsgeschichtlichen Erfahrung

[57] Franz Schupp, "Probleme des theologischen Geschichtsbegriffs", in Walter Raberger, Hanjo Sauer, ed., *Vermittlung im Fragment. Franz Schupp als Lehrer der Theologie* (Regensburg: Friedrich Pustet, 2003), pp. 82-92, p. 92

[58] Ibid. 82.

[59] Franz Schupp, "Vermittlung im Fragment – Überlegungen zur Christologie", in: ibid. p. 118-159, p. 141.

[60] Franz Schupp, "Bemerkungen zum Theoriebegriff in der Theologie", in ders., *Auf dem Weg zu einer kritischen Theologie* (QD 64, Freiburg i. Br.: Herder, 1974), pp. 124-158, p. 158.

und nicht als Ausdruck einer platonisierenden Anthropologie zur Geltung kommt.[61] Um es mit der eingangs zitierten Allerheiligenantiphon zu sagen: "Unsterblichkeit" scheint im Strahl jenes Lichts auf, über das kein Mensch verfügt.

[61] Hier ist an die berühmte Anmerkung von Theodor W. Adorno zu erinnern: "Die christliche Dogmatik, welche die Erweckung der Seelen mit der Auferstehung des Fleisches zusammendachte, war metaphysisch folgerechter, wenn man will: aufgeklärter als die spekulative Metaphysik; so wie Hoffnung leibhafte Auferstehung meint und durch deren Vergeistigung ums Beste sich gebracht weiß" (Negative Dialektik [stw 113, Frankfurt: Suhrkamp, [5]1988], p. 393).

HARALD FRICKE

Versuch über Kunst, Zeit und Tod

> Musik ist uralt und unheimlich jung
> Musik hat keinen Anfang und kein Ende
> Ich könnte hier ewig weiterschreiben
> *Musik ist unendlich*
> *Musik ist überirdisch*
>
> (Judith Sarah Fricke: Zwischenwelten[1])

Es begab sich im Januar 2010, dass ich vom Organisator Dimiter Daphinoff zu diesem Symposium eingeladen wurde. Und ich muss gestehen: Mir war zuerst ganz unklar, was in aller Welt denn ein frommer Heide wie ich zu dem Thema 'Unsterblichkeit' sollte beitragen können. Wenige Tage später aber brachen in Vancouver die Olympischen Winterspiele aus – und plötzlich wurde mir sonnenklar: "UNSTERBLICHKEIT – das ist so etwas wie SIMON AMMANN!"

Denn alle Berichterstatter waren sich einig (nicht nur bei uns in der Schweiz, sondern etwas neidvoll sogar unter den geschlagenen Österreichern): Gleich zweimal binnen 8 Jahren Doppel-Olympiasieger im Skispringen werden – das hatte noch nie einer geschafft, und damit hatte sich unser Simmi Nationale für alle Zeiten "*unsterblich*" gemacht!

Aber als Literaturwissenschaftler und philosophischer Ästhetiker möchte ich mich unter vielen möglichen Aspekten auf die *Kunst* und *ihre* Unsterblichkeit konzentrieren, über die ja schon Sabine Coelsch-Foisner in ihrem Beitrag, und in ganz ähnlichem Sinne, gesprochen hat.

In modernen Philosophien der Kunst ist es nun ganz auffällig, wie sehr sich immer wieder zwei Grundkategorien als zentral herausgestellt haben: die *Wiederholung* und die Struktur der künstlerischen *Zeit*.

Offenkundig ist ja in allen Bereichen die grundlegende Rolle der *Variierten Wiederholung* im künstlerischen Werk – von Farben und Formen, Rhythmen und Harmonien, Schritten und Gebärden, Bildelementen und Schnittsequenzen. Aber bei der Wiederholung scheint es sich doch um mehr noch zu handeln als nur um eine werkinterne 'Äquivalenzrelation'. In ihr zeigt sich eine weit grund-

[1] Judith Sarah Fricke, *Zwischenwelten,* ed. posth. Fabian and Harald Fricke (Zürich: Ricco Bilger, ²1998), p. 117.

sätzlichere Perspektive: die *Wiederholbarkeit* von real unwiederbringlichen Momenten durch ein künstlerisches Werk.

Indem Kunst das Vergängliche wiederholt, *holt* sie es uns *wieder*. Jedes künstlerische Tun ist ein Akt der Befreiung von den naturbedingten Verhaltensgesetzen der Zeitlichkeit. Jede Wiederholung in der Kunst bedeutet eine Auflehnung gegen die Tyrannei unumkehrbar verfließender Zeit, eine Abweichung von der unerbittlichen Norm des Vergehens:

Kunst ist Freiheit vom Gesetz der Zeit.[2]

Denn alle Kunstwerke machen Einmaliges, im realen Leben niemals genau so Wiederkehrendes *dauerhaft*, weil als Erfahrung wiederholbar:

- *Malerei* verewigt die momenthafte, mit dem Sonnenstand wechselnde Beleuchtung und Farbatmosphäre einer Landschaft, oder auch die einzelne Entwicklungsstufe eines täglich alternden Menschengesichts
- *Bildhauerei* verewigt eine sonst nie genau reproduzierbare Körperhaltung
- *Musik* verewigt, durch Fixierung von Tonhöhe, Tonlänge, Tonfolge, Tempo und Klangfarbe, einen sonst unwiederbringlich verklingenden Schall
- *Film* und *Ballett* verewigen auf je andere Weise einen Bewegungsablauf
- Und *Dichtung* verewigt als Erzähltext einen nicht anders als *episch* zu fixierenden Geschehnis-Zusammenhang; bzw. als Drama eine nicht anders als *dramatisch* zu fixierende Kette von kommunikativen Aktionen; bzw. als Gedicht eine nicht anders als *lyrisch* zu fixierende Stimmungs- oder Gedankenfolge.

Sie alle tun mit ihren künstlerischen Gestaltungsmitteln das, was unter anderem Hermann Hesse einmal stellvertretend am Beispiel eines geistlichen Gemäldes hervorgehoben hat – die Überwindung der menschlichen Sterblichkeit durch Kunst:

> Die Frau, nach der der Meister seine schöne Madonna gebildet hat, ist vielleicht schon verwelkt oder tot, und bald wird auch er tot sein, andere wohnen in seinem Haus, andere essen an seinem Tisch – aber sein Werk bleibt stehen, in der stillen Klosterkirche

[2] Harald Fricke, *Gesetz und Freiheit. Eine Philosophie der Kunst* (München: C.H.Beck, 2000), p. 220. – Näher zur empirischen Fundierung dieser ästhetischen 'Relativitäts-Formel' vgl. Harald Fricke, "Von der Speziellen zur Allgemeinen Relativitätstheorie der Kunst. Wie Goethe und Popper, Philosophie und Philologie zusammenhängen", in Hans-Uta Klein, Katja Mellmann und Steffanie Metzger, ed., *Heuristiken der Literaturwissenschaft. Disziplinexterne Perspektiven auf Literatur. [Karl Eibl zum 65. Geburtstag.]* (Paderborn: mentis, 2006), pp. 375-391.

> schimmert es noch nach hundert Jahren und viel länger, und bleibt immer schön, und lächelt immer mit dem gleichen Munde, der ebenso blühend wie traurig ist.[3]

Das weiß man im Grunde, seit es Kunst und das Nachdenken über Kunst gibt. Unendlich viel ist seither gesagt und geschrieben worden über die Philosophie der Zeit,[4] über die besondere Zeitlichkeit der Kunst[5] und speziell über die Rolle der Wiederholung.[6] Ich konzentriere mich deshalb ganz auf ihren *Zusammenhang*. Am deutlichsten unter allen Philosophen hat ihn wohl Arthur Schopenhauer herausgestellt:

> Welche Erkenntnißart nun aber betrachtet jenes außer und unabhängig von aller Relation bestehende, allein eigentlich Wesentliche der Welt, den wahren Gehalt ihrer Erscheinungen, das keinem Wechsel Unterworfene und daher für alle Zeit mit gleicher Wahrheit Erkannte [...]? – Es ist die KUNST, das Werk des Genius. Sie wiederholt die durch reine Kontemplation aufgefaßten ewigen Ideen, das Wesentliche und Bleibende

3 Hermann Hesse, *Narziss und Goldmund. Erzählung* (Suhrkamp: Frankfurt/Main, repr. 1975), pp. 160-161.

4 Vgl. zum Überblick u.a.: Walther Ch. Zimmerli and Mike Sandbothe, ed., *Klassiker der modernen Zeitphilosophie* (Darmstadt: Wissenschaftliche Buchgesellschaft, 1993); Mike Sandbothe, *Die Verzeitlichung der Zeit*, (Darmstadt: Wissenschaftliche Buchgesellschaft, 1998); Herbert Hörz: *Philosophie der Zeit. Zeitverständnis in Geschichte und Gegenwart* (Berlin: Deutscher Verlag der Wissenschaften, 1989); Robert Levine, *Eine Landkarte der Zeit. Wie Kulturen mit Zeit umgehen* (München: Piper, 1998); "Weisen der Zeitlichkeit", *Naturwissenschaft und Theologie* 12 (1970).

5 Vgl. zum Überblick u.a.: Hannelore Paflik, ed., *Das Phänomen Zeit in Kunst und Wissenschaft* (Weinheim: VCH – Acta Humaniora, 1987); Christian W. Thomsen and Hans Holländer, ed., *Augenblick und Zeitpunkt. Studien zur Zeitstruktur und Zeitmetaphorik in Kunst und Wissenschaften* (Darmstadt: Wissenschaftliche Buchgesellschaft, 1984); Michel Baudson, ed., *Zeit. Die vierte Dimension in der Kunst* (Weinheim: VCH – Acta Humaniora, 1987); Paul Ricœur, *Temps et récit*, 6 vols. (Paris: Ed. du Seuil, 1983-85); Karl Heinz Bohrer, *Das absolute Präsens. Die Semantik ästhetischer Zeit* (Frankfurt/Main: Suhrkamp, 1994); Wilhelm Perpeet, "Von der Zeitlosigkeit der Kunst", *Jahrbuch für Aesthetik und allgemeine Kunstwissenschaft* 1 (1951), pp. 1-28.

6 Vgl. zum Überblick u.a.: Robert Lach, "Das Konstruktionsprinzip der Wiederholung in Musik, Sprache und Literatur", *Sitzungsberichte der Akademie der Wissenschaften in Wien, Phil.-hist. Klasse*, 201.2. (1925); Carola Hilmes and Dietrich Mathy, ed., *Dasselbe noch einmal. Die Ästhetik der Wiederholung* (Opladen: Westdeutscher Verlag, 1998); Eckhard Lobsien, *Wörtlichkeit und Wiederholung. Phänomenologie poetischer Sprache* (München: W.Fink, 1995); Albrecht Schöne, "Zu Gottfrieds 'Tristan'-Prolog" in Alois Wolf, ed., *Gottfried von Straßburg* (Darmstadt: Wissenschaftliche Buchgesellschaft, 1973). pp. 147-181, l.c. pp. 152-172; Sabine Haupt *"Es kehret alles wieder." Zur Poetik literarischer Wiederholungen in der deutschen Romantik und Restaurationszeit* (Würzburg: Koenigshausen & Neumann, 2002).

> aller Erscheinungen der Welt, und je nachdem der Stoff ist, in welchem sie wiederholt, ist sie bildende Kunst, Poesie oder Musik.[7]

Auf den Gedanken von der Kunst als 'Wiederholung des Ewigen', als Ort des Unvergänglichen stoßen wir in der Geschichte des Denkens immer wieder – beispielsweise in Kierkegaards berühmter Abhandlung über "Die Wiederholung" (die der avantgardistische Hörspiel-Experimentator Heiner Goebbels 1997 mit künstlerischen Mitteln in eine wiederholungsreiche 'akustische Collage' transformiert hat); oder im ästhetischen Kampf gegen die Sterblichkeit bei André Malraux (dessen kunsttheoretische "Métamorphose des Dieux" Maurice Béjart 1987 in ein philosophisches Stück Tanztheater umsetzte).

Darin scheint eine Paradoxie zu stecken, die der große deutsch-jüdische Dichter Elazar Benyoëtz in Jerusalem[8] einmal zu dem Aphorismus zugespitzt hat:

> Sein Wunsch, er möge im Tod das ewige Leben finden,
> ist des Menschen unsterblicher Witz.[9]

Denn alle Mythen der Menschheit vom Ewigen Leben sind Ausdruck des – so bewegenden wie aussichtslosen – Wunsches, die Grenzen der Zeit *innerhalb* der zeitlichen Wahrnehmung zu überwinden. Kunstwerke hingegen sind sinnlich konkretisierte, *in Raum und Zeit erfahrbare* Botschaften aus dem zeitlosen wie ortlosen Reich des Unvergänglichen.

Zugegeben: Ein Seinsbereich der platonischen 'Ideen', der gedanklichen 'Formen' hinter den konkreten Dingen – diese philosophische Annahme ist selber schon fast so alt wie die Mythen der Antike. Aber lange fehlte der strenge *Beweis* dafür, dass wir gar nicht *reden könnten* von einem materiellen 'Reich der objektiven Gegenstände' im Raum und einem psychischen 'Reich der subjektiven Vorstellungen' in der Zeit, ohne zugleich einen unabhängigen dritten Bereich, das 'Reich der Gedanken' jenseits von Zeit und Raum anzuerkennen. Diesen philosophischen Beweis hat erst Gottlob Frege, der Vater aller modernen Philosophie, in seiner ersten Logischen Untersuchung 'Der Gedanke' von 1918 geführt.

Das zwingende Argument für die Existenz zeit*unabhängiger* Gedankeninhalte wird nun bei Frege in der entscheidenden Wendung zugleich *witzig* und somit gleichsam *literarisch* serviert – nämlich als selbstbezügliche Pointe eines imaginären Streitgesprächs:

7 *Die Welt als Wille und Vorstellung*, § 36, zitiert nach: Arthur Schopenhauer, *Werke,* ed. Ludger Lütkehaus (Zürich: Haffmans, ^{2}1991), vol. 1, pp. 251-252.

8 Vgl. jetzt sein neuestes Sammelwerk: Elazar Benyoëtz, *Fraglicht. Aphorismen 1977-2007* (Wien: Braumüller, 2010).

9 Elazar Benyoëtz, *Die Zukunft sitzt uns im Nacken* (München, Wien: Hanser, 2000), p. 271.

> Wenn jemand die Gedanken für Vorstellungen hält, so ist das, was er damit als wahr anerkennt, nach seiner eigenen Meinung Inhalt seines Bewußtseins und geht andere eigentlich gar nichts an. Und wenn er von mir die Meinung hörte, der Gedanke wäre nicht Vorstellung, so könnte er das nicht bestreiten; denn das ginge ihn ja nun wieder nichts an.[10]

Damit zwei Subjekte *denselben* Gedanken fassen, zum Beispiel über seine Wahrheit streiten können, darf der Gedanke keinem von beiden *zueigen* sein, muss er einem *intersubjektiv* zugänglichen Reich angehören.

Der argumentative Schachzug Freges ist hier von analoger Art wie die berühmte Radikalsierung des 'Zweifels an allem' bei Descartes (dieser Zweifel selber ist dann unbezweifelbar); oder wie Kants 'Transzendentale Deduktion' der Verstandesgrenzen und der Erfahrungsgrenzen von Raum und Zeit (was nicht raumzeitlich bestimmt ist, kann nicht als 'jetzt und hier' wahrgenommen werden). Transzendentale Beweise in der Philosophie haben seit Descartes, Kant und Frege die gleiche Beweis-Struktur: dass nämlich jeder, der die zu beweisende Annahme *bestreitet*, sie genau dadurch *bestätigt* – sich also ebendamit in unaufhebbare pragmatische Widersprüche verstrickt. (Ähnlich wie auch poststrukturalistische und andere Relativisten zwar den Unterschied zwischen Wahrheit und Falschheit für hinfällig und illusionär halten – aber entschieden etwas dagegen haben, wenn man die Wahrheit dieser, also ihrer *eigenen* These verwirft.)

Freges Beweis greift somit zurück auf die gedankliche Unhintergehbarkeit dessen, was 'Bedingung der Möglichkeit' aller Gedanken ist. Ein Gedanke kann sich nicht darin, *Gedanke* zu sein, selbst aufheben. *Kunst – kann so etwas*. Sie gehört (1) als historisch konkretes Artefakt (als Ölbild, Marmorstatue, Manuskript oder belichteter Film) zum Reich der *Objekte*; (2) als gestalthaftes Kunstwerk zum Reich der *Gedanken*; und (3) gehört Kunst zum Reich der inneren *Vorstellungen*: als von uns je individuell er-hörter Appell '*Du* musst *dein* Leben ändern'.

In einer ganz knappen Betrachtung über "Zeit und Ewigkeit" aus dem Jahre 1786 hat Karl Philipp Moritz bereits Entscheidendes an Kants und Freges Einsichten ausgesprochen:

> Dieß ist einer der erhabensten Gedanken, den die menschliche Seele denken kann. Wie kam sie zu diesem Gedanken? Und liegt denn wirklich ein Widerspruch darinn, ist es wohl möglich, daß etwas aufeinander Folgendes als nebeneinander bestehend gedacht werden kann?
>
> Wenn es wäre, so müßte es vielleicht bloß das Resultat unsrer Unvollkommenheit seyn, daß uns die Dinge in der Welt aufeinander zu folgen scheinen. Weil wir uns nicht meh-

10 "Der Gedanke", in Gottlob Frege, *Logische Untersuchungen,* ed. Günther Patzig (Göttingen: Vandenhoeck & Ruprecht, 1966), pp. 30-53, l.c. p. 43.

> rere Dinge auf einmal vorstellen können, so müssen wir warten, bis das eine erst vorüber ist, ehe wir das andere betrachten können.[11]

Die Kunst überwindet auch diese Grenze. In der Wiederholbarkeit ihrer ästhetischen Wiederholungen ist sie der Ort der *transzendentalen Gleichzeitigkeit*. In dieser Einsicht begegnen sich, über alle sonstigen Abgründe hinweg, selbst Adorno mit seinen Reflexionen über Kunst und Zeitlichkeit in der "Ästhetische Theorie" und Wittgenstein mit seiner Notiz: "Das Kunstwerk ist der Gegenstand sub specie aeternitatis gesehen."[12] Und in diesem Sinne trifft auch der deutsch-israelische Gelehrte Werner Kraft das Wahre mit seinen utopisch-schönen Worten:

> [...] das ist, wie die Zeit, vergangen und kann nicht erneuert werden. Und doch lebt, was einmal im Geist gelebt hat, im Geist weiter, auch wenn niemand mehr wüßte, daß es das einmal gegeben hat.[13]

Unsterblichkeit allerdings gibt es nur auf einer dieser drei Ebenen: (1) Künstler als körperliche Subjekte in der Welt sind ebensowenig unsterblich wie Olympiasieger. (2) Kunstwerke und ihre kognitive Wahrnehmung in der Psyche von Rezipienten können nicht nur buchstäblich 'verloren' gehen, sondern sogar ganz und dauerhaft 'vergessen' werden. (3) Nur im zeitlosen 'Reich der Gedanken' ist Kunst als Formgestalt unsterblich, weil sie als solche außerhalb jeder *zeitlichen* Ordnung steht.

Gegen das auch bei diesem Symposium zitierte, schöne Wort von der Unsterblichkeit als 'Gegenrede der *Hoffnung* gegen die Sterblichkeit' möchte ich daran erinnern: Unsterblichkeit gibt es nicht *innerhalb* der Zeit – und insofern auch nicht als Sache der *Zukunft* und der Zukunftshoffnung.

Die Unsterblichkeit ist j e t z t – oder nie!

Und gleichwohl sind, nach griechischem Mythos, schon die Musen allesamt *Töchter der Mnemosyne*: Sie überantworten das Vergehende dem unvergänglichen Gedächtnis der Kunst. In der Kunst wird der Mensch zu demjenigen Geschöpf, das sich von den Bedingungen der vergänglichen Schöpfung unanabhängig macht – indem es den Schöpfer nachahmt: als schöpferischer Mensch, als Künstler, als ALTER DEUS. Es ist die *Kunst*, die uns – in den poetischen Parallelismen Luthers, dann auch in den Tönen des Brahms-Requiems – über alle Ängste der Kreatur hinweg ausrufen lässt: "Tod, wo ist dein Stachel? Hölle, wo ist dein Sieg?"

[11] Karl Philipp Moritz, *Schriften zur Ästhetik und Poetik*, ed. Hans Joachim Schrimpf (Tübingen: Niemeyer, 1962), p. 37.

[12] Ludwig Wittgenstein, *Schriften*, vol. 1 (Frankfurt/Main: Suhrkamp, 1969), p. 176.

[13] Werner Kraft, *Spiegelung der Jugend* (Frankfurt/Main: Suhrkamp, 1996), p. 118.

Das mag verdächtig nach 'Kunstreligion' klingen, oder nach Kunst als säkularisierter Ersatzreligion.[14] Aber wer weiß – vielleicht verhält es sich umgekehrt? Vielleicht ist konfessionell etablierte *Religion* eine andere, eine sich selbst entfremdete Form von *Kunst*?[15]

Diese durchaus provokant gemeinten Sätze habe ich schon vor 10 Jahren in meinem Buch zur Philosophie der Kunst publiziert. Auf den Protest der Theologen warte ich bis heute vergebens (übrigens auch bei nahestehenden TheologInnen, die das Buch kennen...). Ich versuche es deshalb heute nochmals – und unterstreiche meine These:

RELIGION IST KUNST, die sich nur selber missversteht. Religionen, die sich für etwas Anderes halten, *begreifen* einfach nicht, dass sie etwas viel Besseres und Weltumspannenderes sind als Religion, nämlich: KUNST!

Denn die positiven Glaubensinhalte von Offenbarungsreligionen überzeugen historisch aufgeklärte Menschen, die um die allzumenschliche Entstehung 'Heiliger Bücher' wissen, in unseren Tagen immer weniger. Aber auch die können sich weiterhin von der *poetischen* Kraft alter Mythen, von der reichen Phantasie kirchlicher *Malerei*, von der Inbrunst geistlicher *Musik*[16] bewegen und begeistern lassen. Selbst für einen kunstsinnigen Agnostiker ist die Bibel noch immer *große* Literatur – vielleicht das reichste und schönste Buch der Weltliteratur überhaupt?

Besonders treffend hat das zuletzt ein Kollege ausgesprochen, der Literatur- und Sprachforscher Harald Weinrich (auf den Spuren eines anderen großen Romanisten, Erich Auerbach):

> Denn ein großer Teil der als Bibel kanonisierten Texte [...] sind Erzählungen. [...] Jesus tritt uns vornehmlich als erzählte Person, häufig auch als erzählter Erzähler entgegen, und die Jünger erscheinen als seine Zuhörer, die ihrerseits die gehörten Erzählungen weiter- und nacherzählen, mündlich oder schriftlich. [...] Das Christentum ist eine Erzählgemeinschaft. [...]
>
> Das Christentum ist jedoch keine Erzählgemeinschaft geblieben. In der Berührung mit der hellenistischen Welt hat es seine narrative Unschuld verloren. [...] Denn das Ge-

[14] Vgl. historisch dazu Bernd Auerochs, *Die Entstehung der Kunstreligion* (Göttingen: Vandenhoeck & Ruprecht, 2006).

[15] Harald Fricke, *Gesetz und Freiheit. Eine Philosophie der Kunst* (München: C.H.Beck, 2000) pp. 223-224.

[16] Oder auch von allenfalls *spirituell* zu nennender Musik, wie dem *Urlicht* in Gustav Mahlers zweiter Symphonie: "O Röschen rot .. Ach nein, ich ließ mich nicht abweisen: Ich bin von Gott, und will wieder zu Gott – der liebe Gott wird mir ein Plätzchen weisen!" Auch wer sich aus guten Gründen weigert, den jahrtausendelang missbrauchten Namen Gottes in den eigenen Mund zu nehmen, hört aus diesen Takten und Versen eine Kraft, Tiefe und urzeitliche Inbrunst, die all die Lächerlichkeiten historischer Religiosität und Kirchenfrömmigkeit beiseite wischt.

> schichtenerzählen, ja schon das Geschichtenhören gilt in unserer Gesellschaft als unwissenschaftliche Beschäftigung. [...]
>
> Das bringt nun die Theologie [...] in eine fatale Lage. Die Theologie hat ja ein mehr oder weniger kanonisches Textcorpus vorgegeben, das zu einem großen und wichtigen Teil aus Geschichten besteht. [...] Nicht der Logos wurde narrativiert, sondern die biblischen Geschichten wurden logisiert. [...]
>
> Eine nur narrative Theologie ist kaum mehr vorstellbar. [...] Es ist insbesondere nicht recht einzusehen, warum die Theologen wie gebannt auf den einen Punkt starren, wo es um die Wahrheit einer Geschichte geht. Die Faktizität ist nicht die *conditio sine qua non* dafür, dass eine Geschichte uns etwas angeht, uns 'betrifft'. Auch fiktionale Geschichten können im Modus der Betroffenheit rezipiert werden. Diese Betroffenheit kann ebenso wie das Hören einer tatsächlich geschehenen Geschichte jenes Weiterhandeln auslösen, das denen auferlegt ist, die hingehen und ein Gleiches tun wollen.[17]

Sehr zu Recht verteidigt Weinrich hier an narrativer Theologie gerade die *literarisch-fiktionalen* Qualitäten. Schon Lichtenberg hatte ja vor bald 250 Jahren, in einem seiner berühmtesten Sudelbuch-Einträge, den Grundsatz aller theologischen Aufklärung formuliert:

> [...] die Bibel ist ein Buch von Menschen geschrieben, wie alle Bücher. [...] Je mehr eine Erklärung die Bibel zu einem ganz gewöhnlichen Buche macht, desto besser ist sie.[18]

Kein 'ganz gewöhnliches' Buch freilich ist die Bibel, sondern ein von Menschen gedichtetes *literarisches* Buch, das historisch nachweisbar in allen möglichen *literarischen Traditionen* steht. (Wie dies ja tüchtige Forscher, etwa an unserem zu Recht gerühmten *Institut Biblique de Fribourg*, detailreich nachgewiesen haben.)

Die literarische Quellen-Abhängigkeit vieler Erzählpartien des ALTEN TESTAMENTS vom tausend bis zweitausend Jahre älteren GILGAMESCH-Epos der Assyrer[19] ist ja seit langem bekannt – nicht allein in der Sintflut-Episode von Noah bzw. Uta-napischti,[20] bei der sogar episch-fiktionale Gestaltungsdetails wie das

[17] "Narrative Theologie", in Harald Weinrich, *Wie zivilisiert ist der Teufel? Kurze Besuche bei Gut und Böse* (München: C.H,.Beck, 2007), pp. 47-56; l.c. pp. 49-50, 51-52, 55-56.

[18] Sudelbuch J 17, zitiert nach: Georg Christoph Lichtenberg, *Schriften und Briefe,* vol.1: Sudelbücher, ed. Wolfgang Promies (Darmstadt: Wissenschaftliche Buchgesellschaft, 1968).

[19] Wer wie ich Texte in Keilschrift nicht flüssig lesen kann, findet eine vorzügliche Präsentation für deutschsprachige Leser jetzt in der Ausgabe: *Das Gilgamesch-Epos. Neu übersetzt und kommentiert,* ed. Stefan M. Maul (München: C.H.Beck, 2005).

[20] "Schon von ferne wird Uta-napischti des Gilgamesch gewahr. Kaum ans Ufer gelangt, bestürmt dieser den babylonischen Noah mit Fragen über die Sintflut und die Unsterblichkeit (X, 184-211)"; l.c. p. 37.

3-malige Aussenden von Versuchs-Vögeln bis in die hebräische Bibel übernommen worden ist.

Zu den offenkundigen literarischen Quellen des NEUEN TESTAMENTS gehören insbesondere einige Herkules-Erzählungen in Ovids zeitgenössischem Bestseller der "Metamorphosen" – nicht nur in Details wie dem, dass schon Herakles 'übers Wasser wandeln' kann,[21] sondern auch in der wichtigeren Frage wie der, dass bereits Herakles ein heimlicher 'Sohn des Gottvaters' ist, nach seiner wohlgemerkt jungfräulichen Geburt[22] und vergeblichem Kindsmord-Versuch, vom gesetzlichen Vater Amphitryon ausdrücklich in einer 'Josephs-Ehe' angenommen werden muss.[23] [Das hat übrigens schon Goethe bei Lektüre von Kleists mythen-getreuer "Amphitryon"-Komödie in seinem Tagebuch vom 14.06.1807 höchst missmutig vermerkt.]

Und so wie schon Herakles schließlich von einem Berggipfel aus die Himmelfahrt zur Rechten seines göttlichen Vaters erlebt, so hatte selbst die Auferstehung Jesu aus einem mit einem Stein verschlossenen, aber am nächsten Morgen unerklärlich leeren Grab ihre literarische Vorlage: nämlich im griechischen Drama "Oedipus auf Kolonnos" von Sophokles.

Große Kunst ist unsere Bibel also – allein schon deshalb, weil aus ihr so viele neue Kunstwerke erwachsen sind: Die Deckenmalerei der Sixtinischen Kapelle oder die Krönungsmesse Mozarts erreichen heute weltweit wohl mehr Menschen (oder doch Herzen) als die Bibelstellen dahinter.

Weihnachts- wie Osterbotschaft der christlichen Überlieferung werden heutzutage, jedenfalls von Privatpersonen im Laienstand, weitaus seltener *gelesen* als *gehört*: etwa in Johann Sebastian Bachs alljährlich und allerorten gesungenem Weihnachts-Oratorium, oder in Sofia Gubaidulinas ähnlich gewichtiger 'Johannes-Passion'. Und vielfach werden sie ja sogar von Menschen verschiedenster religiöser Orientierung selbst als Musiker oder Choristin künstlerisch mitvollzogen.

Diese Wirksamkeit einer persönlichen Teilhabe an geistlicher Kunst war schon seit langem gegeben, wie man aus der Geschichte der Reformation klar ablesen kann: Die theologischen Feinheiten des Konfessionsstreits um die Interpretation der 'Wandlung' im Abendmahl, oder um die Modalitäten beim Sündenerlass, dürften die einfachen Gläubigen kaum erreicht und berührt haben. Erreicht und berührt hat sie die gemeinsame poetische Inbrunst des lutherischen Kirchenliedes ("Aus tiefer Not schrei ich zu Dir / Herr Gott, erhör mein Rufen!"

[21] Vgl. meine Tabelle zu Übernahmen des 'Helden-Schemas' im Alten und Neuen Testament in: Fricke 2000 (cf. above, n.2), pp. 122-123.

[22] Benjamin Hederich, *Gründliches mythologisches Lexikon. Verb. v. J.J.Schwabe* (Leipzig: Göschen 1770), pp. 178-180, 239-241.

[23] Ausführlich dargestellt und belegt bei: Stephan Kraft, *Fortpflanzung als Staatsaktion. Kleists "Amphitryon" und die Heilige Familie*, *Weimarer Beiträge* 52.2 (2006), pp. 191-202.

– "Ein feste Burg ist unser Gott!"); erreicht und berührt hat sie die kraftvolle Sprache der erstmals massenhaft gedruckten lutherischen Bibel-Verse mit ihren bildkräftigen Erzählungen in der Muttersprache ("Und sie gebar ihren ersten [!] Sohn und wickelte ihn in Windeln und legte ihn in eine Krippe; denn sie hatten sonst keinen Raum in der Herberge.")

Der *Dichter* Luther hat seinerzeit in den Herzen der Menschen das Papsttum aus dem Felde geschlagen, nicht die reformatorische Theologie!

Ganz ähnlich wie die Bibel 'eklektisch' aus anderen literarischen Büchern zusammengestellt, nämlich aus 'den besten Büchern der Menschheit', ist übrigens auch das Heilige Buch des indischen Sikhismus, das rund 400 Jahre alte ADI GRANTH. Nur dass die Sikhs diese Herkunft aus dem literarischen Welterbe nicht vertuschen, sondern mit Stolz hervorheben[24] und ihr Heiliges Buch als höchstes Glaubenszeugnis im Tempel liebevoll verehren (ja buchstäblich jeden Abend rituell schlafen legen). Und den jeweils besten lebenden Ausleger des Buches, ob Mann oder Frau, ganz ohne Berufspriestertum, erkennen die Sikhs als ihr zeitweiliges Geistliches Oberhaupt an.

So sehr einem als Philologen diese Verehrung von Buch und Textinterpretation auch sympathisch sein mag: Noch stärker beeindruckt hat mich bei einer Indien-Reise der direkte Zusammenfall von Kunst und Religion im Heiligtum der JAINEES. Aus dem Gipfel eines Felsenberges hat man hier vor über tausend Jahren die größte geschlossene Kolossalstatue der Welt gehauen, den bildschönen und fast 20 m hohen BAHUBALI. (Bei heiligen Festen wird er von einem Hilfsgerüst aus solange mit Honig und flüssiger Butter übergossen, bis der ganze 600 m hohe Berg davon bis ins Tal von Sravana Belgola hinunter strömt.)

Mit diesem künstlerisch einzigartigen Abbild des Religionsstifters Bahubali verbindet sich nun die Gründungslegende[25] der ganzen sanftmütigen Glaubensgemeinschaft. Im tödlichen Zweikampf um die Macht mit seinem eigenen Bruder kam dem Prinzen Bahubali plötzlich die Unmenschlichkeit seines mörderischen Tuns in den Sinn:

> In diesem Augenblick kam ihm zu Bewusstsein, welche Absicht er im Begriff war auszuführen. Nicht nur, dass er von seinem Bruder abliess und ihm das Leben schenkte, er vertraute ihm auch seinen Teil des Königreiches an. Aus Scham über seine Bereitschaft,

[24] "Das Granth Sahib unterscheidet sich von anderen religiösen Texten wie z. B. die Bibel oder dem Koran oder den Veden u. s. w. insofern, dass es eklektisch ist. Im Granth Sahib gibt es neben den Sikh-Gurus auch die Schriften von Muslim-Heiligen, von Hindus, die aus verschiedenen Teilen des Landes und aus verschiedenen Kasten stammen. In diesem Sinn ist es einzigartig, denn es ist nicht nur auf die Lehre der Gurus beschränkt, sondern schließt auch andere Denker der Zeit mit ein – auch aus früheren Epochen." Internet-Quelle: http://oe1.orf.at/artikel/208228 (26.09.2011).

[25] Hier deutsch zusammengefasst nach der Internet-Quelle: http://www.herenow4u.de/Pages/ger/Glossar/Bahubali.htm (26.09.2011).

soweit für die Erlangung eines materiellen Gutes zu gehen, dass er fast ein Leben genommen hätte, begab er sich zur Meditation in den Dschungel, wo er [...] meditierte, bis er Erleuchtung erlangte. Während seiner Meditation stand er so lange reglos, dass sich Pflanzen an ihm emporranken konnten.

Was in Bahubali in dem entscheidenden Moment vorging, wird in diesen Zeilen eines Gedichtes ausgedrückt:

"It is not the futility of the act
But the multiple injury of the intent
That is violence."[26]

Also auf gleich *drei künstlerischen* Dokumenten fußt die radikal-pazifistische Religion der Jains, die so großen Einfluss auf Gandhis Philosophie der Gewaltlosigkeit hatte: (1) auf einem grandiosen Werk der *Bildhauer-Kunst*; (2) auf einer episch erzählten *Legende*; und (3) auf einem kleinen Stück *Poesie*, dessen Verse sich, als Träger der moralischen Kernüberzeugungen, auswendig lernen und immer wieder in Erinnerung rufen lassen.

Ganz Ähnliches könnte man von den zahlreichen BUDDHA-Legenden erweisen, oder von hinduistischen Mythen wie der göttlich armen Geburt von KRISHNA im "quasi-bethlemitischen" Stall von Maturan. Die tiefsinnig-vieldeutige Gedankendichtung der KORAN-Verse, die keine Prosa-Übersetzung so wiedergeben kann wie Friedrich Rückerts hochpoetische Eindeutschung: sie gehört ebenso hier hin wie die Sammlung "MISCHNA AWOT", die 'Sprüche der Väter' im Talmud, die mit dem salomonischen KOHELET in der jüdischen Thora unbestritten zu den bedeutendsten Aphorismen-Sammlungen der Weltliteratur zählen.

Und kann die künstlerische Emanation religiöser Gehalte wirklich auf die uns nahestehenden 'Schriftreligionen' beschränkt werden? Wie steht es denn mit dem rituellen Tanz bis zur seelischen Ekstase als spiritueller Ausdrucksform vieler sogenannter 'Naturreligionen' oder 'Ethnischer Religionen'? Wo wäre der Theologe, der im Ernst die Ansicht vertreten wollte, ein solcher religiöser Vollzug durch kunstvoll zeichenhaften Tanz sei geistlich von geringerem Wert als die Unio Mystica einer mittelalterlichen Braut Christi, wie sie uns etwa Mechthild von Magdeburg in drastischer Leibhaftigkeit geschildert hat?

Von daher zeigt sich der Kampf um die 'wahre Religion' als genauso unsinnig wie ein Streit um die 'richtige Kunst' zwischen Abendland und Morgenland, zwischen Hafis und Goethe. Ist der Petersdom denn in irgendeinem Sinne 'bes-

26 Ein Versuch der Übertragung in deutsche Verse könnte etwa folgendermaßen lauten:
Nicht erst der bösen *Handlung* Schändlichkeit
Nein, schon der bösen *Absicht* Schädlichkeit
Schon die ist *selbst* ein Akt von Grausamkeit.

sere Baukunst' als das liebesfromme Grabmal des Tadj Mahal (übrigens ein *islamisches* Kunstwerk, wiewohl mitten in Indien gelegen)? Verhält es sich mit 'geistlichen Wahrheiten' wirklich anders als mit der Wahrheit der Kunst – dass nämlich jeder von uns darin *seine* ureigene Wahrheit findet, und nirgends sonst als dort?

Denn aus den besten philosophischen Theorien der Kunst und Kunstrezeption von heute kann jeder, auf ganz rational-wissenschaftliche Weise und durch schlüssige Argumentation, begreifen lernen: Kunst leistet schon *als Kunst* und ohne Rest alles, was Religion vermeintlich leistet, oder leisten soll –

- etwa das *Transzendieren* der rein 'weltlichen' Kommunikation, also der alltagssprachlich normierten Redeweisen (immer durch das ästhetisch allgemeingültige Grundprinzip der poetischen Abweichung)
- dann die unaufhebbare Beziehung, ja das Hineinziehen des rezipierenden *Individuums* (lutherisch gesprochen: der einzelnen Christenseele) in den gedanklichen und emotionalen Mitvollzug: nämlich durch jene künstlerisch geschaffenen 'Leerstellen', die von jeder ästhetischen Normabweichung aufgerissen werden – und die deshalb von jedem Einzelnen auf je persönliche Weise gefüllt werden müssen: "*Tat tvam asi*" – "*Tua res agitur*"
- weiters auch und besonders den *moralischen* Anspruch an das verantwortungsvoll handelnde Subjekt, impliziert in der unaufhebbaren 'Appellstruktur' eines jeden Kunstwerks: "Denn da ist keine Stelle, / Die dich nicht sieht: Du musst dein Leben ändern."[27]
- und schließlich die Überwindung der *Sterblichkeit*, der zeitlich und räumlich begrenzten eigenen Lebenszeit durch die Unsterblichkeit des Kunstwerks im ewigen 'Reich der Gedanken'.

In den Künsten ist diese Unsterblichkeit, die künstlerische Überwindung der Vergänglichkeit selbst ein unvergängliches Motiv. Orpheus besiegt mit seinem Gesang nicht nur die wilde Natur, sondern schließlich auch den Tod. Senecas lateinische Sentenz "Vita brevis, ars longa", die auf einen griechischen Lehr-Aphorismos des Arztes Hippokrates und damit auf das 5. vorchristliche Jahrhundert zurückgeht, ist als Einsicht in die 'Kürze des Lebens' und 'Dauerhaftigkeit der Kunst' ein abendländischer Topos geworden.[28] Aber nicht allein des Abendlandes. Dschalâluddin Rûmi, der große Mystiker der persischen Dichtung, formuliert im 13. Jahrhundert die ästhetische Maxime von der zeitlosen Heiligkeit der Kunst als selbstbezügliche Schlussverse eines Ghasels:

[27] Rainer Maria Rilke, *Sämtliche Werke* (Frankfurt/Main: Insel, 1955), vol.1, p. 557.

[28] Zur Tradition bis zu Goethe vgl. meinen Kommentar in der Frankfurter Goethe-Ausgabe I. 13: Harald Fricke, ed., *Johann Wolfgang Goethe: Sprüche in Prosa. Sämtliche Maximen und Reflexionen* (Frankfurt/Main: Deutscher Klassiker Verlag, 1993), pp. 1024-26; l.c., p. 851.

Dichte Ghaselen, die noch nach hundert Säkulen gesungen werden!
Ein Gewebe, das Gott gewebt hat, verrottet nicht.[29]

Rûmis west-östlicher Nachdichter Goethe hat den Gedanken von der aufgehobenen Zeitlichkeit in die berühmten Verse aus dem "Vermächtnis" gefasst:

Dann ist Vergangenheit beständig,
Das Künftige voraus lebendig,
Der Augenblick ist Ewigkeit.[30]

Vielleicht hatte Sigmund Freud gerade diese Verse im Sinn, als er über den 'Dichter und das Phantasieren' schrieb: seine "Phantasie schwebt gleichsam zwischen drei Zeiten", zwischen Vergangenheit, Gegenwart und Zukunft.[31] Und in der Tat: Es ist nicht die trockene Memoria der Geschichte – die *künstlerische* Phantasie ist es, die uns mit jener immerwährenden *Präsenz* des *Vergangenen* konfrontiert, von der Hofmannsthals Verse sprechen:

Ganz vergessener Völker Müdigkeiten
Kann ich nicht abtun von meinen Lidern [...]
Und mein Teil ist mehr als dieses Lebens
Schlanke Flamme oder schmale Leier.[32]

Und so setzt noch ein postmoderner Autor wie Botho Strauß einem Roman das kunsttheoretische Bekenntnis voran:

Zumal der Erzähler wird [...] weiterhin schalten und walten mit verlorener und wiederkehrender Zeit und auch die kostbaren Kristalle des Stillstands nicht in die Asche werfen. Er wird, wenn auch auf verlorenem Posten, bis zuletzt dem Zeit-Pfeil trotzen und den Schild der Poesie gegen ihn erheben.[33]

Das ist jene Haltung, die der sterbende Dichter in Meyerbeers Lied "Le Poète mourant" genauso zum Ausdruck bringt wie der sterbende Held in Jacques Iberts "Chansons de Don Quichotte" ('Die Bücher haben mich umgebracht, / Doch ein Buch wird mich unsterblich machen...'). Der französischer Lyriker

[29] Diwan Nr. 916, zitiert nach: Johann Christoph Bürgel et.al., *Rückert zu Ehren. Zwischen Orient und Okzident* (Schweinfurt: Veröffentlichungen der Rückert-Gesellschaft, 1985), p. 28.

[30] Frankfurter Goethe-Ausgabe (cf.above n.28), vol. I. 2, pp. 685-686.

[31] Sigmund Freud, *Der Dichter und das Phantasieren* (Wien: Deuticke, 1908), pp. 217-218.

[32] Hugo v. Hofmannsthal: "Manche freilich..." in *Gesammelte Werke in Einzelausgaben,* vol. 14 (Frankfurt/Main: S.Fischer, 1952), p. 19.

[33] Botho Strauss, *Der junge Mann. Roman* (München: Hanser, [3]1991), p. 15.

Paul Eluard hat diese Haltung in die Formel "le dur désir de durer" gefasst: das harte Ringen des Künstlers um die Dauerhaftigkeit seines Werks.[34]

Nicht nur ausgesprochen, sondern in lyrische Gestaltung umgesetzt hat dieses Streben nach Aufhebung der Zeitgesetze Friedrich Leopold v. Stolberg, der Göttinger Hainbund-Dichter, in seinem Gedicht "Auf dem Wasser zu singen" von 1782:

> Mitten im Schimmer der spiegelnden Wellen
> Gleitet wie Schwäne der wankende Kahn;
> Ach, auf der Freude sanftschimmernden Wellen
> Gleitet die Seele dahin wie der Kahn;
> Denn von dem Himmel herab auf die Wellen
> Tanzet das Abendroth rund um den Kahn.
>
> Ueber den Wipfeln des westlichen Haines
> Winket uns freundlich der röthliche Schein;
> Unter den Zweigen des östlichen Haines
> Säuselt der Kalmus im röthlichen Schein;
> Freude des Himmels und Ruhe des Haines
> Athmet die Seel' im erröthenden Schein.
>
> Ach, es entschwindet mit thauigem Flügel
> Mir auf den wiegenden Wellen die Zeit.
> Morgen entschwinde mit schimmerndem Flügel
> Wieder wie gestern und heute die Zeit,
> Bis ich auf höherem stralenden Flügel
> Selber entschwinde der wechselnden Zeit.[35]

Ganz gezielt verletzen diese Verse die gattungspoetische Quasi-Norm des wechselnden Reimwortes. Statt dessen bringen sie nichts als geringfügig abgewandelte Wort- und Satzwiederholungen, deren Abfolge man leicht umstellen oder erweitern könnte. Aber die Funktion dieser sekundären Abweichung liegt auf der Hand: Es ist der Versuch, das Dahinfließen der "wechselnden Zeit" poetisch *abzubilden*, dann die Zeit *innerhalb* eines zeitlichen Verlaufs von drei Strophen gleichsam zum Stillstand zu bringen.

Gelingen konnte das erst durch Musik, in Schuberts bekannter Vertonung des Liedes mit ihren in sich kreisenden Begleitfiguren. Es verhält sich hier analog wie bei einem Gedicht, das dann von Gustav Mahler kongenial vertont worden ist: beim zweiten seiner 'Kindertotenlieder' nach Friedrich Rückert.[36]

[34] Zitiert nach George Steiner, *Errata: Bilanz eines Lebens* (München: Hanser, 1999), p. 42 ("ich wußte augenblicklich, daß dies meine Losung sein würde").

[35] Zitiert nach: Karl Richter, ed. *Gedichte und Interpretationen*, vol. 2 (Stuttgart: Reclam, 1983), p. 307.

[36] Friedrich Rückert, *Kindertotenlieder. Aus seinem Nachlasse* (Frankfurt/Main: Sauerländer, 1872), p. 311.

Der im 19. Jahrhundert recht beliebte Rückert gilt heute vielfach als allzu gefälliger Salonpoet und allzu glatt reimender Verfasser vielfältiger Gelegenheitsgedichte; ja, Rückert beginnt – außer als glänzender Übersetzer orientalischer Poesie aus 85 Weltsprachen – fast schon in Vergessenheit zu geraten. Hier jedoch, im Sonderfalle eines gar nicht für die Veröffentlichung geschriebenen Gedichts, könnte ihm ein eigenes lyrisches Kunstwerk von hohem Rang gelungen sein. So scheint es jedenfalls, mit dem bekanntesten Dokument zustimmender Rezeption, Gustav Mahler gesehen zu haben, als er neben vier anderen gerade dieses Gedicht für die Vertonung als Liederzyklus auswählte – aus über 430 nachgelassenen "Kindertotenliedern" Rückerts, die der Dichter nach dem frühen Tod von zweien seiner geliebten Kinder sein Leben lang geschrieben, aber zeit seines Lebens niemals an die Öffentlichkeit gegeben hat:

Oft denk' ich, sie sind nur ausgegangen,
Bald werden sie wieder nach Haus gelangen,
Der Tag ist schön, o sei nicht bang,
Sie machen nur einen weitern Gang.

Ja wohl, sie sind nur ausgegangen,
Und werden jetzt nach Haus gelangen,
O sei nicht bang, der Tag ist schön,
Sie machen den Gang zu jenen Höhn.

Sie sind uns nur voraus gegangen,
Und werden nicht hier nach Haus verlangen,
Wir holen sie ein auf jenen Höhn
Im Sonnenschein, der Tag ist schön.

Bei rascher Lektüre könnte dieses Gedicht befremdlich, vielleicht sogar missraten wirken. Die zwölf Verse erwecken den Anschein, als sei dem doch sonst so flüssig und vielfältig reimenden Rückert hier einfach 'nichts eingefallen': Nicht nur die Reimwörter kehren immer wieder (und daneben noch häufig als Mittenreim im Versinneren), sondern halbe und ganze Sätze wiederholen sich ständig mit geringfügigen Abwandlungen. Das Gedicht scheint sich im Kreis zu drehen.

Aber es ist kein Kreis: es ist eine zweifache Spirale. Ein aufmerksamer Leser wird, wie Gustav Mahler, sehr viel positiver über das Gedicht urteilen. Denn die vielen 'Wiederholungen' erfolgen alles andere als planlos oder aus bloßer Verlegenheit; sie verleihen dem Gedicht eine präzis ausbalancierte Struktur. Die drei Strophen sind untereinander durch partiell gleiche Endreime, durch Parallelismus und Chiasmus, durch Wortwiederholung und gedankliche Antithetik streng korrespondierend gebaut. Besondere Bedeutung kommt dabei den leichten Modifikationen bei der scheinbaren Wiederkehr des Gleichen zu: die Reime, Wörter, Wendungen und Sätze kehren äußerlich wieder, aber ihr Sinn ist jedesmal verändert. Wenn das Gedicht in der zweiten und dritten Strophe sprachlich und gedanklich an die Stelle der ersten zurückkommt, hat es wie in einer spiralförmigen Bewegung jeweils eine neue Ebene erreicht.

Die erste Strophe spricht von der Illusion, die Kinder seien gar nicht wirklich gestorben und kämen von ihrem "weitern Gang" an einem schönen Tag wieder "nach Haus", in ihr irdisch reales Vaterhaus zurück. In der zweiten Strophe weicht diese Illusion der Einsicht, und zugleich der metaphysischen Deutung, ihres Todes: Die Kinder sind in anderem Sinne wirklich "zu Hause", sind auf "jenen Höhn" – eine Chiffre des Jenseits, die bei einem mit der 'Weisheit des Brahmanen' tief vertrauten Verfasser wie Rückert nicht unbedingt nur im abendländisch-christlichen Sinne auszulegen ist. Die dritte Strophe schließlich handelt vom kommenden Tod der Eltern, und damit vom eigenen Tod des lyrischen Sprechers; die Hoffnung auf das Wiederfinden der Kinder "auf jenen Höhn" lässt auch den Tag des Sterbens nicht mehr "bang", sondern "schön" erscheinen. In beinahe unmerklicher sprachlicher Verschiebung wird so aus der Trauer um den Verlust der Kinder die Versöhnung mit dem eigenen Tod.

Ermöglicht wird dieses dichte Gefüge aller Teile jedoch erst dadurch, dass Rückert hier mit einer Konvention bricht, die für seine Epoche längst zu einer literarischen Quasi-Norm geworden war: mit dem Zwang zur 'variatio', zum sprachlichen Abwechslungsreichtum, und hier besonders zur Neuigkeit und Vielfalt der Reimwörter. Rückert hat den Mut zur sprachlichen Wiederholung und zum 'rührenden' oder sogar 'identischen' Reim – obgleich ihm das doch, nach traditionellen Maßstäben, den Vorwurf eines 'Mangels an Einfällen' eintragen muss.

Solchen charakteristischen Quasi-Normen der Goethe-Zeit mit ihren Leitidealen des *original genius* und der innovatorischen Sprachgewalt sagt Rückert in diesem Kindertotenlied entschieden ab. Statt dessen tut er erste Schritte auf einem Weg, der dann später der lyrischen Moderne von Arno Holz bis Helmut Heißenbüttel die Richtung gewiesen hat: dem Weg der *indirekten* Mitteilung durch Sprachdemonstration,[37] durch Wiederholung, Variation und Reihenbildung nahezu identischer Wörter, Wendungen und Sätze. Und bemerkenswerterweise hat diese Entwicklung lyrische Höhepunkte gerade in thematisch verwandten Gedichten gefunden – wie in Paul Celans "Todesfuge", wie in Ingeborg Bachmanns Bildgedicht "Reklame" oder wie in Peter Handkes grandiosem lyrischen Sprechstück "Die unbenutzten Todesursachen".

Doch im Unterschied zu vielen experimentellen Lyrikern des 20. Jahrhunderts ist die Sprache bei Rückert noch nicht Thema oder spielerischer Selbstzweck des Gedichts, sondern in allen Elementen und Struktureigenschaften ein Ausdrucksmittel für einen jenseits der Sprache liegenden Sinn. Denn die umfassende Integration von sprachlichen und innerliterarischen Normabweichungen ermöglicht dem Gedicht etwas, was in dieser Weise keine andere Form der Sprachverwendung zu leisten imstande wäre: eine poetische Bewältigung des

[37] Dazu näher: Günter Saße, *Sprache und Kritik. Untersuchung zur Sprachkritik der Moderne* (Göttingen: Vandenhoeck & Ruprecht, 1977).

Todesproblems – ohne doch mit einem einzigen Wort *ausdrücklich* vom Tod, vom Jenseits, von der Unsterblichkeit oder vom ewigen Leben zu reden.

Insbesondere die Musik hat sich Vergänglichkeit und Unsterblichkeit immer wieder zum Thema genommen – sogar programmatisch wie in Hindemiths spätexpressionistischem Oratorium "Das Unaufhörliche" auf Worte von Gottfried Benn. Denn den "Tönen ist die Abfolge in der Zeit nicht äußerlich wie etwa optischen Daten, Farben und Figuren", hat Helmuth Plessner in seiner "Anthropologie der Musik" mit Recht hervorgehoben.[38] Von den "Umkehrungen der Zeitlichkeit" als Grundzug aller Musik, vor allem durch "die Verwendung von Inversion, von Kontrapunkt, von polyphoner Gleichzeitigkeit" spricht auch der Kunstphilosoph George Steiner.[39] Und er hat den Mut, dies offen mit der Sterblichkeit des Menschen zu verknüpfen:

> Was wir sagen können – und diese Aussage übertrifft verantwortliches Wissen und reicht zugleich nicht an dieses heran –, ist, daß es Musik gibt, die die ernste Beharrlichkeit, die Endgültigkeit des Todes vermittelt und zugleich eine bestimmte Zurückweisung eben dieser Endgültigkeit darstellt. Diese duale Bewegung [...] wird für spirituelle, intellektuelle und physische Wahrnehmung transparent in Schuberts Quintett in C-dur. Man höre sich den langsamen Satz an.[40]

Erst recht zeigt sich die von George Steiner umschriebene Wirkung, wenn in einer Komposition das musikalische Formprinzip unendlicher Wiederholbarkeit selbstbezüglich potenziert wird. Das berühmteste Beispiel dafür stammt wiederum von Gustav Mahler. Sein spätes Bekenntniswerk, das erst nach seinem Tode 1911 uraufgeführte "Lied von der Erde", lässt er nicht allein schließen mit Versen des todgeweihten Freundes, die Mahler aus Bethges 'Chinesischer Flöte' selbst zusammengestellt,[41] in den letzten Zeilen vollständig selbst gedichtet hat:

> Wohin ich geh? Ich geh, ich wandre in die Berge.
> Ich suche Ruhe für mein einsam Herz.
> Ich wandle nach der Heimat, meiner Stätte!
> Ich werde niemals in die Fremde schweifen.
> Still ist mein Herz und harret seiner Stunde.
>
> Die liebe Erde allüberall blüht auf im Lenz und grünt
> Aufs neu! Allüberall und ewig blauen licht die Fernen!

[38] Helmuth Plessner, "Zur Anthropologie der Musik", *Jahrbuch für Aesthetik und allgemeine Kunstwissenschaft* 1 (1951), pp. 110-121, l.c. p. 115.

[39] Steiner 1999 (cf. above n.34); cf. Georges Starobinski, "Temporalité et sémantique. L'esthétique du temps suspendu", in Georges Starobinski, *L'ostinato dans l'œuvre d' Alban Berg* (Bern: P.Lang, 2000), pp. 47-123.

[40] George Steiner, Von realer Gegenwart. Hat unser Sprechen Inhalt? (München: Hanser, 1991), p. 295.

[41] Zitiert nach: Dietrich Fischer-Dieskau, ed., *Texte deutscher Lieder* (München: dtv, 1968), p. 91.

E w i g , e w i g ... e w i g , e w i g ...
e w i g ... e w i g ..... e w i g ....

Mahler *komponiert* hier nun auch die Ewigkeit der Schlussverse mit.[42] Das Wort "ewig" wird von der Alt- oder Bariton-Stimme insgesamt siebenmal wiederholt. Zweimal sinkt dabei die Gesangstimme von E über D bis auf den Grundton C nieder. Dann aber verharrt sie bis zum Schlussakkord, abweichend von der tonalen Norm, einen Schritt über dem Zielton in der Schwebe, ohne harmonische Auflösung. Die Musik bleibt gleichsam auf der Ewigkeit einer Sekunde liegen.

Kein Zweifel: Nicht alle Kunst ist von dieser Art, oder überhaupt von gleicher Art. Jedes einzelne Kunstwerk sagt etwas *anderes*; es sagt sogar jedem *Betrachter* etwas anderes, und jedem einzelnen zu jedem *Zeitpunkt* etwas anderes.

Aber in der Tiefe, gleichsam mit zweiter Stimme, sagen alle Kunstwerke – jedem Betrachter, zu jeder Zeit, wie ein liegender Orgelpunkt – immer dasselbe. Sie sagen stillschweigend das, was Mahlers Lied von der Erde mit seinem harmonisch unaufgelösten Schluss ausdrücklich sagt: "...ewig, ewig... ewig, ewig... ewig.... ewig..... ewig........"

So ist Elias Canettis lebenslanger Kampf gegen den verhassten Tod[43] in gewissem Sinne längst gewonnen: Die Kunst *ist* die Abschaffung des Todes. Nicht in Bezug auf den einzelnen *Körper*, nicht in Bezug auf das einzelne *Bewusstsein* – aber in Bezug auf das Reich der künstlerisch geformten *Gedanken*; und damit auf jedes Kunstwerk, an dem der Einzelne jemals Anteil genommen hat.

Man muss dabei nicht selbst schöpferisch tätig sein, nicht persönlich über künstlerische *Kreativität* verfügen, um die Unendlichkeit der Kunst dennoch persönlich zu erfahren. Auch wer als musikalischer Dilettant an einer Bach-Kantate mitsingt, in einem Streichquartett von Beethoven die Bratsche streicht oder eine Chopin-Etüde zu spielen versucht, hat *Anteil* an deren Kunst selbst. Auch wer sich in eine antike Statue oder ein abstraktes Bild versenkt, die internen Wiederholungen der Werke also 'bloß wiederholt', holt sie damit wieder zu sich in die Zeit. Jeder, der – wie mühsam auch immer – Homer-Verse liest oder eine – wie unzulänglich auch immer gelingende – Shakespeare-Aufführung erlebt, begibt sich aus dem zeitlichen Reich der Dinge und Vorstellungen ins zeitlose Gedankenreich der Kunst. Sie alle nehmen, über alle zeitlichen Abstände hinweg, *unmittelbar* teil an den Gestaltideen großer Künstler aus versunkenen Epochen.

[42] Vgl. Jens Malte Fischer, "Das klagende Lied von der Erde. Zu Gustav Mahlers Liedern und ihren Texten", *Zeitschrift für Literaturwissenschaft und Linguistik* 34 (1979), pp. 55-69; Roger Hillman: " 'Der Abschied'. Mahlers westöstliche Hymne an die Nacht", in: *Begegnung mit dem 'Fremden'. Akten des VIII. Internationalen Germanisten-Kongresses Tokyo 1990*, ed. Eijiro Iwasaki (München: Iudicium, 1991), vol. 7, pp. 402-407.

[43] Zu Belegstellen vgl. Harald Fricke, *Aphorismus* (Stuttgart: Metzler, 1984), pp. 136-139.

'Unsterblich' also sind wir Menschen genau so weit, wie wir Anteil haben (und Anteil nehmen) an großer Kunst: an der Bibel, am Koran, an der Matthäuspassion, an Schönbergs Oper "Moses und Aron", an den Gemälden des Isenheimer Altars, an den Buddha-Statuen in den Felsenbergen Afghanistans.

Jenseits der Kunst aber ist es mit unserer Unsterblichkeit ungefähr so weit her wie mit der eingangs erwähnten des Skispringers Simon Ammann: Die gibt sich, spätestens bis zur nächsten Olympiade, ganz von selbst…

THOMAS HUNKELER

"Non offensé d'aulcun mortel Letharge" – l'immortalité poétique dans le sillage de Pétrarque

> J'ai achevé un monument plus durable que le bronze, plus haut que les Pyramides royales, effritées par les siècles. Mais la pluie ne rongera pas mon œuvre, l'impétueux Aquilon ne pourra la détruire, pas plus que l'innombrable suite des années et la fuite du temps. Je ne mourrai pas tout entier; la majeure partie de moi-même échappera à la mort.[1]

Exegi monumentum aere perennius: le mot d'Horace et sa provocante fierté, au moment de clore le troisième livre des *Odes*, sont bien connus. Rarement, on a pu revendiquer avec autant d'orgueil la supériorité du poète et de son œuvre sur les biens temporels. Certes: depuis Homère, les poètes insistent bien volontiers sur leur capacité à donner une renommée éternelle à ceux et à celles qui ont le privilège de figurer dans leurs chants. Dans l'*Iliade*, c'est Hélène, transformée pour un instant en porte-parole du poète, qui rappelle à Hector que si Zeus leur prépare un dur destin, c'est afin qu'ils soient "plus tard chantés des hommes à venir".[2] La souffrance, même la mort ne sont rien si on les compare à la gloire à venir. Et cette gloire, c'est le poète seul qui est capable de la donner en immortalisant les héros.

Les vers d'Horace, devenus vite proverbiaux, vont toutefois plus loin: ils affirment avec éclat que ce ne sont pas tant les personnes ou les événements chantés par le poète qui seront immortalisés, mais en premier lieu le poème et le poète lui-même. Comme l'a montré Ernst Robert Curtius, le Moyen-Âge latin, puis vernaculaire a lui aussi pratiqué le *topos* de la poésie comme perpétuation et immortalisation.[3] C'est toutefois avec la Renaissance, qui connaît une intense réflexion autour des notions de mort, de naissance, de résurgence, de mortalité et

1 Odes III, XXX, v. 1-7, in Horace, *Œuvres complètes*, trad. F. Richard, Vol. 1 (Paris: Classiques Garnier, 1950), p. 152-5.

2 Iliade VI, v. 359, in Homère, *Iliade*, trad. P. Mazon (Paris: Les Belles Lettres, 1962), p. 124).

3 Ernst Robert Curtius, "Dichtung als Verewigung", in *Europäische Literatur und lateinisches Mittelalter* (Bern: Francke, 1948), p. 469-70.

de survie, que la rhétorique de l'immortalité poétique et artistique se développera de façon spectaculaire.[4]

En effet, si l'art de la Renaissance ouvre – d'une certaine façon du moins – l'ère de notre modernité, c'est, il me semble, précisément dans la mesure où s'y négocie un autre rapport à la mort *grâce à l'art* et *à travers l'art*; dans la mesure où l'esthétique de l'époque, dans ses développements les plus avancés, les plus audacieux aussi, esquisse – à la suite d'Horace – une utopie qui finira par être constitutive de l'art moderne: celle d'un art à la fois immortel et immortalisant, capable d'abolir le temps et d'anéantir la mort. Car loin de se contenter de simplement *commémorer* (c'est-à-dire de garder la mémoire de ceux qui sont morts à l'intention de ceux qui sont vivants), l'art de la Renaissance doit la place essentielle qu'il acquiert au sein de la société de cour à sa capacité à donner forme à un rêve de survie *dans* et *à travers* l'art. Un rêve de survie qui ne touche pas seulement, et c'est essentiel, les personnes représentées, 'telles qu'en elles-mêmes enfin l'éternité les change' – le prince, la famille royale, les grands nobles, quelques riches bourgeois – mais bien au-delà, *toutes les instances impliquées* dans le processus artistique: l'artiste lui-même bien entendu, mais aussi son œuvre (on pourrait d'ailleurs montrer que la notion d'*œuvre* même, contrairement à celle de texte, d'écrit, de peinture ou de statue, désigne précisément cette dimension atemporelle ou éternelle de l'art[5]); le mécène; le propriétaire de l'œuvre d'art; et même le spectateur, le lecteur ou l'auditeur.

Le *Canzoniere*, collection de fragments ou monument?

L'œuvre de Pétrarque, et en particulier son célèbre *Canzoniere*, formera le point de départ de mes réflexions sur l'immortalité poétique à la Renaissance. Commençons tout de suite par noter quelques difficultés. Parmi les nombreux écrits de l'Italien, le *Canzoniere* occupe une place à part, autant pour ce qui concerne la courbe de son influence – d'abord nationale, puis internationale – que par sa constitution, précisément, en œuvre au sens moderne du terme. Rappelons en effet que dans un premier temps, du milieu du XIVe jusqu'aux premières décennies du XVIe siècle, le rayonnement de l'œuvre pétrarquienne se développe d'abord dans une perspective principalement néo-latine et humaniste, qui concerne des œuvres comme le *De Remediis Utriusque Fortunae* ou le *De Vita Solitaria* bien plus que les poésies en langue vulgaire. C'est seulement avec l'essor de l'imprimerie qu'un second Pétrarque verra le jour, désormais moins clerc que

4 Voir Harold Bloom, "An Elegy for the Canon", in *The Western Canon. The Books and School of the Ages* (New York: Harcourt Brace & Company, 1994), p. 19-20.

5 Rappelons simplement que l'idée de 'réunir ses œuvres' constitue, de la part d'un Ronsard qui en lance la mode, un geste qui est censé hausser le poète (moderne) au niveau des classiques de l'Antiquité.

poète amoureux, pour constituer un modèle culturel bien différent, et d'ailleurs largement indépendant, du premier Pétrarque humaniste.[6] C'est cette seconde vague, que l'on désigne habituellement par le terme de "pétrarquisme", qui seule m'intéressera ici.

Mais le paradoxe le plus intéressant, dans le cadre de notre analyse, réside dans le caractère à priori peu monumental de ce que l'on a fini par appeler le *Canzoniere* de Pétrarque, un terme que l'on chercherait en vain avant le XVIe siècle et qui semble lié à l'édition bien plus qu'à la rédaction des poèmes d'amour de Pétrarque. A en croire le titre du célèbre manuscrit partiellement autographe *Vaticanus latinus* 3195, le poète aurait opté à la fin de sa vie, au lieu du '*liber*' qui figure encore dans une lettre à Pandolfo Malatesta (*Seniles* XIII, 11), pour un plus modeste *rerum vulgarium fragmenta*: des "fragments en langue vulgaire". Dans la conception que Pétrarque lui-même se faisait de son livre peu avant sa mort, il n'était donc pas question d'un *chansonnier* au sens médiéval du terme, c'est-à-dire d'une collection plus ou moins fortuite de poésies qui circulent à un moment donné, mais d'une œuvre dans laquelle fragment et totalité s'articulent de façon novatrice. Dans sa magistrale étude sur Pétrarque, Karlheinz Stierle[7] a en effet montré à quel point l'esthétique de la *varietas*, de la dissémination et de la recollection marque l'ensemble des écrits – quasiment tous fragmentaires – de Pétrarque, à la manière de la poétique des ruines de la vieille Rome, dont la totalité ne peut s'esquisser que dans un effort mental de la part du visiteur.

Les éditions imprimées des *rerum vulgarium fragmenta* aux XVe et XVIe siècles portent divers titres: *Le volgari opere*, *Le rime del Petrarca*, *Sonnetti, Canzoni e Trionfi* ou, plus simplement, *Il Petrarca*, comme sur le célèbre tableau de Jean Clouet, *L'homme au Pétrarque*, aujourd'hui au château de Windsor. Sur ce tableau peint vers 1530-35, on voit représenté un homme inconnu, éventuellement Claude de Guise, qui tient à la main un petit livre fermé, avec le nom de Pétrarque sur la reliure.[8] Ce tableau constitue, si besoin en était, une preuve supplémentaire du haut prestige dont commençait à jouir la poésie amoureuse de Pétrarque autour de 1530 dans les milieux de la cour de François Ier. Mais surtout, il montre que les "fragments en langue vulgaire" que Pétrarque tenait encore à présenter, dès l'incipit de son premier poème, sous la forme de "rimes éparses" (*rime sparse*)[9], étaient alors en train d'être reconfigurés en un véritable

[6] Pierre Blanc, ed., *Dynamique d'une expansion culturelle. Pétrarque en Europe XIVe – XXe siècle* (Paris: Honoré Champion, 2001), p. 7-9.

[7] Karlheinz Stierle, *Francesco Petrarca. Ein Intellektueller im Europa des 14. Jahrhunderts* (München / Wien: Carl Hanser Verlag, 2003), p. 525-30.

[8] Tableau reproduit entre autres dans Etienne Jollet, *Jean et François Clouet* (Paris: Editions de la Lagune, 1997), p. 144 (détail).

[9] Pétrarque, *Canzoniere / Le Chansonnier*, éd. bilingue de P. Blanc (Paris: Classiques Garnier, Bordas, 1988), p. 52-3.

monument savamment construit, un monument *aere perennius*, dont la cohérence et la totalité sont mises en évidence – et en même temps, construites – par les nombreux commentaires que l'on commence à y consacrer, en Italie et ailleurs.[10] En effet, loin d'être seulement l'œuvre qui éternise la mémoire de Laure, avec ses deux parties *in vita* et *in morte*, les *rime sparse* sont en réalité avant tout le monument que Pétrarque, poète couronné, érige en son propre honneur, comme il l'avait lui-même indirectement reconnu à travers le titre autographe reporté sur le dernier manuscrit: "Francisci Petrarche laureati poete rerum vulgarium fragmenta". La notion de fragment suggère alors certes, sous la plume de Pétrarque, un certain inachèvement de l'œuvre, mais un inachèvement pour ainsi dire constitutif et non pas accidentel.

Les modernes de la fin du XVe et du XVIe siècle ne se sont donc pas trompés. Au contraire: les *topoi* de modestie et la rhétorique de l'imperfection et de l'inachèvement qui marquent la poésie amoureuse pétrarquienne au seuil du *Canzoniere* sont déchiffrés par eux comme autant de preuves de la perfection de l'ouvrage, en accord avec les usages de la poésie de cour qui alterne habilement l'éloge hyperbolique du patron et la dépréciation symbolique du poète et de ses écrits. Ainsi, pour citer un exemple particulièrement parlant, Etienne Jodelle, dans le sonnet XLI recueilli dans ses *Amours* publiés de façon posthume en 1574, accusera-t-il ouvertement Pétrarque d'avoir chanté Laure non pas par amour, mais par désir de gloire poétique:

> Petrarque Italien, pour un Phebus se faire,
> De l'immortel laurier alla choisir le nom.[11]

Certes: il faut faire la part de l'antipétrarquisme, assez virulent à l'époque, dans les vers de Jodelle, qui tient à se démarquer d'une mode pétrarquiste ressentie désormais – nous sommes dans la France des années 70, en pleine période de guerre religieuse et civile – comme artificielle et fausse. Reste qu'un poète ne se trompe pas à ce sujet: il y a bel et bien, dans le geste d'écrire, un désir d'immortalité qui concerne moins l'objet que le sujet, moins la Laure dont nous ne savons au fond pas grand-chose que le poète lauréat qui s'immortalise à travers "l'immortel laurier".

[10] Voir notamment les travaux de William J. Kennedy: *Authorizing Petrarch* (Ithaca: Cornell University Press, 1994) et "Les autorités pétrarquistes et l'autorisation de Pétrarque", in: Pierre Blanc, ed., *Dynamique d'une expansion culturelle*, p. 53-62.

[11] Etienne Jodelle, *Les amours*, ed. E. Buron (Publications de l'Université de Saint-Etienne, 2005), p. 62. Voir aussi Emmanuel Buron, "Jodelle et Pétrarque", in: J. Balsamo, ed., *Les poètes français de la Renaissance et Pétrarque* (Genève: Droz, 2004), p. 281-7.

Le succès paradoxal de la poésie impuissante

L'humaniste italien Pietro Bembo, responsable de la célèbre édition aldine des poésies de Pétrarque en 1501, insiste dans son traité sur la langue vulgaire, les *Prose della volgar lingua* de 1525, sur toute une série de qualités qui expliquent pourquoi Pétrarque et Boccace doivent être considérés selon lui comme les modèles indépassables de la langue italienne du XVIe siècle: le premier pour la poésie, le second pour la prose. Citant, d'abord l'incipit du *Canzoniere*, ensuite le sonnet 304, *Mentre che 'l cor dagli amorosi vermi*[12], Bembo insiste sur la nécessité, pour la poésie, de combiner non seulement les deux qualités stylistiques complémentaires de la gravité (*gravità*) et l'amabilité (*piacevolezza*), ainsi que l'impératif d'adapter le style au sujet (le *decorum* de la rhétorique classique), mais surtout sur l'idée que la poésie doit avoir le pouvoir rhétorique de persuader ses lecteurs ou auditeurs:

> La persuasion n'est pas moins à désirer et à obtenir pour l'écrivain que le caractère stylistique approprié, même si la poésie peut être grave et plaisante sans elle. Il y a beaucoup d'écrits qui ne sont pas dépourvus de ces deux qualités, et qui pourtant manquent de cette force et vertu apte à persuader. Ceux-ci sont alors à peu près vains et sans efficacité, s'ils n'ont pas dans leur chant cette ravisseuse des esprits de ceux qui écoutent (*questa rapitrice degli animi di chi ascolta*).[13]

Aux yeux de Pietro Bembo, la poésie de Pétrarque est l'exemple à imiter précisément dans la mesure où elle possède au plus haut degré ce qu'il appelle "cette force occulte, présente dans chaque voix, qui amène autrui à acquiescer à ce qu'il lit" (*quella occulta virtù, che, in ogni voce dimorando, commuove altrui ad assentire a ciò che egli legge*).[14]

Comme pour mieux insister sur la différence entre la dimension explicite du poème d'un côté et son efficacité persuasive de l'autre, Bembo choisit d'illustrer cette idée par le sonnet 304 du *Canzoniere*, par un poème donc qui oppose l'impuissance poétique de la jeunesse à la capacité lyrique de la vieillesse. Voici le poème dans sa traduction française de 1555, due à Vasquin Philieul:

> Tandis que fut mon las cœur consumé
> De fievre ardente et vermine amoureuse,

[12] Pétrarque, *Canzoniere / Le Chansonnier*, p. 470-1. Les pages qui suivent reprennent, en les mettant en perspective, des idées déjà esquissées dans mon livre *Le Vif du sens. Corps et poésie selon Maurice Scève* (Genève: Droz, 2003), p. 60ss.

[13] Pietro Bembo, *Prose della volgar lingua*, in: *Prose e rime*, ed. C. Dionisotti (Torino: U-TET, 1992), p. 174 (notre traduction). Je m'inspire ici de l'excellent commentaire de ce passage par William J. Kennedy, "The Unbound Turns of Maurice Scève", in D. Quint et alii, ed., *Creative Imitation: New Essays on Renaissance Literature in Honor of Thomas M. Greene* (Binghampton: Medieval and Renaissance Texts and Studies, 1992), p. 67-88.

[14] Ibid.

Cherchay les pas de ceste fere heureuse
Par tout lieu herme et non accoustumé.
  Plaindre m'osay du Dieu mal allumé,
Et d'elle aussi qui tant fut rigoureuse:
Mais lors ma rime estoit injurieuse
En si jeune aage au subject presumé.
  Or est il mort, et d'un marbre couvert:
Qui si vescu eust jusques à vieillesse,
Eust tellement mon rude engin ouvert,
  Que par mon chant chanu, qui ores cesse,
J'aurois peu faire avec stile plus seur
Les pierres rompre et pleurer de douceur.[15]

La métaphore saisissante de la "vermine amoureuse" permet à Pétrarque d'opposer dans ce sonnet deux types de poésie: une poésie de la jeunesse, produit direct de l'émotion, qui meurt quand cette émotion s'éteint; et une poésie de la maturité (*stil canuto*), qui est capable de transformer cette mort en une vie éternelle, comme le montre l'image de la pierre rompue au dernier vers, qui renvoie bien entendu, au niveau du poème, au marbre tombal du vers 9, et au-delà, à la résurrection du Christ.

L'astuce de ce poème de Pétrarque est bien entendu que le succès poétique, qui est ici évoqué au conditionnel du passé, sous la forme d'une hypothèse non réalisée (*avrei fatto* – "j'aurais pu faire"), se trouve paradoxalement réalisé dans le poème même qu'on est en train de lire. Le dire explicite est annulé, *aufgehoben*, par le faire implicite: la vertu occulte de la persuasion, dont Bembo constate l'efficacité sans être en mesure d'en démontrer les ressorts, a eu son effet: implicitement, le poème est censé démontrer l'immortalité de la poésie pétrarquienne alors même que le poète constate explicitement le contraire.

Vers et (im-)mortalité

Une vingtaine d'années après la parution des *Prose della volgar lingua* de Bembo, un autre poète, originaire de la ville de Lyon, se laissera à son tour inspirer par l'héritage pétrarquiste en général et par le poème 304 du *Canzoniere* en particulier. Dans son recueil de poésies amoureuses *Délie. Object de plus haulte vertu*, paru en 1544, Maurice Scève se référera en effet de façon explicite au poème de Pétrarque lorsqu'il réfléchit à son tour aux façons dont la poésie peut immortaliser la dame aimée. Voici le dizain CCCLXXVIII, dans lequel Scève reprend et développe le poème pétrarquien:

La blanche Aurore à peine finyssoit
D'orner son chef d'or luisant, et de roses,

[15] Pétrarque, *Toutes les euvres vulgaires* (Avignon: Barthelemy Bonhomme, 1555), p. 240.

Quand mon Esprit, qui du tout perissoit
Au fons confus de tant diverses choses,
Revint à moy soubz les Custodes closes
Pour plus me rendre envers Mort invincible.
Mais toy, qui as (toy seule) le possible
De donner heur à ma fatalité,
Tu me seras la Myrrhe incorruptible
Contre les vers de ma mortalité.[16]

Dans son édition de *Délie*, Gérard Defaux a insisté avec perspicacité sur la façon très originale dont Scève combine dans sa poésie la reprise d'éléments pétrarquistes et l'influence de la poésie dévote consacrée à la Vierge, encore très populaire durant la première moitié du XVIe siècle. La "Myrrhe incorruptible" au vers 9, symbole marial fréquemment utilisé dans la poésie des Puys en l'honneur de Marie, constitue en effet une reprise textuelle d'un passage du poète rhétoriqueur Pierre Fabri dans son *Defensoire de la conception de la glorieuse Vierge Marie* de 1514. On y lit, après une longue évocation de l'incorruptibilité de la Vierge, que "le myrrhe est de ceste nature, que il chasse les vers & de soy & des autres", idée que Scève reprend quasi textuellement dans son dizain.[17]

Contrairement à Gérard Defaux, qui a tendance à voir dans l'influence de la poésie mariale *la* clef de lecture par excellence de l'ouvrage de Maurice Scève, j'aimerais insister ici plutôt sur le détournement de ce type de référence religieuse par le poète. Délie n'est pas une réincarnation de Marie, tout comme la Laure de Pétrarque ne peut être réduite à l'image de la Vierge, telle qu'elle apparaît dans *Vergine bella*, la chanson de clôture du *Canzoniere*. Dans l'un et dans l'autre cas, le poème est loin de trouver sa raison d'être dans la référence religieuse; au contraire, c'est plutôt celle-ci qui devient un élément, certes essentiel, mais pas unique, du discours poétique. L'exemple du dizain de *Délie* que l'on vient de citer est à cet égard instructif. L'expression "les vers de ma mortalité" sur laquelle le poème se clôt ne doit pas seulement être lue au sens littéral, comme un rappel particulièrement frappant de la mort, comme un *memento mori* en quelque sorte, mais aussi et surtout à l'horizon d'un débat poétique autour des *amorosi vermi*, de la "vermine amoureuse" du sonnet de Pétrarque.

Constatons d'abord que si le poème de Pétrarque *s'ouvre*, dans son premier vers, sur la métaphore mémorable de la "vermine amoureuse" – qui désigne, comme le note Alessandro Vellutello, l'un des commentateurs de Pétrarque que Scève connaissait bien, les pensées amoureuses du poète[18] – le poème de Scève, quant à lui, se referme sur l'expression "les vers de ma mortalité". Scève révoque

[16] Maurice Scève, *Delie. Object de plus haulte vertu*, ed. G. Defaux, 2 Vols. (Genève: Droz, 2004), Vol. 1, p. 172.

[17] Maurice Scève, *Delie*, Vol. 2, p. 412-13.

[18] *Il Petrarca con l'espositione di M. Alessandro Velutello* [sic] (Venezia: Giovanni Antonio Bertano, 1573), p. 117v°: "gl'amorosi vermi cioè […] gli amorosi pensieri".

donc manifestement la ligne argumentative de Pétrarque qui, nous l'avons vu, passe de l'affirmation de l'impuissance liée à la poésie de jeunesse, à l'évocation hypothétique de la puissance attachée à la poésie mature.

Une telle lecture est étayée lorsqu'on compare les deux poèmes d'ouverture des recueils respectifs de Pétrarque et de Scève. Tandis que Pétrarque ouvre son *Canzoniere* sur la mention de son "primo giovenile errore" (v. 3), pour insister par la suite sur l'idée qu'à l'époque, il était, du moins en partie, un autre homme ("quand'era in parte altr'uom da quel ch'i'sono", v. 4), Maurice Scève, qui évoque lui aussi, dès le premier dizain de *Délie*, la période de ses "jeunes erreurs", ne fait pourtant à aucun endroit état d'une prise de distance qui permettra, comme dans le cas de Pétrarque, un moment de reconnaissance ou de repentir. Cette différence est cruciale: tandis que chez Pétrarque, il y a bien deux moments distincts qui renvoient, de façon quasi augustinienne, le premier à son expérience amoureuse, le second à sa poésie, les poèmes de Scève glissent constamment de l'évocation de la passion amoureuse à sa mise en mots et vice versa. Citons ici, à titre d'exemple, le dizain LXXVI, qui insiste explicitement sur la quasi-simultanéité de ces deux moments:

> Je le vouluz, et ne l'osay vouloir,
> Pour non la fin à mon doulx mal prescrire.
> Et qui me feit, et fait encor douloir,
> J'ouvris la bouche, et sur le point du dire,
> 'Mer', un serain de son nayf soubrire
> M'entreclouit le poursuyvre du 'cy'. (v. 1-6)[19]

Ce poème, certes partiellement inspiré du sonnet 49 du *Canzoniere*, met l'accent sur l'imbrication on ne peut plus étroite entre l'expérience amoureuse et sa transposition en mots. Dans le sonnet de Pétrarque que Scève imite, en revanche, ce n'est pas la dame, mais la langue elle-même qui est apostrophée, ce qui permet de garder le poème dans la seule sphère de la diction:

> Nonobstant que je t'aie de mensonge gardée
> avec toute ma force, et beaucoup honorée,
> langue ingrate, pour autant tu ne m'as
> en retour fait honneur, mais bien colère et honte,
>
> car c'est quand m'est le plus nécessaire ton aide
> pour demander merci, que tu demeures
> la plus froide ; et si tu articules des mots,
> imparfaits se révèlent, comme d'homme rêvant. (v. 1-8)[20]

[19] Maurice Scève, *Delie*, Vol. 1, p. 38.

[20] Pétrarque, *Canzoniere* / *Le Chansonnier*, p. 126-7.

Pour en revenir au dialogue poétique entre Pétrarque et Scève autour des notions de "vermine amoureuse" et de "vers de [sa] mortalité", il importe de voir que Scève choisit la figure rhétorique de l'homonymie, autrement dit l'exploitation de mots dont le son est identique mais dont le sens diffère, pour saisir en une seule expression les "vers de la mortalité" comme une référence simultanée aux vers qui attaquent le corps après la mort et à la survie du vers poétique. Dans le poème de Scève, c'est d'abord le séjour de l'esprit auprès de Délie durant le sommeil qui rend le poète "envers mort invincible"; et plus encore – c'est du moins comme cela que je lis le 'mais' qui ouvre la seconde partie du poème, au sens du latin *magis* – c'est *Délie* qui va immortaliser, comme la myrrhe, les vers du poète mortel.

Le recueil de Scève est en effet placé dans son ensemble sous le signe d'une poétique capable de triompher de la mort et d'immortaliser l'amour, en une relecture très personnelle – et très infidèle – des *Trionfi* de Pétrarque, qui culminent, on s'en souvient, dans le triomphe de l'Eternité sur l'Amour, la Chasteté, la Mort, la Gloire et le Temps. De nombreux poèmes de *Délie* évoquent explicitement l'idée d'une éternisation de l'amour, comme par exemple le dizain CCCCXLVII qui commente le dernier emblème du recueil, intitulé "Après la mort ma guerre encor me suit":

> Si tu t'enquiers pourquoy sur mon tombeau
> Lon auroit mys deux elementz contraires,
> Comme tu voys estre le feu, et l'eau
> Entre elementz les deux plus adversaires:
> Je t'advertis, qu'ilz sont tresnecessaires
> Pour te monstrer par signes evidentz,
> Que si en moy ont este residentz
> Larmes et feu, bataille asprement rude:
> Qu'apres ma mort encores cy dedens
> Je pleure, et ars pour ton ingratitude.[21]

Mais le poème le plus emblématique à cet égard est le dernier du recueil, qui contient aussi une référence explicite aux *Trionfi* de Pétrarque. Dans ce dernier dizain, l'immortalité de l'amour est en effet fièrement affirmée:

> Flamme si saincte en son cler durera,
> Tousjours luysante en publicque apparence,
> Tant que ce Monde en soy demeurera,
> Et qu'on aura Amour en reverence.
> Aussi je voy bien peu de difference
> Entre l'ardeur, qui noz cœurs poursuyvra,
> Et la vertu, qui vive nous suyvra
> Oultre le Ciel amplement long, et large.

[21] Maurice Scève, *Delie*, Vol. 1, p. 203.

Nostre Genevre ainsi doncques vivra
Non offensé d'aulcun mortel Letharge.[22]

Le dernier vers de *Délie* prend en effet le contrepied de Pétrarque, en retournant les vers 74-75 du *Triomphe du Temps*: "Ma io v'annunzio che voi sete offesi / Di un grave e mortifero letargo".[23] Aucun oubli en revanche chez Scève, qui aura cherché à immortaliser son œuvre à la manière du genévrier, symbole, comme le laurier pétrarquien, de gloire immortelle. La mention de la "publicque apparence" au vers 2 indique d'ailleurs que si Scève n'est pas insensible à la dimension du public et de la publication de son ouvrage – contrairement à toute une génération de poètes de cour, comme par exemple Mellin de Saint-Gelais ou Claude Chappuys, qui renoncent à publier leurs poésies – il ne cherche en revanche pas à éterniser son propre nom, puisque le livre n'est signé qu'indirectement, au moyen de la devise de Scève, "Souffrir non souffrir", de l'abréviation "M. S." et du portrait de l'auteur. Décidément, ce qui est ici chanté n'est pas la dame réelle qui existe éventuellement – mais qu'en savons-nous ? – derrière le surnom inventé de Délie, ni même le poète lui-même, mais l'amour et, à travers lui, la poésie amoureuse. Louise Labé[24] ne disait-elle pas, dans un texte souvent attribué à Maurice Scève lui-même, que "le plus grand plaisir qui soit apres amour, c'est d'en parler"?

On mesure bien la relative modestie de Scève si, pour finir, on compare son attitude à celle d'un Ronsard. Je citerai en guise de conclusion ces vers magnifiques, mais passablement grandiloquents des *Sonnets pour Hélène*, qui font eux aussi depuis longtemps partie des poèmes immortels de la langue française:

Quand vous serez bien vieille, au soir à la chandelle,
Assise aupres du feu, devidant et filant,
Direz chantant mes vers, en vous esmerveillant,
Ronsard me celebroit du temps que j'estois belle.

Lors vous n'aurez servante oyant telle nouvelle,
Desja sous le labeur à demy sommeillant,
Qui au bruit de Ronsard ne s'aille resveillant,
Benissant vostre nom de louange immortelle.

Je seray sous la terre et fantôme sans os
Par les ombres myrteux je prendray mon repos:
Vous serez au fouyer une vieille accroupie,

[22] Ibid., p. 204.

[23] *Rime di F. Petrarca*, Vol. 2 (Paris: Dondey-Dupré, 1821), p. 214.

[24] Louise Labé, "Débat de Folie et d'Amour", in *Œuvres complètes*, ed. F. Rigolot (Paris: GF-Flammarion, 1986), p. 76. Sur la question de l'attribution des œuvres de Labé, voir Mireille Huchon, *Louise Labé. Une créature de papier* (Genève: Droz, 2006).

Regrettant mon amour et vostre fier desdain.
Vivez, si m'en croyez, n'attendez à demain:
Cueillez dés aujourdhuy les roses de la vie.[25]

[25] Ronsard, *Œuvres complètes*, ed. J. Céard, D. Ménager et M. Simonin (Paris: Gallimard, "Bibliothèque de la Pléiade", 1993), Vol. 1, p. 400-1. Nous citons la version de 1578 pour le vers 7.

SABINE COELSCH-FOISNER

Die Kunst als Garant der Unsterblichkeit: Literarische und kulturtheoretische Perspektiven des Überdauerns zwischen Monumentalisierungswahn und Statuenstürmerei

Vorbemerkungen

Historisch betrachtet mag mein Titel eher als Frage erscheinen, vor allem wenn man an Begriffe wie Friedrich Schillers "ästhetische Bestimmungsfreiheit" denkt, die für ihn einer "erfüllte[n] Unendlichkeit" gleichkommt,[1] oder an Ludwig Tiecks Credo von der Unsterblichkeit der Kunst und des Künstlers:

> Alles, was vollendet, das heißt, was Kunst ist, ist ewig und unvergänglich, wenn es auch die blinde Hand der Zeit wieder auslöscht; [...] In sich selbst trägt die Gegenwart der Kunst ihre Ewigkeit, und bedarf der Zukunft nicht, denn Ewigkeit bezeichnet nur Vollendung. [...] Lasset uns darum unser Leben in ein Kunstwerk verwandeln, und wir dürfen kühnlich behaupten, dass wir dann schon irdisch unsterblich sind. (Tieck, 1799).[2]

Wordsworths "Ode on the Intimations of Immortality" gilt als Inbegriff romantischer Transzendenz und prägte wie kaum ein anderes Werk das geistige Universum der Frühviktorianer.[3] Heute rangiert die Ode bestenfalls auf Leselisten, und John Ruskins Gedanken zur Ewigkeit der Kunst, verteilt auf sein herkulisches Werk von 39 Bänden[4] sprengen ein von Zeitfenstern geprägtes Leseverhalten, obgleich seine Theorie von Kunst und Schönheit in *Modern Painters* (1843-1860) als eine Art psychohygienische Notwendigkeit zur Bewältigung unserer Sterblichkeit hochaktuell ist.[5] Mehr im Trend liegt Mario Vargas Llosas Aussa-

[1] Friedrich Schiller, *Über das Schöne und die Kunst: Schriften zur Ästhetik* (München: dtv, 1984), 21. Brief, pp. 120-22, p. 121.

[2] Wilhelm Heinrich Wackenroder und Ludwig Tieck, *Phantasien über die Kunst*, ed. von Wolfgang Nehring (1799; Stuttgart: Reclam, 1973), pp. 56-7.

[3] Edward E. Bostetter, "The Eternal Questions", *The Sewanee Review* 72:3 (Summer 1964), pp. 545-8; Barbara Garlitz, "The Immortality Ode: Its Cultural Progeny", *Studies in English Literature 1500-1900* 6:4 (Autumn 1966), pp. 639-49.

[4] John Ruskin, *The Works of John Ruskin*, Library Edition, 39 Volumes, ed. E. T. Cook und A. Wedderburn (London und New York: Allen und Longmans, Green & Co, 1903-1912).

[5] Ruskin, Bd. IV, S. 88-9. Zum Vergleich von Wordsworth und Ruskin siehe Douglas R. Angus, "The Relationship of Wordsworth's 'Ode on the Intimations of Immortality' to

ge in einem Interview (2002), dass der modernen Literatur der Glaube an die Zukunft abhanden gekommen sei:

> In the past, an author wrote to achieve immortality, so that when he died his work would remain and he would continue to live on through it. The author's ambition was to attain this immortality through a perfect work of art. Nobody believes in immortality today, and such a notion has been replaced everywhere by an obsession with the present.[6]

Wo ist der Beweis für diese Hypothese? Sind Preise, Stiftungen, Publikationswut und die Sucht nach Medienpräsenz nicht Indiz für einen Traum von der Ewigkeit, der sich seit ihren mythischen Anfängen um die Kunst rankt – auch wenn dieser Traum im Zeitalter von Lebensverlängerung und Anti-aging mit neuen Inhalten verschränkt und von neuen Ängsten getrieben wird? Entspringt nicht der Kult um das Archiv und die Sorge um den möglichen Verlust digitalisierter Kulturgüter dem Traum von der Ewigkeit? Und zementieren nicht die seit den 90er Jahren explodierenden Zahlen und Neuauflagen an Kunst- und Literaturgeschichten trotz aller Dekanonisierungsdebatten ein Prinzip des Fortdauerns von Kunstwerken – sei es im Sinne eines chronologischen Wirkungskontinuums (ein Werk übt auf andere Werke einen Einfluss aus), sei es im Sinne von Aby Warburgs Theorie des "Nachlebens" (*Kulturwissenschaftliche Bibliothek*), das nicht auf einer chronologischen, sondern 'symptomatischen' Zeit beruht und der traditionellen Kunst*geschichte* ein anthropologisches Verfahren entgegensetzt?[7] Selbst Terry Eagleton, der in *Literary Theory* (1996) die (damals) provokante These vertrat, dass nichts per se Literatur sei ("Anything can be literature, and anything which is regarded as unalterably and unquestionably literature – Shakespeare, for example – can cease to be literature."[8]) – musste zugeben, dass wir auch heute noch Shakespeare als Literatur bewerten und lesen, wenngleich anders als vor einem halben Jahrtausend.[9]

Trotz der Gegenwartsbezogenheit eines kommerzialisierten Literatur- und Kunstbetriebs, trotz der Profanisierungs- und Entzauberungsschübe der Moder-

Ruskin's Theory of the Infinite in Art", *The Modern Language Review* 36:4 (Okt. 1941), pp. 506-8.

6 "In the Past One Wrote to Gain Immortality; Today Nobody Believes in Eternity: An Interview with Mario Vargas Llosa", *World Literature Today* 76:1 (Winter 2002), pp. 64-9.

7 Georges Didi-Huberman, "Artistic Survival: Panofsky vs. Warburg and the Exorcism of Impure Time", *Common Knowledge* 9:2 (2003), pp. 273-85.

8 Terry Eagleton, "Introduction: What is Literature?", *Literary Theory: An Introduction* (1996; Minneapolis, MN: University of Minnesota Press, 2001), pp. 1-14, p. 9.

9 "'Our' Homer is not identical with the Homer of the Middle Ages, nor 'our' Shakespeare with that of his contemporaries; it is rather that different historical periods have constructed a 'different' Homer and Shakespeare for their own purposes, and found in these texts elements to value or devalue, though not necessarily the same ones." (Eagleton, S. 11).

ne und Postmoderne – J. Hillis Millers spricht vom Verschwinden Gottes[10] – wurde die Vorstellung von Kunst als Überdauerndem nicht ausgelöscht; sie unterliegt nur ständigen Bedeutungsverschiebungen und meint einmal mehr, einmal weniger das Überdauern des Individuums im Kunstwerk oder das Kunstwerk als Manifestation des Unsterblichen, profaner ausgedrückt: die Begegnung zwischen dem zeitlich Erfahrbaren und dem, was sich unserer unmittelbaren Erfahrung entzieht. 1957 postulierte Ernesto Grassi (1902-1991) das 'zweifache Verhältnis' jeden Kunstwerks zur Zeit, d. h. seine äußere Zeitbezogenheit bei einer gleichzeitigen 'Ungeschichtlichkeit', weil die Kunst nicht nur darstellt, sondern: "sie verklärt das Dargestellte, indem sie ihm eine geistige Bedeutung verleiht oder diese Bedeutung selbst vielmehr im Stofflichen einsichtig macht";[11] nicht zuletzt die Vereinigung des "zeitlich Getrennte[n] unserer sinnlichen Wahrnehmung zum Simultanen" (Grassi, S. 131) sei Indiz für die 'Ungeschichtlichkeit' des Kunstwerks. Ähnlich definierte Otto Zierer (1909-1983) (1979) Kunst als den "verdichtete[n] Ausdruck des Lebensgefühls einer Zeit" und gleichzeitig als "eine Auseinandersetzung zwischen irdischer Daseinsform und dem Göttlichen [...] Die Künste offenbaren letztlich den Standpunkt des Menschen gegenüber dem Ewigen."[12] Wie sehr die gleichsam geisterhafte Präsenz von Bildern und Motiven einem mythisch-religiösen Kunstbegriff[13] oder der romantischen Apotheose des schaffenden Subjekts fremd sein mag, das Aufspuren anachronistischer Querbezüge in Kunstwerken ist geleitet von der Vorstellung des Überdauernden.

Es bleibt der Befund, dass Kunst als "menschliche[r] Entwurf" zur Vermittlung, Deutung, Begrenzung, "Meisterung" (Zierer, S. 13) oder "Bändigung" der Natur (Grassi, S. 9 und 11) besonders da zum Einsatz kommt, wo der Mensch mit Bereichen konfrontiert ist, die seinen unmittelbaren Erfahrungshorizont übersteigen. Oscar M. Maina hält fest:

[10] J. Hillis Miller, *The Disappearance of God: Five Nineteenth-Century Writers* (1963; repr. Cambridge and London: Belknap Press of Harvard UP, 1979). Laut Hillis Miller sind die vier Antworten auf das Verschwinden von Gott: 'humanism', 'perspectivism', 'nihilism', pious acceptance'.

[11] Ernesto Grassi, *Kunst und Mythos* (Hamburg: Rowohlt, 1957), p. 120.

[12] Otto Zierer, *Jahrtausende der Kunst: Die alten Kulturen* (Salzburg: 'Das Bergland-Buch', 1979), p. 7.

[13] Laut Ernesto Grassi trat die Kunst in Erscheinung, weil die "mythische Welt zusammenbrach und der von ihr, in ihr geborgene Mensch einer neuen Ordnung bedurfte, die nur geistiger Art sein konnte. Die Kunst bezeichnet also zugleich den Bruch mit einer geschlossenen Urwirklichkeit und den Versuch, den durch diesen Bruch im Wesen des Menschen hervorgerufenen Zwiespalt zu heilen." (Grassi, p. 138).

> A careful exploration of human activities surrounding the issues of death and immortality reveals an obsession with the expression of the possibility of defeating death through the artistic act.[14]

Als jener Bereich, der die Unsterblichkeit nicht nur reflektiert sondern repräsentiert, gibt die Kunst (und dazu zähle ich die Literatur) Auskunft über Zukunftskognitionen, und weil der Künstler immer aus seiner Lebenssituation und Zeitperspektive schöpft, sind diese bedeutsam als Spiegel realer Befindlichkeiten, Ängste und Hoffnungen.

Unsterblichkeit als statisches und metamorphes Überdauern

Als imaginäre bzw. literarische Kategorie unterliegt die Unsterblichkeit im Wesentlichen zwei Vorstellungen: der des statischen und der des metamorphen Überdauerns – Zeitstillstand und Wandel. Beide setzen bestimmte ästhetische Strategien voraus, wie ich im Folgenden anhand einiger markanter Beispiele aus der Renaissance, Romantik und Moderne/Postmoderne skizzieren möchte.

1. Unsterblichkeit als statisches Überdauern

Das statische Überdauern ist der realen Erfahrung fremd und impliziert die Umkehr von Narration und Drama, weil nichts geschieht, sich nichts bewegt und entwickelt. Das endlose Warten auf Godot ist der Fluch einer sinnlosen Existenz, nicht nur für Vladimir und Estragon, sondern auch für das Publikum. Becketts Duo verharrt auf der Bühne, weil es keinen Antrieb gäbe, nicht zu verharren:

> Vladimir: Well? Shall we go?
> Estragon: Yes let's go.
> [Regieanweisung] *They do not move*.[15]

Becketts Experiment funktioniert nur vor dem Hintergrund eines den Traum von der Ewigkeit träumenden Publikums, denn ein Stagnieren ist ein Leben *ohne* Ewigkeit. Darin liegt die Absurdität von Becketts Figuren: Sie verharren ohne Zeitlichkeit (kein Anfang, keine Mitte, kein Ende), und was sie sagen und erle-

[14] Oscar M. Maina, "Exploring the Motifs of Death and Immortality", http://www.ajol.info/index.php/jolte/article/viewFile/41783/37142 (02.06.2011), pp. 187-97, S. 187.

[15] Samuel Beckett, *Waiting for Godot* (London: Faber & Faber, 1956), p. 94.

ben ist ersetzbar. Eine Existenz wie die von Estragon und Vladimir ergibt kein Narrativ.[16]

Die *intradiegetische* Darstellung von Unendlichkeit erweist sich als zentrales Experiment im späten 19. und 20. Jh., sie wird aber in der Regel durch erzähltechnische Manöver und Tricks in Bezug zum zeitlich Erfahrbaren gesetzt, d. h. narrativiert. In H. G. Wells' *Time Machine* (1895)[17] katapultiert sich der Erzähler mittels einer Zeitmaschine ins Jahr 802701 und pflückt eine Blume; als er wieder in die Gegenwart zurückkehrt, ist diese verwelkt. Das kann nicht sein, weil die Blume in die Vergangenheit transportiert wird, in der sie noch nicht existierte. Dennoch eine Blume, die man pflückt, verwelkt. Wells überträgt eine reale Zeitperspektive in eine spekulative. Das was er die 'andere Logik' nennt, umschreibt letztlich die Unmöglichkeit, Zukunftskognitionen jenseits real erfahrbarer Zeitperspektiven zu entwerfen.

Die bevorzugte Erzähltechnik zur Thematisierung einer statischen Ewigkeit ist die *extradiegetische*; d. h. die Ewigkeit existiert jenseits der Handlung oder Lebenssituation der Charaktere – zumeist als Traum, Vision oder abstrakte Idee. Klassisches Beispiel ist das Sprechen *über* eine unsterbliche Existenz, wie es die herumirrenden Helden in William Morris' epischem Gedicht *The Earthly Paradise* (1871) tun, als sie motiviert durch Erzählungen vom irdischen Paradies die Meere durchqueren und nach immer blühenden Gärten suchen, wo die Menschen nicht alt werden ("... gardens ever blossoming / Across the western sea where none grew old"),[18] bis sie selber dabei alt werden: "And like real life would empty stories seem, / And life from day to day an empty dream." (S. 4) Morris' Helden scheitern und müssen ihre Sterblichkeit hinnehmen, aber sie verwandeln das Leben in Kunst, indem sie einander Geschichten erzählen, ganz nach dem Vorbild großer Erzählzyklen, wie Bocaccios *Decamerone* oder Chaucers *Canterbury Tales*. Die Botschaft des Gedichts ist ein menschlicher Lernprozess: die Unsterblichkeit ist eine unerfüllbare Vision und, auf das Erzählverfahren bezogen, extradiegetisch. Durch die Mythen und Legenden, die sie erzählen, sowohl aus der Antike als auch aus dem Germanischen und Nordischen führen sie eine lange Tradition fort. Ihre Klage um das vergeudete Leben verstummt, denn als Erzähler überleben sie im kollektiven Gedächtnis und wandeln ihre Irrfahrt in ein Narrativ um ("a *tale* of woe"). Damit setzen sie sich ein Denkmal für die Nachwelt:

[16] Vgl. Claudia K. Y. Lai, "Narrative and Narrative Enquiry in Health and Social Sciences", *Nurse Researcher* 17:3 (2010), pp. 72-84; Rita Charon, *Narrative Medicine: Honoring the Stories of Illness* (Oxford: OUP, 2006).

[17] H. G. Wells, *The Time Machine* (1895; New York: Signet Classic, 2002).

[18] William Morris, "Prologue: The Wanderers", *The Earthly Paradise*, 1868-1870 (London: Longman, 1907), p. 4.

> [...] I have to tell a *tale* of woe,
> A tale of folly and of wasted life,
> Hope against hope, the bitter dregs of strife,
> Ending, where all things end, in death at last:
> [...] [meine Kursivierung]

Morris' Epos folgt einer kreisläufigen Struktur: Menschen hören Geschichten von der Ewigkeit, ziehen aus, um diese zu finden, scheitern und erzählen schlussendlich selber Geschichten von der Ewigkeit. Die Zukunftskognition erweist sich als Spiegel der Vergangenheit, wie dies Godwin Lämmermann erst kürzlich bei den Salzburger Hochschulwochen aus religionspsychologischer Sicht ausgeführt hat.[19]

In seinem Spätwerk demontiert Morris konsequent die romantische Sehnsucht nach Transzendenz, die dem extradiegetischen Erzähltypus zugrunde liegt. In *The Story of the Glittering Plain* (1891)[20] gelangt der Erzähler in das irdische Paradies. Die Bewohnerinnen der "glitzernden Ebene" sind junge, schöne Feengestalten, sinnlich und dem männlichen Neuankömmling zugetan. Dieser sollte glücklich sein, wird ihm doch buchstäblich der menschliche Traum von der Unendlichkeit angeboten, ohne lästige Begleiterscheinungen von Altern und körperlichem Verfall; es wird gefeiert und geliebt, und es fehlt an nichts. Wie diese endlose Zufriedenheit gelingen kann, wird dem Leser nicht verraten. Vielmehr tun sich Zweifel auf. Das immer gleiche Treiben im Land der Unsterblichen verträgt sich nicht mit einer auf den Tod ausgerichteten Lebenseinstellung. So erscheinen Liebe und Freundschaft belanglos, Ziele und Zukunftsperspektiven fehlen. Die *glittering plain* entpuppt sich als glitzerndes Trugbild. Der Held verlässt sie wieder.

Annähernd zur gleichen Zeit entstand Morris' utopischer Roman *News from Nowhere* (1892).[21] Hier bildet ein Traum den Rahmen für die Vision einer anachronistischen Idealwelt, und obgleich der Erzähler darin die Erfüllung seines sozialpolitischen Engagements sieht – ein ökologisch sauberes England mit fröhlichen Menschen – muss er aufwachen, denn der politische Aufruf zum Handeln, der der literarischen Utopie innewohnt, ist nur durch das Scheitern der literarischen Figur gewährleistet. Wieder ist das Paradies keine Bleibe für Sterbliche.

Narratologisch kippt in Morris' literarischer Entwicklung die extradiegetische Vorstellung von Unsterblichkeit (*The Earthly Paradise*) ins intradiegetische Er-

[19] Godwin Lämmermann, Vorlesung "Der Traum vom ewigen Leben und das Elend der Endlichkeit. Religionspsychologische Impressionen zu Endlichkeit und Unendlichkeit", *Salzburger Hochschulwochen*, 2.-4. August, 2010.

[20] William Morris, *The Story of the Glittering Plain* (London: Reeves and Turner, 1891).

[21] William Morris, *News From Nowhere* (1890 seriell in *Commonweal* veröffentlicht; 1892 in Buchform; als *'News from Nowhere' and Selected Writings and Designs*, Harmondsworth: Penguin, 1962).

lebnis (*The Story of the Glittering Plain*, *News from Nowhere*). Sein Spätwerk liegt damit an der Schwelle von der Romantik zur Moderne.

In der Romantik galt das Interesse dem schöpferischen Subjekt und seiner persönlichen Ausrichtung zum Ewigen, das für ihn als Kunstreich (zumindest temporär) erfahrbar wird: Das Partikuläre/Zeitliche verschmilzt mit dem Universellen/Überzeitlichen. Die Beständigkeit des Monuments bleibt unangefochten, es tritt ihr aber der dynamisierende Blick des Künstlers entgegen, der den Wandel zum Schöpfungsprinzip erhebt (z.B. Percy Bysshe Shelleys "Ode to the West Wind" und "Hymn to Intellectual Beauty"). Für einen Moment scheint sich sein transzendentes Strebens zu erfüllen: Der Kunst schaffende oder Kunst rezipierende Mensch empfindet eine ekstatische Einheit mit einem höheren Sein. Doch weil der Mensch ständig zwischen dem Göttlichen und dem Dynamisch-Lebendigen verhandeln muss, ist der romantischen Kunst die Gefühlskurve des *going out and returning* prototypisch eingeschrieben: der Mensch tritt aus der Geschichtlichkeit heraus in das Ewige der Kunst, um wieder ins irdische Leben zurückzukehren.

Ihren bevorzugten Mythos findet die Romantik im Prometheus, der die Grenzen des Menschseins durchbricht: Rebell, Genie und Gigant zugleich (Percy Bysshe Shelley, Lord Byron und Mary Shelley). Frankenstein, der moderne Prometheus, setzt sich über den Tod hinweg, indem er einen Menschen erschafft – aber nicht wie Pygmalion ein Ideal, worin diesem Reynolds und die klassizistischen Porträtisten der Royal Academy im 18. Jh. nacheiferten, sondern eine monströse, aus Leichenteilen zusammengeflickte Kreatur, vor der er flieht und die er wieder zerstören will. Sein Experiment ist geglückt, aber es bringt kein Glück. Frankensteins Reaktion auf seine Kreatur ist bezeichnend für die Ambivalenz der romantischen Sehnsucht nach Transzendenz. Der Traum von der Unsterblichkeit konkurriert mit der Ewigkeitsangst. Mary Shelleys Roman ist die Schauervariante dieses gespaltenen Gefühls. In der Lyrik findet es seinen idealtypischen Ausdruck in der Ode. Nur für einen Moment empfindet die lyrische Stimme in Keats' "Ode to a Nightingale" eine ekstatische Einheit mit der Nachtigall, deren Gesang ihn wie aus einer anderen Welt zu sich lockt. Extradiegetische Vision und intradiegetisches Erleben fallen im schöpferischen Akt zusammen und das Partikuläre scheint sich mit dem Universellen zu vereinigen:

> I cannot see what flowers are at my feet,
> Nor what soft incense hangs upon the boughs,
> But, in embalmed darkness, guess each sweet
> Wherewith the seasonable month endows
> The grass, the thicket, and the fruit-tree wild;
> White hawthorn, and the pastoral eglantine;
> Fast fading violets cover'd up in leaves;
> And mid-May's eldest child,

The coming must-rose, full of dewy wine,
The murmurous haunt of flies on summer eves.[22]

"Guess" bezeichnet den Wechsel der Sprechstimme von der Wirklichkeit zur Kunst – die aufgelisteten Blumen sind imaginär. Dann kehrt der Träumer in die vergängliche Welt zurück: "To toll me back from thee to my sole self!" (St. 6, S. 792). Der Gesang der Nachtigall verhallt und wird bald nur mehr aus einem fernen Garten vernommen.

Ähnlich ergeht es der Sprechstimme in "Ode to a Grecian Urn". Sie ist überwältigt von der Schönheit des antiken Kunstwerks, doch die Darstellung eines Hochzeitszugs ruft Zweifel wach: Die Liebe des dargestellten Paares kann sich nicht erfüllen, die Töne der dargestellten Musiker sind nicht vernehmbar, und die Natur ist leblos. Obgleich sich mit den ewig jungen Liebenden und den stillen Melodien die Vision einer höheren Existenz verbindet, kippt auch hier die Erfüllung in Entzauberung und die Sprechstimme klagt die Urne an: "Cold Pastoral!"[23]

Wiewohl der Romantiker von der Idee einer die Grenzen seiner Sterblichkeit sprengenden Einheit mit dem Ewigen geleitet ist, das lyrische Ich schreckt vor der finalen Vereinigung zurück. Deshalb verliert sich der Mensch nur temporär im ewigen Reich der Kunst, und deshalb kehrt die Erzählung vom intradiegetischen Erlebnis zur extradiegetischen Vision zurück. Narratologisch wird das durch einen (oder mehrere) Rahmen bewältigt, wie z. B. in *Frankenstein*, wo die Briefe eines Expeditionsforschers den sicheren Rahmen für die eigentliche Geschichte von der Überwindung des Todes durch die Erschaffung des Monsters bilden.

Für die Romantik ist die Kunst ein Garant für die Unsterblichkeit, weil sie das Ewige in sich trägt – ob Coleridges orientalische Stadt in Kubla Khan, Keats' Urne oder das ovale Porträt einer schönen jungen Frau in E. A. Poes gleichnamiger Schauererzählung, in der das Modell des Malers stirbt, als er den letzten Pinselstrick setzt. Die häufige Verwendung von Kunstwerken in der Gothic rührt geradezu vom monumentalen Verständnis von Kunst: Statuen und Ahnenporträts haben die Menschen überdauert und halten Einzelschicksale für die Nachwelt fest. Als solche sind sie Schnittpunkte des Realen und Irrealen: Statuen bewegen sich, Porträts bluten, und die verwinkelte Architektur und ächzenden Gemäuer alter Schlösser sind belebt mit den Toten, die aus der Vergangenheit in die Gegenwart einwirken. In der Thematisierung des Todes spiegelt sich die Faszination des Überdauerns.

Im 20. Jh. wird die *intradiegetisch* erzählte Unsterblichkeit zum bevorzugten Austragungsort existentieller Grundfragen, nicht zuletzt weil die reale Lebens-

[22] John Keats, "Ode to a Nightingale", st. V, ed. M. H. Abrams, *The Norton Anthology of Literature* (6. Aufl., New York, London: Norton, 1993), pp. 791-2.

[23] Keats, "Ode to a Grecian Urn", st. 5, p. 794.

erwartung rasant ansteigt, und neue Lebenslaufmodelle neue Zukunftskognitionen, Erwartungen und Befürchtungen mit sich bringen. Das Spiel mit alternativen Zeitperspektiven blüht, und während sich die Life Sciences der Erforschung des Alterungsprozesses widmen, hält die Literatur der Euphorie am Längerleben die Unsterblichkeit als Angstfaktor entgegen. Schonungslos wird der Mensch der Ewigkeit ausgesetzt, um zu lernen, welch Segen ein Leben zum Tod ist; so erscheint der unsterbliche Außenseiter etwa als Inbegriff des existentialistischen Zweifels. Simone de Bauvoirs *Tous les hommes sont mortels* (1947) handelt vom Überdruss eines Unsterblichen und seiner Sehnsucht nach dem Tod; Sartres Liebende in *Les jeux sont faits* sehnen sich zurück aus dem Schattenreich des Todes, weil es ihnen ein erfülltes Miteinander verwehrt; im Guss einer zartsüßen Liebesgeschichte liefert der Film *Groundhog Day* das komische Pendant zur Ernüchterung vom Traum von der Ewigkeit: wie eine defekte Schallplatte bleibt das Leben hängen und lässt den Protagonisten immer wieder am selben Morgen aufwachen und die selbe Lebenssituation in unzähligen Variationen durchleben, einschließlich Selbstmordversuchen, bis ihn seine Freundin endlich erhört und das Leben wieder weitergeht. Auch hier wird – ähnlich wie bei Beckett – die für ein Narrativ notwendige Unersetzbarkeit der Ereignisse verleugnet, hier allerdings nur für eine bestimmte Zeit. Statt zu leben, durchwandern Charaktere (beliebig viele) Probeläufe, aber das Leben hat eben keine (General-)Probe, wie Kundera in der *Unerträglichen Leichtigkeit des Seins* anmerkt.[24]

Die *intradiegetische* Darstellung von Unsterblichkeit, d. h. die Unendlichkeit als Auszeit, ist ein äußerst ergiebiger literarischer Entwurf. In Virginia Woolfs *Orlando*[25] verkörpert der unsterbliche Titelheld das modernistische Streben nach Autonomie. Das Epochen überdauernde Individuum wird zur lebendigen Kulturgeschichte, was noch durch die Fiktion der Geschlechtsumwandlung verstärkt wird. Ohne Angabe eines Grundes wird Orlando im Laufe seines Lebens von der Renaissance bis zum Jahr 1928, vom Mann zur Frau. Bei H. G. Wells, *dem* Begründer der spekulativ-philosophischen Science Fiction dient das zeitlich entgrenzte Individuum (z. B. der Icherzähler in *The Time Machine*) zur Auslotung darwinistischer und anti-darwinistischer Evolutionstheorien. Vergangenheit, Gegenwart und Zukunft werden einfach vertauscht. Andere Funktion hat die Unsterblichkeit in der Science Fiction des späten 20. Jh.s und des 21. Jh.s, wenn eine Gruppe von Menschen oder die ganze Menschheit oder eine Galaxie unsterblich ist. Unsterblich heißt nun virtuell immer und überall präsent und abrufbar, oder durch Klonen reproduzierbar und durch Technologien konserviert und robotisiert. Häufig verkehrt sich die Perspektive, und nicht der Unsterbliche wie bei de Beauvoir oder Woolf sprengt den Erzählrahmen, sondern der Sterbliche.

[24] Milan Kundera, *Die unerträgliche Leichtigkeit des Seins*, übers. von Susanna Roth (1984; Frankfurt a. M.: Fischer Taschenbuch Verlag, 1987), p. 11.

[25] Virginia Woolf, *Orlando* (1928; London: Penguin, 1993).

Die klassische Erzählstrategie für die *intradiegetische* Vermittlung von Unsterblichkeit ist ein Weltenwechsel, sei es in Form romantischer Transzendenz, sei es in Form einer Zeitreise oder eines örtlichen Übertritts, wie in den Geschichten von George MacDonald (z. B. "The Shadows"),[26] wo Charaktere praktisch ohne Beeinträchtigung ihres Bewusstseins in den Tod gleiten, oder in H. G. Wells' Erzählung "The Door in the Wall",[27] wo der Protagonist durch eine Tür in ein paradiesisches Jenseits gelangt, das am Schluss der Erzählung mit dem Tod assoziiert wird. Der Wandschrank in C. S. Lewis' Narnia-Serie erfüllt eine vergleichbare Funktion.[28] In der jüngeren Science Fiction sind es häufig Raumschiffe, fantastische oder virtuelle Transportmittel- und Methoden (Beamen), die den Menschen oder ein menschliches Wesen über die Grenzen des irdischen Seins hinausbefördern. Spektakulärer aber ist der Einzug der Biotechnologien, die den topographischen Weltenwechsel durch Manipulation des Körpers ersetzen, wie z. B. in den *space operas* von Justina Robson[29] und Charles Stross.[30] Das Hauptinteresse gilt nun ethischen, religionspsychologischen und gesellschaftlichspolitischen Fragen: was kann unsterbliche Welten politisch stabil halten (Ken MacLeod ist einer der bekanntesten Vertreter der politischen Science Fiction)?[31] Was kann Identität noch stabilisieren, wenn der Traum von der Ewigkeit abhanden gekommen ist? Kann das Gehirn unbegrenzt neue Eindrücke speichern und vernetzten, oder stagniert der unsterbliche Mensch zum Roboter?

2. Metamorphisches Überdauern – das Monument

Mit der Robotisierung des Gehirns ebenso wie mit der Verwandlung individueller Erfahrung in ein kulturelles Gedächtnis (Morris' *The Earthly Paradise*, Woolf's *Orlando*) habe ich mich bereits in das Terrain des metamorphischen Überdauerns begeben: der Verwandlung des Vergänglichen durch und in Kunst.

Die Metamorphose ist eine zentrale Denkfigur für das Überdauern des Individuums, weil sie dem äußeren Gestaltwandel eine innere Wesenskonstanz entge-

[26] George MacDonald, *The Complete Fairy Tales*, ed. U. C. Knoepflmacher (London: Penguin, 1999), pp. 54-80.

[27] H.G. Wells, *The Country of the Blind and Other Stories* (Aegypan Press, n.y), pp. 330-44.

[28] C.S. Lewis, *The Chronicles of Narnia: The Lion, the Witch and the Wardrobe* (New York: HarperCollins, 2001).

[29] Justina Robson, *Natural History* (2003; London: Pan, 2004).

[30] Vgl. dazu Sarah Herbe, "The Genetic Perspective of the Human Body in British Science Fiction", in Sabine Coelsch-Foisner und Marta Fernández-Morales, ed., *The Human Body in Contemporary Literatures in English* (Frankfurt am Main: Peter Lang, 2009), pp. 59-70.

[31] Z.B. die *Fall Revolution* Serie der 1990er Jahre: *The Star Fraction* (1995), *The Stone Canal* (1996), *The Cassini Division* (1998), *The Sky Road* (1999).

genhält[32] und weil die Veränderung eine menschliche Grunderfahrung ist, wie dies nicht zuletzt die unzähligen Beispiele aus der Rede des Pythagoras zeigen (natürliche Verwandlungen von der Raupe zum Schmetterling, geologische Umformierungen, embryonale Entwicklung, Körperwachstum und Verfallsprozess). Als Gegenpol zum christlichen Heilsdrama setzt die Metamorphose dem Leben nach dem Tod ein immerwährendes Verbleiben in der materiellen Welt entgegen: nichts stirbt, nichts vergeht, alles bleibt und wandelt sich, die Summe der Dinge bleibt konstant.

> Keinem bleibt seine äußre Gestalt, die Verwandlerin aller
> Dinge, Natur, sie läßt aus dem Einen das Andere werden.
> Glaubt mir, nichts in der ganzen Welt geht wirklich zugrund, es
> wandelt sich nur, erneut sein Gesicht. Und geboren zu werden,
> heißt, etwas andres als vorher zu sein, beginnen, und sterben,
> enden, das selbe zu sein. Mag dies und jenes von hierher
> dorthin getragen auch werden, im Ganzen ist alles beständig.[33]

In Kunstdiskursen zählt die Metamorphose zu den wirkungsmächtigsten Metaphern: der Mensch verewigt sich oder wird im künstlerischen Werk verewigt. Der Trost des Monuments entlastet das Publikum am Schluss von Shakespeares Tragödie *Romeo und Julia*, als Montague und Capulet beschließen, den Liebenden eine goldene Statue in Verona errichten zu lassen:

> Montague: But I can give thee more,
> For I will raise a statue in pure gold,
> That whiles Verona by that name is known,
> There shall no figure at such rate be set
> As that of true and faithful Juliet.
>
> Capulet: As rich shall Romeo's by his lady's lie,
> Poor sacrifices of our enmity! (5.3.298-304)[34]

Als öffentliches Denkmal symbolisieren sie nicht nur Ansehen und Macht ihrer Errichter oder die gesellschaftspolitische Nachhaltigkeit des Einzelschicksals im Sinne der Tragödie – durch Romeo und Julias Tod bricht für Verona eine neue Ära des Friedens an – sondern das Überdauern des Individuums im kulturellen

[32] Vgl. dazu Justin Stagls Theorie der Metamorphose in seiner Einleitung zu *Sozio-kulturelle Metamorphosen* (Heidelberg: Winter, 2007), das auf drei Komponenten beruht: 1) einem "gerichteten Wandlungsprozeß an einem Organismus oder doch zumindest in Raum und Zeit" als "objektive Grundlage", 2) "dessen subjektive Konzeptionalisierung als die Verwandlung einer Gestalt in eine andere", 3) "eine sich im inneren Zusammenhang dieser Gestalten ausdrückende und dem Wandel widerstehende Wesenskonstanz" (pp. 7-19, p. 9).

[33] Publius Ovidius Naso, *Metamorphosen*, übers. von Erich Rösch, ed. Niklas Holzberg (Zürich: Artemis & Winkler, 1996), XV, pp. 252-58, p. 569.

[34] William Shakespeare, *Romeo and Juliet*, ed. Brain Gibbons (London: Arden, 1980).

Gedächtnis. Der dem Individuum überindividuelle Präsenz verleihende Gestaltungsprozess (= Verwandlung) bezieht sich nicht nur auf Plastiken, Bauten oder Porträts, auch literarische Werke werden als Monumente betrachtet. Die Renaissance liefert unzählige Beispiele. So triumphiert die Sprechstimme in Shakespeares Sonetten über Verfall, Alter und Verlust, häufig im abschließenden Paarreim. Die Muse erscheint als Gegenspieler zum Tod, obgleich das Monument nun sogar in Rivalität zur unauslöschlichen Dichtkunst tritt.[35]

> And yet, to times in hope, my verse shall stand,
> Praising thy worth, despite his cruell hand. (Sonett 60)
>
> His beautie shall in these blacke lines be seene,
> And they shall live, and he in them, still greene. (Sonett 63)
>
> O, none, unlesse this miracle have might,
> That in black inck my love still shine bright. (Sonett 65)

Obwohl Kunst und Leben in einem wechselseitigen Abhängigkeitsverhältnis zueinander stehen: das Kunstwerk hat seinen Ursprung im Du und verewigt es als Gegenzug, steht der Triumph des Dichters über die Zeit im krassen Gegensatz zur Zerstörung anderer Dinge: "empires, monuments, individual lives, personal beauty, summer's honey breath, etc". Alles stirbt, nur die Verse nicht:[36]

> Then thanke him not for that which he doth say,
> What he owes thee, thou thyself dost pay. (Sonett 79)

Anders als Ovid am Schluss der *Metamorphosen* oder Horaz in den *Oden* (3.30),[37] verewigt sich Shakespeare durch ein Du:

> Give my love fame faster than time wasts life;
> So thou prevenst his sieth, and crooked knife. (Sonett 100)
>
> Then do thy office Muse, I teach thee how,
> To make him seeme long hence, as he showes now. (Sonett 101)

Das Sonnet erfüllt die innere Wesenskonstanz der veränderlichen oder vergänglichen äußeren Gestalt. Es verleiht nicht nur dem Aussehen, sondern dem inne-

[35] Vgl. Lars Engle, zur "tradition of 'eternizing' with its necessary claims to define or predict public values" in "Afloat in Thick Deeps: Shakespeare's Sonnets on Certainty", *PMLA* 104:5 (Oct. 1989), pp. 832-43; p. 833; zum Vergleich von Shakespeares Unsterblichkeit und Spensers christlicher Vorstellung siehe auch H. L. Weatherby, "Spenser and Shakespeare at Sonnets", *The Sewanee Review* 108:1 (Winter 2000), pp. 123-31. Die Sonette sind zitiert aus *The Royal Shakespeare Theatre Edition of The Sonnets of William Shakespeare* (London: Shepheard-Walwyn, 1974).

[36] Vgl. ibid., p. 834.

[37] Vgl. ibid., p. 837.

ren Charakter Dauer: Tugend, Jugend, Beständigkeit und Anmut werden poetisch verewigt:

Finding the first conceit of love there bred,
Where time and outward forme would shew it dead. (Sonett 108)

Durch Metapoetik[38] etabliert sich das Sonnet als Monument – eine Metapher, die Shakespeare in Sonett 107 und Sonett 55 hyperbolisch heranzieht. Im Vergleich verleiht er nämlich dem sprachlichen Kunstwerk größere Beständigkeit, weil selbst Metall und Stein dem Verfall preisgegeben sind und kriegerische Handlungen Statuen zu Fall bringen:

And thou in this shalt finde thy monument,
When tyrants crests and tombs of brases are spent. (Sonett 107)

Not marble, nor the guilded monument,
Of Princes shall out-live this powrefull rime,
But you shall shine more bright in these contents
Then unswept stone, besmeer'd with sluttish time.
When wastefull warre shall *Statues* over-turne
[...] (Sonett 55)

Der persönliche Sprechduktus des Sonnets wird durch den argumentativen Charakter und den zusammenfassenden Inhalt des abschließenden Reimpaars zum bleibenden Denkmal erhoben, der darin porträtierte geliebte Mensch wird für die Nachwelt bewahrt. Die Poetik der Unsterblichkeit setzt Rezipienten voraus – häufig ist daher die Praxis des Lesens oder Rezitierens im Sonett verankert, etwa in Sonett 71: "Nay if you read this line ..." oder Sonnet 81:

You still shall live (such virtue hath my Pen)
Where breath most breaths, even in the mouths of men.

Sind bei Shakespeare Haltbarkeit und Öffentlichkeitsstatus des Kunstwerks die Eckpfeiler seiner monumentalen Vision von Dichtung, so tritt im Neoklassizismus die Perfektion als Garant ewigen Bestands hinzu. Bestes Beispiel dafür sind die Regeln und 'principles', die Sir Joshua Reynolds in seinen *Discourses* an die Royal Academy predigt:[39]

Study therefore the great works of the great masters, for ever. [...] consider them as models which you are to imitate, and at the same time as rivals with whom you are to contend. (6. Diskurs) (S. 98)

[38] Vgl. Engle, p. 841: "The sonnets, then, are self-conserving in that they argue about and for their own cultural centrality; they inhere because they lend themselves to the continual recreation of experiences that are deep in our cultural matrix."

[39] Joshua Reynolds, Fifteen Discourses Delivered in the Royal Academy (London: Dent, n.y.).

> [...] As our art is not a divine *gift*, so neither is it a mechanical *trade*. Its foundations are laid in solid science: and practice, though essential to perfection, can never attain that to which it aims, unless it works under the direction of principle. (7. Diskurs) (S. 98-99)

Im 8. Diskurs vergleicht Reynolds die Bildende Kunst mit der Dichtkunst, welche den Rezipienten vollends in Beschlag nimmt, weil sie als einzige Kunstform der Angst vor der Zukunft eine erzählerische Zielperspektive entgegenzuhalten vermag.[40] Ein weiteres 'klassisches' Beispiel sind die antiken Statuen, die noch die artifiziell geschaffenen Naturgärten von Sir Capability Brown bevölkern, dem Gartenarchitekten am Übergang vom Neoklassizismus zur Romantik.

In der Romantik kulminiert der Monumentalkult und dominiert das 19. Jh. bis zum Fin-de-siècle, sowohl in Form des Geniekults im Stile Victor Hugos,[41] für den anlässlich seines 79. Geburtstages gleich ein Triumphbogen in seiner Straße errichtet wurde, als auch in Denkmalkunst und Architektur, die nicht nur "metaphors of permanence"[42] sondern zentral für die Choreographie literarischen oder künstlerischen Ruhms sind, und im Bemühen um nationale und kulturelle Identitätsstiftung. Als Thomas Bruce, Earl of Elgin 1803 die griechischen Statuen des Parthenon ins British Museum verfrachtet hatte, entzündeten sich nicht nur (damals schon) Diskussionen über die Rolle des kulturellen Erbes. Das Überdauern von Kunst gewann einen zentralen Stellenwert – wie Keats in der 5. Strophe seiner "Ode on a Grecian Urn" meditiert:

> When old age shall this generation waste,
> Thou shalt remain, in midst of other woe
> Than ours, a friend to man [...][43]

Eine Musealisierungswelle schwappt über ganz Europa, wo wahre Museumstempel errichtet werden, um die konservierte Vergangenheit auszustellen. Gleichzeitig entsteht Kunst zur Bewahrung der Gegenwart für die Zukunft – ob in Form von Biographien und Porträts, Fotos oder Porträtskulpturen. Am Trafalgar Square wird die überlebensgroße, von Edwin Landseer geschaffene Statue von Lord Nelson zur Erinnerung an den Seesieg der Engländer über Napoleon (1805) errichtet; Totenmasken werden abgenommen, Büsten aufgestellt; und Königin Victoria, die ihren Mann Prince Albert 40 Jahre überlebt, ließ bereits

[40] "Poetry having a more extensive power than our art, exerts its influence over almost all the passions; among those may be reckoned one of our most prevalent dispositions, anxiety for the future." (Reynolds, p. 129).

[41] Vgl. Victor Brombert, "Hugo's *William Shakespeare*: The Promontory and the Infinite", *The Hudson Review* 34:2 (Summer 1981), pp. 249-57; "Victor Hugo on Shakespeare" *Temple Bar* 11 (July 1864), pp. 537-50; Jean Boorsch, "Hugo's Fraternal Genius", *Yale French Studies* 33, *Shakespeare in France* (1964), pp. 65-71.

[42] Michael Garval, "'A Dream of Stone': Fame, Vision, and the Monument in Nineteenth-Century French Literary Culture", *College Literature* 30:2 (2003), pp. 82-102, p. 85.

[43] Keats, st. 5, p. 794.

anlässlich seines Todes ihre eigene Statue anfertigen, um gleich jung mit ihm in Marmor verewigt zu werden.[44] 1856 öffnet die National Portrait Gallery in London ihre Pforten, und da es Porträtstatuen in Hülle und Fülle gibt, beginnt man zu überlegen, wohin damit. John Ruskin plädiert für das Museum als geeigneten Ort:

> We seem never to know at present where to put such statues. In the midst of blighted trees of desolate squares, or at the crossings of confused streets, or balanced on the pinnacles of pillars, or riding across the tops of triumphal arches, or blocking up the aisles of cathedrals, – in none of these positions, I think does the portrait statue answer its purpose. It may be a question whether the erection of such statues is honourable to the erectors, but assuredly it is not honourable to the persons whom it pretends to commemorate: nor is it in any wise a matter of exultation to a man who has deserved well of his country, to reflect that he may one day encumber a crossing, or disfigure a park gate.[45]

Die 'Unendlichkeit' des Monuments im Fluss der Zeit prägt Ruskins Ästhetiktheorie, die die Begegnung mit Kunst als didaktisches und schöpferisches Moment ins Blickfeld rückt und daran einen denkmalpflegerischen Auftrag knüpft. William Morris' Gründung der *Society for the Protection of Ancient Buildings* gemeinsam mit Philip Webb 1877 setzt schließlich den praktischen Impuls im Konservierungsdenken seiner Zeit, als immer mehr Baudenkmäler der industriellen Revolution zum Opfer fielen. Die Bewahrung des kulturellen Erbes ist eine zentrale Botschaft in Morris' Erzählliteratur, in der der transzendente Schöpfungsakt der Romantik durch das kreative Gedächtnis abgelöst wird. Die Aufgabe des Erzählers besteht nun in der Entschlüsselung der Bedeutung von Kunstwerken, wie in "The Story of the Unknown Church", einer seiner frühen Erzählungen (1856).[46] Durch den Akt des Dechiffrierens und Neuerzählens, perpetuiert sich der Künstler im kollektiven Gedächtnis und hält die Tradition lebendig. Im Sinne seiner Theorien zur Demokratie der Kunst und den "dekorativen Künsten"[47] stellt Morris die soziale Verantwortung des Künstlers als Bewahrer des kulturellen Erbes vor den individualen Geniekult der Romantik.

Kunst und Gedächtniskult sind aufs engste miteinander verflochten im 19. Jh. Neben der Sorge um den Weiterbestand von Baudenkmälern tritt die Sehnsucht nach Stabilisierung des Individuums – die Biographie ist eine zentrale Gattung des 19. Jhs. – und die Angst vor dem Verlust von Identität. Es boomen fantas-

44 Vgl. Simon Schama, *A History of Britain: The Complete Series*: Vol. 5: *1837-1965* (London: BBC worldwide, 2006).

45 John Ruskin, "The Use of Sculpture", aus *The Oxford Museum*, 1859, in *Selections from the Writings of John Ruskin*, First Series 1843-1860 (London: George Allen, 1893), p. 369.

46 William Morris, *Prose and Poetry: 1856-1870* (Oxford: Humphrey Milford, 1920), pp. 3-12.

47 Eugene D. Lemire, ed., *The Unpublished Lectures of William Morris* (Detroit: Wayne State UP, 1969), p. 42.

tisch-symbolische Gattungen, in denen der Mensch in Neuland aufbricht oder das Narrativ zur Todesfalle wird: In E. A. Poes "The Oval Portrait" werden die Rollen von Porträt und Modell vertauscht, Christina Rossetti beschreibt in ihrem Sonnet "In an Artist's Studio" aus weiblicher Sicht, wie die Frau zum Kunstobjekt verwandelt wird, und in Oscar Wildes *The Picture of Dorian Gray*[48] erstarrt der Körper gleichsam zum unveränderlichen Kunstwerk. Zweifellos ist die *statuemania*[49] der Epoche eine psychohygienische Abwehrreaktion gegen eine angesichts der Evolutionstheorie brüchig gewordene Identität und erste Anzeichen des Zerfalls eines Weltimperiums.

Vom Zerfall des Monuments zur Inszenierung des Zufalls

Die *statuemania* des Ästhetizismus leitet das Kippen der monumentalen Kunstsicht ein, welche mit dem Ersten Weltkrieg endgültig zusammen bricht. Dada und Surrealismus leugnen radikal die Bindung der Kunst an das Ewige. Zufall und automatische Niederschrift beherrschen Kunstdiskurse, das mechanische Generieren von Texten, oder abstrakte Spielerei mit Klang und Rhythmus wie bei Edith Sitwell setzen dem Monument Zufallskunst, belangloses Spiel und die Flüchtigkeit der künstlerischen Handlung entgegen. Der Wandel selbst wird zum Kunstprinzip erhoben, wie André Breton in *This Quarter* schreibt: "In 1932, more than ever before, surrealism owes itself to defend the postulate of the necessity of change."[50] David Gascoyne, der den Surrealismus nach England importierte, bezeichnet Dada als spektakuläre Form des Selbstmords ("a spectacular form of suicide, a manifestation of almost lunatic despair").[51]

Der Verlust einer stabilisierenden Vision von der Ewigkeit raubt der Kunst und der Literatur ihren Monumentalstatus. Auch die realen Statuen vermögen es offenbar nicht mehr, ihre kommemorative Rolle zu erfüllen. Statuen auf öffentlichen Plätzen, die nun dem Autoverkehr zum Opfer fallen, haben ihre Funktion als Träger des kulturellen Gedächtnisses eingebüßt. Sie selber sind Teil gesellschaftspolitischer und soziokultureller Veränderungen geworden.

Noch für den jungen Sartre lebten die Autoren im Werk weiter – er verwendet sogar das Bild der Metamorphose: "A mes yeux, [les auteurs] n'étaiaient pas morts, enfin, pas tout à fait: ils étaient métamorphosés en livres".[52] Und er selbst

[48] Oscar Wilde, *The Picture of Dorian Gray* (1891; London: Penguin, 2000).

[49] Garval, p. 91.

[50] André Breton, in *This Quarter: Special Surrealist Number* 5 (Sept. 1932), pp. 11-12; zit. in Rob Jackaman, *The Course of English Surrealist Poetry since the 1930s* (Lewiston et al: The Edwin Mellen Press, 1989), p. 3.

[51] Aus David Gascoyne, *A Short Survey of Surrealism* (1935), zit. in Jackaman, p. 35.

[52] Jean-Paul Sartre, *Les Mots* (Paris: Gallimard, 1964), p. 50.

träumte davon, sich "des monuments véritables" zu errichten, wie er in seinen Erinnerungen an seine Kindheit in *Les Mots* 1964 schreibt:

> Le hasard m'avait fait homme, la générosité me ferait livre; je pourrais couler ma babillarde, ma conscience, dans des caractères de bronze, remplacer les bruits de ma vie par les inscriptions ineffaçables, ma chair par un style, les molles spirales du temps par l'eternité, apparaître au Saint-Esprit comme un précipité du langue ... Je n'écrirais pas pour le plaisir d'écrire mais pour tailler ce corps de gloire dans les mots. (Sartre, S. 160-1).

In *La Nausée* (1938) schildert der Erzähler Antoine Roquentin, der vergeblich die Biographie des M. de Rollebon zu schreiben versucht, den Verfall einer Statue. Die Ideologie des Monuments geht Hand in Hand mit dem gescheiterten Versuch, das Leben für die Nachwelt zu narrativieren. 1964 lehnt Jean-Paul Sartre den Nobelpreis für Literatur ab, was ihm zweifellos mehr Aufmerksamkeit verschaffte, als wenn er ihn angenommen hätte. Der Künstler kann oder will sich nicht mehr verewigen im Werk, weil er nicht an die Transzendenz glaubt.

Ein Jahrzehnt zuvor feierte Iris Murdoch mit ihrem Roman *Under the Net*[53] ihr Debut. Stark beeinflusst von Sartre schildert sie die Begegnung zweier grundsätzlich verschiedener Menschen: Jake, der Träumer, der wie viele von Murdochs Helden der Welt ein Narrativ aufzwängt und doch nur irrt, und Hugo Belfounder, der eine Philosophie des Augenblicks und des Schweigens vertritt: "The whole language is a machine for making falsehoods." (*UN*, S. 60) Der Erzähler beschreibt ihn folgendermaßen:

> He was the most purely objective and detached person I had ever met [...]" (*UN*, S. 57);
>
> Hugo only noticed details. He never classified. It was as if his vision were sharpened to the point where even classification was impossible, for each thing was seen as absolutely unique. (*UN*, S. 61).

Mit Hugo Belfounder, der zweifellos eine parodistische Replik auf Victor Hugo ist, hat das Partikuläre jeden Bezug zum Universellen verloren. Die Metamorphose als Denkfigur betont nun das Kippbild, weil sich das Individuum im Strom seiner Existenz nur mehr in Momentaufnahmen begreift. Geschichten sind gelogen, sagt Hugo Belfounder; der Autor, der sich im Text verewigen will, unterliegt einem Trugschluss. So wie es Roquentin nicht mehr gelingt, das Leben als Biographie für die Nachwelt zu fixieren, so scheitert auch Charles Arrowby, der Held in Murdochs *The Sea, The Sea* (1978): "However life, unlike art, has an irritating way of bumping and limping on, undoing conversions, casting

[53] Iris Murdoch, *Under the Net* (1954; London: Penguin, 1960). Im Folgenden abgekürzt als *UN*.

doubt on solutions, and generally illustrating the impossibility of living happily or virtuously ever after; [...]"[54]

Auch wenn die Kunst das individuelle Leben oder Gedächtnis überdauert, das Kunstwerk wird als Lüge an das Leben entlarvt und abgelehnt – ob Skulptur oder Text. Das Ende des Monuments löscht aber auch den Traum von der Ewigkeit. Nichts stabilisiert die Identität, es gibt keinen Ersatz für das Narrativ. Inbegriff dieser Entkoppelung von Kunst und Unsterblichkeit ist das Feuerwerk – ein vergängliches Kunstereignis ohne Partitur:

> 'Fireworks are *sui generis*,' [...] There was something about fireworks which absolutely fascinated Hugo. I think what pleased him most about them was their impermanence. I remember his holding forth to me once about what an *honest* thing a firework was. It was so patently just an ephemeral spurt of beauty of which in a moment nothing more was left. 'That's what all art is really; said Hugo, 'only we don't like to admit it. ['] (*UN*, S. 54).

Auch Emily Dickinson hatte bereits Kunst als momentanen Eindruck gefordert, und sich selbst durch die eigene Niederschrift des 'Gedichts' widersprochen: "To see the Summer Sky / Is Poetry, though never in a Book it lie – / True Poems flee – "(Gedicht 1472).[55]

Es gelingt auch Murdoch nicht, den Beweis für Hugos Theorie anzutreten, denn als der Erzähler in *The Sea, the Sea* dem durchkomponierten Narrativ mit Anfang – Mitte – Ende, also der sinnstiftenden Verwandlung von Leben in Kunst, seine Absage erteilt, verfällt er in beliebiges Reden. Einwortsätze, assoziative Wortfetzen, banale Beobachtungen, und unzusammenhängende Rede sind die Folge eines Verharrens ohne Traum von der Ewigkeit. Arrowbys eindimensionale, sinnentleerte Rede nähert sich Vladimirs und Estragons absurder Existenz.

Ob Unsterblichkeit mit materiellem oder kognitivem Überdauern assoziiert wird, Transzendenz oder Ungeschichtlichkeit meint, oder als Musealisierung verstanden wird und den Übergang vom individuellen zum kollektiven Gedächtnis meint, der Zusammenhang von Kunst und Unsterblichkeit ist beharrlich und die Statuen überdauern andernorts. Das legen rezente medizinische Studien nahe, die mit statistischen Zahlen operieren, um empirisch zu belegen, dass "cultural stimulation", gemeint sind Kunstschaffen und Kunstkonsum (der Besuch von Kinos, Museen, Galerien, Konzerten, Lesen etc.), die Lebenserwartung zumin-

[54] Iris Murdoch, *The Sea, The Sea* (1978; London: Penguin, 1980), p. 477.

[55] Vgl. Judith Mary Lynch, "The Poetic Theory of Emily Dickinson", *Notre Dame English Journal* 2:1 (Winter 1966/1967), pp. 5-20.

dest erhöht.[56] Vielleicht sind es die Naturwissenschaften, die im 21. Jh. Tiecks Lobgesang auf die Kunst anstimmen: "Lasset uns darum unser Leben in ein Kunstwerk verwandeln, und wir dürfen kühnlich behaupten, dass wir dann schon irdisch unsterblich sind."[57]

[56] Boinkum B. Konlaan, Lars O Bygren und Sven-Erik Johansson, "Visiting the Cinema, Concerts, Museums or Art Exhibitions as Determinant of Survival: A Swedish Fourteen-Year Cohort Follow-up", *Scand J. Public Health* 28 (2000), pp. 174-8.

[57] Wackenroder/Tieck, p. 57.

SARAH HERBE

Unsterblichkeit und die Erkundung des Weltraums in Stephen Baxters *Far Future* Science Fiction Roman *Ring* (1994)

Far Future Science Fiction

In seiner Definition von 'far future science fiction' in der *Encyclopedia of Science Fiction* bezieht sich Brian Stableford auf Fred Polaks *The Image of the Future* (1973). In diesem Werk unterscheidet Polak zwischen einer 'Zukunft der Prophezeiung' ("future of prophecy"), gekennzeichnet durch Vorstellungen einer Zukunft die direkt aus den Handlungen der Menschheit der Gegenwart hervorgeht, und einer 'Zukunft des Schicksals der Menschheit' ("future of destiny"), die sich mit der normalerweise etwas abstrakteren Vorstellung der ultimativen Zukunft der Menschheit beschäftigt.[1] Letztere entspräche laut Stableford der *far future* Science Fiction. Ich möchte in diesem Aufsatz *far future* Science Fiction zusätzlich durch das zeitliche Setting bestimmt sehen und würde Science Fiction, die etwa ab dem letzten Drittel des dritten Jahrtausends angesiedelt ist, als *far future* bezeichnen. Diese *far future* Science Fiction kann eine Tradition bis mindestens zurück an den Anfang des zwanzigsten Jahrhunderts aufweisen, als Olaf Stapledon in seinem erstmals 1931 erschienenen Roman *First and Last Men* die zukünftige Geschichte der Menschheit bis ins Jahr 2.000.000.000 imaginierte.

In den meisten Science Fiction Texten die in der fernen Zukunft angesiedelt sind, spielt die Unsterblichkeit der Menschen, oder zumindest die Verlängerung ihrer Lebenserwartung, eine entscheidende Rolle. Umgekehrt ist für eine plausible Darstellung einer extrem verlängerten Lebensdauer ein Setting in der entfernten Zukunft von Vorteil, da Charaktere präsentiert werden können, die bereits mehrere Jahrhunderte oder Jahrtausende subjektiv erlebt haben. Ich werde mich in diesem Aufsatz, der zuerst einen kurzen Überblick über Varianten der Unsterblichkeit in *far future* Science Fiction Romanen gibt und sich dann einem Roman im Detail widmet, auf Beispiele aus der neueren britischen Science Fiction beschränken. Wenn in diesen Texten Unsterblichkeit ein Thema ist, handelt es sich üblicherweise um eine extrem verlängerte Lebensdauer oder Quasi-Unsterblichkeit: das heißt, Menschen könnten theoretisch ewig leben, wenn sie nicht gewaltsam zu Tode kommen oder in einem Unfall sterben. Die Anfällig-

[1] Vgl. John Clute and Peter Nicholls, ed., *The Encyclopedia of Science Fiction* (London: Orbit, 1993), p. 415.

keit für Krankheiten und Verletzungen ist hierbei meist drastisch durch Fortschritte im Bereich der Medizin verringert. Alvin Silverstein hat diese eingeschränkte Unsterblichkeit, die also nicht mit einer vollkommenen Unverwundbarkeit einhergeht, als "emortality" bezeichnet,[2] um den Zustand als verschieden von einer tatsächlichen Unsterblichkeit zu markieren. Der Einfachheit halber werde ich in diesem Aufsatz auch diese Quasi-Unsterblichkeit als 'Unsterblichkeit' bezeichnen.

Varianten der Unsterblichkeit in der *Far Future* Science Fiction

Zunächst können die Menschen in den meisten Zukunftsentwürfen in *far future* Science Fiction Texten durch gentechnische Veränderungen eine verlängerte Lebensdauer erreichen. Hier besteht einerseits die Möglichkeit, dass die Menschen, sozusagen als Weiterführung bereits bestehender ästhetischer Kosmetik, durch gentherapeutische Verfahren verjüngt werden und dadurch ein längeres Leben führen können. In den neueren Science Fiction Texten wird allerdings häufig die Veränderung des Erbgutes der Menschheit an sich oder zumindest des Embryos vor der Geburt als notwendig betrachtet, um ein theoretisch unendlich langes Leben zu erreichen. Brian Stableford hat mit seiner *Emortality Series* (1998-2002) dieser Möglichkeit eine sechsbändige Science Fiction Reihe gewidmet, die in der Gegenwart des Lesers beginnt und zu Beginn des vierten Jahrtausends endet. Mithilfe der 'Zaman Transformation', einer gentechnischen Veränderung die im embryonalen Stadium zur Anwendung kommt, altert der Körper der Menschen nach dem Erreichen einer bestimmten Lebensstufe nicht mehr. Die Menschen können sich Jahrhunderte, ja sogar Jahrtausende lang eines Lebens in jugendlichen Körpern erfreuen. Die so veränderten Menschen bilden schließlich eine neue Rasse, die sogenannten 'New Humans', die sukzessive die 'Old Humans', die 'Mortals', ersetzt. Sterblichkeit ist am Ende der Reihe also nicht mehr Teil dessen, was es bedeutet, Mensch zu sein.

Methoden der Gentechnik, oft kombiniert mit denen der Nanotechnologie, kommen auch dann zum Einsatz, wenn Menschen Unsterblichkeit erlangen, indem ihr Geist in immer neue, geklonte Körper transferiert wird, wenn ihr ursprünglicher Körper zu alt oder beschädigt ist. Die Charaktere in Charles Stross' Roman *Glasshouse* (2006), der im siebenundzwanzigsten Jahrhundert spielt,

[2] Alvin Silverstein, *Conquest of Death: A Controversial Look at the Revolution in Medicine and Why We May Be the Last Generation to Die* (New York: Macmillan, 1979), p. 13: "[d]espite our best efforts, we will never truly be immortal. Unavoidable accidents and unforeseeable events will continue to take their toll in human lives. Death may persist, but it will be rare. People may live for hundreds and even thousands of years and will possess vigorous youth and agile active minds throughout their entire lives. In this golden age, we will have achieved what might be called *emortality* – a condition in which 'natural death' is no longer inevitable."

können so unendlich viele Leben hintereinander leben, immer wenn der aktuelle Körper seinen Grenzen erreicht hat, kann ein neuer zusammengesetzt werden.

Diese Art der Unsterblichkeit setzt voraus, dass es möglich ist, das Hirn neurologisch zu scannen und den Geist der Menschen in irgendeiner Weise zu kopieren, um ihn dann in ein neues 'Behältnis' zu transferieren. Das muss nicht unbedingt immer ein organischer Körper sein, es kann sich auch um eine maschinengestützte virtuelle Existenz handeln. Dan Sylveste in Alastair Reynolds *Revelation Space* Reihe (2000-2003) verfolgt die Absicht, gemeinsam mit neunundsiebzig anderen seinen Geist in einen Computer zu exportieren, wo er gespeichert und notfalls auch wieder in einen Körper zurücktransferiert werden kann. Der Wunsch, einen Upload seines Geistes und eine Speicherung der Kopie zu erwirken, ist von dem Streben nach Unsterblichkeit angetrieben.

Die Unsterblichkeit in *far future* Science Fiction geht also oft einher mit einer Transformation des Körpers oder überhaupt dem Verlust der materiellen, organischen Körperlichkeit. Manche Texte gehen sogar noch weiter und koppeln Unsterblichkeit mit der Aufgabe der individuellen Identität: dies ist etwa der Fall, wenn man sich entschließt, einem so genannten 'group mind', einem kollektiven Gruppenbewusstsein beizutreten, wie es die Historikerin Zephyr Duquesne in Justina Robsons Roman *Natural History* (2003) macht.

Diese hier kurz skizzierten unterschiedlichen Möglichkeiten können teilweise auch in Kombination auftreten.[3] Was außerdem anzumerken ist, ist, dass die Menschen in neueren Romanen, die in der fernen Zukunft angesiedelt sind, normalerweise alle *gleichermaßen* die Chance auf Unsterblichkeit haben. Die Unsterblichkeit wird also nicht als Einzelphänomen gedacht, sondern wird vielmehr oft als Grundbaustein neuer Welten und Gesellschaften angesehen, als eigentlich selbstverständlicher Bestandteil des zukünftigen Lebens, und ist damit auch oft nicht im Vordergrund der Handlung angesiedelt.

Um das weite Thema der Unsterblichkeit in der *far future* Science Fiction im Aufsatz einzugrenzen, möchte ich mich im Folgenden darauf konzentrieren zu beleuchten, wie Unsterblichkeit bzw. eine stark verlängerte Lebenserwartung in *far future* Science Fiction mit der Erkundung des Weltraumes Hand in Hand gehen und mich dabei auf den Roman *Ring* (1994)[4] des britischen Science Fiction Autors und Mathematikers Stephen Baxter konzentrieren. Ich werde Zusammenhänge und Wechselbeziehungen sowohl auf inhaltlicher als auch auf narrativer Ebene aufzeigen.

3 Für ausführliche Abhandlungen des Themas der Unsterblichkeit in der Science Fiction generell siehe z.B. George Slusser, Gary Westfahl und Eric S. Rabkin, ed., *Immortal Engines: Life Extension and Immortality in Science Fiction and Fantasy* (Athens and London: The University of Georgia Press, 1996) oder Donald M. Hassler und Carl B. Yoke, ed., *Death and the Serpent: Immortality in Science Fiction and Fantasy* (Westport, CT: Greenwood Publications, 1985).

4 Stephen Baxter, *Ring* (1994; Eos: New York, 2001).

Unsterblichkeit und die Erkundung des Weltraumes in Stephen Baxters *Ring*

Ring, erschienen im Rahmen von Baxters mehrbändiger Xeelee-Reihe, handelt von einer Expedition, die vom Ende des vierten Jahrtausends fünf Millionen Jahre in die Zukunft führen soll. Durch die Nutzung sogenannter Wurmlöcher, hypothetischer Abkürzungen in der Raumzeit, soll die Reise für die Besatzung des Raumschiffs subjektiv nur tausend Jahre dauern. Die Menschen auf der Erde haben durch eine Nachricht aus der Zukunft erfahren, dass in fünf Millionen Jahren durch unbekannte Vorgänge die Sonne zerstört und der Menschheit damit die Lebensgrundlage entzogen werden wird, und die Expedition in die Zukunft wird gestartet, um dies zu verhindern. Dafür ist es natürlich von Vorteil, wenn die Besatzung an Bord des riesigen, sogenannten 'Generationenschiffes' *Great Northern*, über eine verlängerte Lebensdauer verfügt, denn es besteht die berechtigte Sorge, dass die Menschen, die am Ziel ankommen, sich andernfalls nicht mehr wirklich an den Ursprung und Sinn der Expedition erinnern könnten, bzw. ihnen das Überleben der Menschheit auf der Erde, die sie ja selbst nicht mehr kennen, relativ gleichgültig wäre. Der Roman *Ring* ist in dieser Hinsicht etwas außergewöhnlich, da in vielen anderen Texten zur Kryotechnik gegriffen wird, um das Überdauern von langen Zeitspannen für die Menschheit subjektiv zur verkürzen: Oft lassen sich Protagonisten für die ganze Dauer eines langen Fluges oder zumindest für einen Teil der Zeit einfrieren, um erst wieder in entscheidenden Situationen reanimiert zu werden. Das hat erzählerisch den Vorteil, dass lange Zeitspannen nicht behandelt werden müssen und die erlebte Zeit auch für die Leser viel eher nachzuempfinden ist.

Die Menschen, die in *Ring* an Bord der *Great Northern* gehen, profitieren bereits von einer längeren Lebenserwartung, erwirkt durch die sogenannte AS, kurz für 'Anti-Senescence technology', also Anti-Vergreisungs-Technologie. Die ganze Länge des Weltraumfluges überdauern allerdings nur wenige Personen, eine davon ist der Wissenschaftler Garry Uvarov, bei dem das Anti-Senescence Programm zwar nicht sehr gut funktioniert hat, der aber mit Hilfe technischer Prothesen am Leben gehalten wird. Die anderen Charaktere sehen ihn gegen Ende des langen Fluges wie folgt:

> Garry Uvarov was an old fool in a wheelchair, with no obvious influence on the mechanisms which kept them all alive. And yet, it seemed undoubtedly true that he was indeed as old as he claimed, that he was a thousand years old, as old as the ship itself – *that he remembered Earth*. (S. 128; Hervorhebung im Original)

Uvarov gibt sich nicht damit zufrieden, dass er sich – was für das Gelingen der Operation entscheidend ist – an die Wiege der über den Weltraum verstreuten Menschheit erinnert, er hat es sich außerdem zum Ziel gesetzt, während des langen Fluges durch eugenische Methoden eine Menschenrasse zu züchten, die nicht auf die in vielen Fällen unverlässliche Anti-Vergreisungstechnologie und lästige prothetische Mittel angewiesen ist, um ewig zu leben, sondern durch kontinuierliche Elimination von krankheitsfördernden Genen bereits mit der

Aussicht auf eine unendlich lange Lebenserwartung geboren wird. Er nennt die so erschaffenen Menschen "My immortal children" (S. 134) und erklärt dem Rest der Besatzung den Plan hinter seinem Programm: "A thousand years isn't enough. Ten thousand wouldn't suffice. I'm talking about changing the nature of the *species* [...]." (S. 163) Er möchte die Menschen also besser ausstatten für ein Leben, in dem wiederholt lange Distanzen überwunden werden müssen.

In *Ring* ist es andererseits aber auch bereits die Aussicht auf ein sehr langes Leben, sei es nun im eigenen Körper oder in einer wie auch immer gearteten virtuellen Realität, die die Mission herauszufinden, was die Sonne zerstören wird und wie diese Zerstörung verhindert werden kann, antreibt. Das wird in einem Gespräch zwischen Lieserl, einer künstlichen Intelligenz menschlichen Ursprungs, die in einer Sonde in die Sonne geschickt worden ist, um die Vorgänge dort zu dokumentieren, und Kevan Scholes, einem wissenschaftlichen Berater der Mission, klar:

> "Kevan, you shouldn't feel too distressed. Five million years is fifty times the length of human history so far – "
>
> *Maybe*. Kevan's voice took on a harder edge, as if he personally resented the aging of the Sun. *But I have kids. I hope to have descendants still alive in five million years. Damn it, I hope to be sentient still myself. Why not? It's only five megayears, we're out of the Dark Ages now, Lieserl*. (S. 108)

Dieser Dialog drückt auch aus, wie sich das Verhältnis von langen Zeitspannen zur persönlichen Lebenszeit mit Aussicht auf Unsterblichkeit erheblich ändert, und wie ein Ereignis, das jenseits unseres jetzigen Vorstellungsbereiches liegt, plötzlich an Bedeutung gewinnt.

Mit der Aussicht auf eine ins Unendliche verlängerte Lebenserwartung – in welcher Form auch immer – wächst die Sorge um die Zukunft des Planeten Erde und überhaupt unseres Sonnensystems; eine Sorge, die, glaubt man dem Physiker Frank J. Tipler, unbedingt das zukünftige Handeln der Menschheit bestimmen sollte. Wie Tipler in seinem Buch *The Physics of Immortality* (1995) plakativ anmerkt, ist der Planet Erde durch die Erhöhung der Leuchtkraft der Sonne auf lange Sicht hin gesehen verdammt, und auch wenn das erst in 900 Millionen bis eineinhalb Milliarden Jahren zu einem ernsthaften Problem werden wird, lässt Tipler gar keinen Zweifel daran, dass die Menschheit, wenn sie denn überleben will, die Erde verlassen und den Weltraum erschließen muss.[5] So ist in *far future* Science Fiction Texten denn auch nicht nur die Unsterblichkeit von Individuen, sondern auch das Weiterbestehen der Menschheit an sich und somit die Unsterblichkeit der Menschheit ein Thema. Dieses Thema ist in Baxters *Ring* ganz prominent: Immerhin soll durch die Reise in die Zukunft die Auslöschung

5 Vgl. Frank J. Tipler, *The Physics of Immortality: Modern Cosmology, God and the Resurrection of the Dead* (New York et al.: Anchor Books, 1995), p. 18.

der Menschheit verhindert werden. Die Charaktere in Baxters Roman debattieren darüber, was das anvisierte Überleben der menschlichen Spezies alles beinhaltet:

> "[...] We've long since taken responsibility for the management of our planets – for the survival of their ecologies. Why, now, should we not take responsibility for our own long term survival as a species?" [...] "But what does *survival* mean, on such timescales? Surely even with AS treatments, survival of individuals – of *us* – into the indefinite future is impossible. What, then? Survival of the genotype? Or of the culture of our species – the memes, the cultural elements, perhaps, preserved in some form – ". (S. 71)

Sie stellen wiederholt klar, dass das Überleben der Menschheit an sich das wichtigste Ziel ist, neben dem alles andere unwichtig wird. Wie Claire Brialey über Stephen Baxters Roman bemerkt,

> ... for the humans of the further future depicted [...], it is an overriding goal that human survival should be inevitable. [...] After the turmoil of their personal fight for survival, however, some of the survivors of *Ring* feel satisfied by [...] the comfort of knowing that faint traces of human existence will persist in [...] their new universe, and thus enrich the formation of future galaxies.[6]

Das Überleben der Menschheit an sich ist also wichtiger als das Überleben einzelner Individuen. Wie von Brialey angedeutet schaffen es die Teilnehmer der Expedition nicht, die Zerstörung des Sonnensystems zu verhindern, mithilfe einer außerirdischen Technologie erreichen sie aber ein neues Sonnensystem, in dem die sich schließlich ansiedeln.

Wie hier bereits klar wird ist die Frage nach der Sterblichkeit bzw. Unsterblichkeit der Menschheit oft mit der Sterblichkeit bzw. Endlichkeit des Universums verknüpft. Laut Stableford geht die Behandlung dieses Themas in der Science Fiction auf Edgar Allan Poe zurück: "Poe was the first [in *Eureka – An Essay on the Material and Spiritual Universe* (1848)] writer to fully grasp some of the key implications of contemporary astronomy, particularly the realization that the stars were mortal [...]."[7] John Martin Fischer und Ruth Curl merken in einem Aufsatz, in dem sie philosophische Modelle der Unsterblichkeit in Science Fiction und Fantasy Texten diskutieren, an, dass die Behandlung der Unsterblichkeit bzw. Sterblichkeit des Universums, die über die Unsterblichkeit der

6 Claire Brialey, "Visions of the Far Future World: Human constants and cosmic change in Stephen Baxter's Xeelee sequence", in Damien Broderick, ed., *Earth is but a Star: Excursions Through Science Fiction to the Far Future*. Ed. (Crawley: University of Western Australia Press, 2001), pp. 401-11, pp. 107-8.

7 Brian Stableford, "Far Futures", in Broderick, pp. 47-76, p. 49.

Menschen hinaus geht, der Science Fiction eigen ist, und keine Entsprechung in anderen Bereichen der Philosophie oder Literatur hat.[8]

Das Bestreben, die Zerstörung der Sonne und damit der Menschheit zu verhindern, liegt auch dem Experiment zugrunde, dem Lieserl unterzogen wird: das Mädchen wird gescannt, um dann als unsterbliche, virtuelle Entität in einer Sonde in die Sonne geschickt zu werden. Bevor sie gescannt wird, durchlebt sie ein Leben im Schnelldurchlauf: Entgegengesetzt zu den Unsterblichkeits- und Lebensverlängerungsbestrebungen, die den Großteil von Baxters Roman dominieren, ist Lieserls Leben in ihrem menschlichen Körper vorsätzlich begrenzt, sie wird einem künstlich rapiden Altern unterworfen. Die Idee dahinter ist, dass jemand, der einmal menschlich war und ein ganzes Leben gelebt hat, besser Auskunft über die Vorgänge im Inneren der Sonne geben kann, bzw. ein größeres Interesse am Auffinden des Problems hat als eine rein künstliche Intelligenz (die es in Baxters fiktionalem Universum ebenfalls schon gibt).

Eine weitere Verknüpfung von Unsterblichkeit und der Erkundung des Weltraumes, die in Baxters *Ring* zwar nicht prominent ist aber in vielen anderen Science Fiction Romanen zum Inventar gehört, ergibt sich aus der Tatsache, dass eine Weltbevölkerung, von der niemand mehr stirbt, irgendwann nicht mehr genug Platz auf der Erde haben wird und sich deshalb zwangsläufig nach neuen Lebensräumen umsehen muss. Joseph D. Miller, in einem Aufsatz mit dem Titel "Living Forever or Dying in the Attempt" gibt zu bedenken, dass eine weitverbreitete Unsterblichkeit zwar eine Diversität des Genpools sichern würde, aber, um eine Überbevölkerung zu vermeiden, entweder eine erzwungene Sterilität oder zwangsläufig eine Aussiedlung auf andere Planeten mit sich bringen müsste.[9] Brett Cooke, der ebenfalls anmerkt dass biologische Unsterblichkeit in Science Fiction üblicherweise zu Kolonisierung des Weltraumes führt, sieht diese Ursache als ganz entscheidende Antriebskraft für die Entwicklung von aufwändigen Raumfahrtprogrammen: "What else could provide the motivation for taking on the staggering costs of such a program?"[10] Die Erkundung des Weltraums und die Erforschung neuer Lebensräume haben für Quasi-Unsterbliche auch den angenehmen Nebeneffekt dass sie dabei helfen, die Langeweile, die oft

8 Vgl. John Martin Fischer und Ruth Curl, "Philosophical Models of Immortality in Science Fiction", in Slusser et al., pp. 3-12, p. 4.

9 Vgl. Joseph D. Miller, "Living Forever or Dying in the Attempt: Mortality and Immortality in Science and Science Fiction", in Slusser et al., pp. 77-89, p. 86: "Technologically driven, widely disseminated biological immortality, attained in nearly every way, would maintain variability in the gene pool, our hedge against ecological calamity, but the result would be a Malthusian catastrophe of heroic proportions unless we pay the Faustian price of imposed sterility. (Or forced interplanetary expatriation?)"

10 Brett Cooke, "The Biopoetics of Immortality", in Slusser et al., pp. 90-101, p. 95.

als ein entscheidender Nachteil eines unendlichen Lebens angesehen wird,[11] zu vermeiden oder zumindest zu verringern.

Ich möchte nun noch näher auf die erzähltechnische Vermittlung der Unsterblichkeit in Baxter *Ring* eingehen. Wie stellt man auf einer begrenzten Anzahl von Seiten eine potentiell unbegrenzte Lebensdauer dar? Baxter arbeitet in *Ring* unter anderem mit effektvoll platzierten Ellipsen und unerwarteten Feststellungen, um die ungeheuer langen Zeitspannen, um die es sich in seinem Roman handelt, zu unterstreichen. In der folgenden Passage des zweiten Teils des Romans bekommen die Leser einen Einblick in das Alltagsleben der Besatzung des Raumschiffes, ohne vorerst zu wissen, wie lange die Expedition inzwischen schon dauert:

> Waking, at least, was easy. [...] Morrow found his eyes opening on time, just as usual. He pictured his brain as a worn, ancient thing, with grooves of habit ground into its surface. He woke at the same time, every day.
>
> Just as he had for the last five centuries. (S. 117)

Der letzte Satz kommt überraschend und wirft ein neues Licht auf die zuvor dargestellten Gewohnheitshandlungen; dass Morrows Gehirn als "ancient thing" bezeichnet wird bekommt eine neue Tragweite.

Dadurch dass die Menschen in der Zukunft zum Teil schon sehr lange leben, können sie oft zurückblicken auf eine Zeit, die der Gegenwart der Leser ähnelt. Durch die Aufzählung aller Geschehnisse in der 'Zwischenzeit' wird die Länge des quasi-unsterblichen Lebens angedeutet. Oft wird die vergangene Zeit mithilfe von Methoden, mit denen Leser aus der Geschichtsschreibung vertraut sind vermittelt, was möglicherweise zur Vorstellbarkeit beiträgt: Extreme Zeitraffungen, etwa in der retrospektiven Darstellung mehrerer Jahrzehnte, Jahrhunderte, oder gar Jahrtausende in einem Absatz, so wie man es aus überblicksmäßigen geschichtlichen Abrissen kennt verwundern Leser möglicherweise nicht allzu sehr (siehe z.B. S. 166-7). Dass zumindest einige Teilnehmer der Expedition den 1000 Jahre langen Flug überleben ist nicht nur für den Fortbestand der Menschheit auf der inhaltlichen Ebene des Romans wichtig, es erleichtert auch die erzählerische Vermittlung: wie könnte jemand, der selber vollkommen verschieden von der heutigen Leserschaft ist, ohne Erinnerung an die Erde und ohne Vorstellung von heutigen Gewohnheiten oder Gefühlen etwas neues und anderes vermitteln wollen?[12] Die Einführung der menschlichen Unsterblichkeit

[11] Siehe z. B. Brian Stableford, "Immortality in Fantastic Fiction", *Narrative Strategies in Science Fiction and other Essays on Imaginative Fiction* (Wildside Press, LLC, 2009), pp. 30-61, p. 51.

[12] Hier muss angemerkt werden, dass, obwohl die Handlung erst im vierten Jahrtausend und damit weit entfernt von der tatsächlichen Welt der Leser einsetzt, die Charaktere und ihre Handlungen als nachvollziehbar für eine Leserschaft des ausgehenden zwanzigsten bzw.

und die Erkundung des Weltraumes über lange Zeiträume hinweg haben also nicht nur inhaltliche, sondern auch erzählerische Wechselwirkungen.

In Baxters *Ring* wird die Ungeheuerlichkeit der langen Zeitspannen, die einerseits mit der langen Raumexpedition und andererseits mit der verlängerten Lebenserwartung einhergehen, auch wiederholt von den Charakteren direkt angesprochen. Als es erstmals um die tausendjährige Reise geht bemerkt ein Wissenschafter zu seiner Kollegin, "as a species, we aren't used to thinking on such timescales. Not yet" (S. 72) und "just as human engineering isn't yet up to thousand-year flights, so the average human head isn't capable of thinking on thousand-year timescales." (S. 87) Die Unvorstellbarkeit, mit der wahrscheinlich auch die Leser zu kämpfen haben, wird also direkt in den Vordergrund gerückt. Es wird durchgehend betont, dass es wohl einer neuen Stufe der Evolution bedarf, bevor sich die Menschheit unendliche Zeitspannen vorstellen kann, etwas, worin Lieserl einen Vorsprung hat, wie Brialey feststellt: "Lieserl in *Ring* has both a wealth of Artificial Intelligence (AI) knowledge and a condensed focus of human experience and thus attains what most individual humans cannot possess: long-term cosmic perspective."[13] Den Lesern wird also indirekt kommuniziert, dass sie mit ihrem gegenwärtigen Erfahrungshintergrund nicht im Stande sind, die ungeheuerlich lange Lebenserwartung zu erfassen und sie dazu erst selbst neue, andere Menschen werden müssten. Der Wissenschafter Mark sieht einige seiner Kollegen an Bord, die der Superet Religion angehören als "multileveled, complex people" und stellt sich die Frage, ob alle Menschen zu solchen werden müssen, um auf kosmischen Zeitskalen überleben zu können (vgl. S. 87). Lakonisch wird hinzugefügt: "Anyway, he thought gloomily, he was going to have *ten centuries* with these people to find out about them..." (ibid.). Die Dauer des Fluges und die verlängerte Lebenserwartung werden in Kombination immer wieder wiederholt, und durch Kursivierungen unterstrichen: "'We've traveled across five million years, Arrow Maker,' he whispered. '*Five million years ...* [...].'" (S. 173) Abgesehen von der gekoppelten Erwähnung von Lebensdauer und Flugdauer finden sich in fast jedem einzelnen Absatz des Romans Zeitmarker, die die Leser immer wieder an die Dauer der Reise erinnern und ein Gefühl der Länge der Reise vermitteln.

Darüber hinaus wird die wiederholte Darstellung der Weite des Weltraumes herangezogen um die verlängerte Lebensdauer der Menschen begreifbarer zu machen. Generell wird in *Ring* Zeit oft mithilfe räumlicher Bilder dargestellt: "the past is not a prison" (S. 370) wird festgestellt, Jahrhunderte werden mit

beginnenden einundzwanzigsten Jahrhunderts und scheinbar auch nicht unvertraut mit dem zwanzigsten Jahrhundert dargestellt werden. Zur Problematik der Darstellung zukünftiger Charaktere siehe z.B. Gregory Benford, "Is There a Technological Fix for the Human Condition?" in Eric S. Rabkin und George E. Slusser, ed., *Hard Science Fiction* (Carbondale & Edwardsville: Southern Illinois UP, 1986), pp. 82-98, p. 95.

[13] Brialey, pp. 406-7.

"empty rooms" (S. 212) verglichen und die zurückgelegte Zeit wird als "desert of time" (S. 334) bezeichnet. Die kontinuierliche Nebeneinanderstellung besonders aber von unendlichem Raum und unendlicher Zeit verstärkt den Eindruck der potentiellen Unendlichkeit des Lebens. Unterstrichen wird der Eindruck der Unendlichkeit des Weltraums aber auch durch den Kontrast mit wiederholten Darstellungen der räumlichen Enge und Begrenztheit des Raumes in dem sich die Menschen aufhalten und der von der unendlichen Weite abgetrennt ist. Als ein Charakter nach fünfzig Jahren in einen Teil des Raumschiffes zurückkehrt wird dieser stark mit der Weite des Universums kontrastiert: "It was as if the huge, remarkable Universe beyond these walls – of collapsing stars, and ice moons […] – had never existed, as if it had all been some bizarre, fifty-year fantasy." (S. 245) Das ganze riesige Raumschiff ist ein klar vom Universum getrennter Bereich:

> Spinner felt cowed by the dingy immensity all around her: she felt that her own spark of human life and warmth was […] insignificant against all this darkness […].
>
> *Empty. Barren.* These were the true conditions of the Universe, she thought; life, and variety, and energy, were isolated aberrations. The *Northern* forest-Deck – the whole of that enclosed world which had seemed to huge to her, as a child – was nothing but a remote scrap of incongruous green, irrelevant in all this emptiness. (S. 269-70; Hervorhebung im Original)

Die beengten Zustände im Raumschiff stehen dem ewigen Raum und der ewiglangen Zeit durch die sich die Menschen bewegen gegenüber. Den Charakteren wie wohl auch den Lesern fällt es schwer, die enormen Ausmaße des Weltraumes aufzunehmen, und empfinden eher die begrenzten, aber vertrauten, Räume als real im Vergleich mit der unbekannten Weite. Mithilfe der Fokalisierung durch die Charaktere wird es den Lesern ermöglicht, deren Perspektive zu ergreifen und die Empfindungen der Enge nachzuvollziehen. Während sich die Leserschaft die Enge und Begrenztheit von Räumen vorstellen kann, gekoppelt mit der Begrenztheit von der eigenen Lebensdauer, ist die Unendlichkeit von Zeit und Raum allerdings schwer fassbar – auch wenn die Sicht der Charaktere im Roman eingenommen wird.

Die klaustrophobischen Räume dienen nicht nur über den Kontrast zur Darstellung der räumlichen und zeitlichen Unendlichkeit, sondern stellen auch eine Parallele dazu dar, was über die Menschen selbst gesagt wird: solange sie nicht den gewohnten Raum verlassen – sowohl ihre Vorstellungswelt als auch tatsächlich ihr gewohntes, räumliches Umfeld – werden sie keine wirkliche Unsterblichkeit erlangen können. Dazu passend setzen die Charaktere die Vorstellung der unendlichen Weite dem Bewusstsein des Todes gleich: "An awareness of what's outside – of the Universe as megayear celestial battlefield, across which we are fleeing – is like a morbid, paralyzing awareness of death, it seems to me. […]" (S. 381) Die zwangsweise beschränkte Sicht der Menschen wird von den Charakteren selbst wiederholt angesprochen. In einer Diskussion darüber, ob die ursprünglichen Besatzungmitglieder am Ende der Reise noch in der Lage sind, die neue, bedrohliche Situation zu beurteilen und zu meistern sagt Uvarov, der Gentechniker: "*I* understand. We are all too *old*, you see. [...] But at least I can *recognize* my limitations – the tunnel-vision of my age and condition. And, by recognizing, deal with it." (S. 170; Hervorhebung im Original) Das Erkennen der Grenzen und wo sie verlaufen wird als Voraussetzung gesehen, sie überschreiten zu können.

Die Rettung der Menschheit in Stephen Baxters Roman funktioniert erst als das alte Universum zurückgelassen wird, genauso wie angedeutet wird dass die tatsächliche Unsterblichkeit der Menschen nur gelingen kann, wenn die Menschen sich selber verändern. Die tatsächliche Darstellung von Unsterblichkeit muss zwangsweise scheitern; in *Ring* wird aber zumindest versucht durch die Parallele von unvorstellbarer Zeit- und Lebensdauer und unvorstellbar weitem Raum die Unvorstellbarkeit an sich ins Zentrum zu rücken.

RALPH J. POOLE

"But what a lovely curse!" Die Unsterblichkeit des Vampirs als Seifenoper

"The Boom Is On"

> Er ist sexy.
> Er ist unsterblich.
> Er ist ein Medienstar.[1]

Der selbsterklärte Vampirologe Rainer Köppl, der *de facto* als Professor am Institut für Theater-, Film- und Medienwissenschaft an der Universität Wien lehrt, wirbt mit diesem Slogan auf dem Klappentext für sein jüngst erschienenes Buch *Der Vampir sind wir: Der unsterbliche Mythos von Dracula biss Twilight*. Für Köppl lautet die entscheidende Frage nicht: "Gibt es wirklich Vampire?", sondern: "Warum lässt sich der Vampirmythos so gut für unser Vergnügen und für politische Zwecke ausschlachten?"[2] Das Verlagern von der ontologischen zu einer epistemologischen Fragestellung ist dabei entscheidend für ein Verständnis der Unsterblichkeit des Vampirmythos. Köppls überraschende Antwort lautet:

> Der Vampir sind wir! […] Weil wir wissen, dass wir sterblich sind, sind die Vampire unsterblich, denn das Thema aller Vampirgeschichten ist die Liebe und "das schmerzliche Rätsel des Todes, gegen den bisher kein Kräutlein gefunden wurde", wie Sigmund Freud in *Die Zukunft einer Illusion* schrieb.[3]

In Abwandlung der traditionelleren These, wonach der Vampir die Kehr- und Schattenseite unserer selbst verkörpert und damit die Projektionen unserer dunklen Ängste wie Sehnsüchte darstellt, herrscht hier die Vorstellung, dass der Vampir aus unserem Wunsch nach Unsterblichkeit und besonders nach unsterblicher Liebe generiert und immer wieder regeneriert wird – in endloser Reihe, unendlich, unsterblich also. Der zitierte Klappentext verweist aber noch auf eine

1 Rainer M. Köppel, *Der Vampir sind wir: Der unsterbliche Mythos von Dracula biss Twilight* (St. Pölten: Residenz, 2010), o. S.

2 Ibid., p. 10.

3 Ibid., p. 12.

zusätzliche Qualität des Vampirs: seinen Glamour, seinen Sexappeal. Und darum soll es im Folgenden gehen.

Die Herausgeber einer Anthologie von Werwolf-Erzählungen konstatieren einen gegenwärtigen Formwandler-Höhenflug: "The lycan and shape-shifter boom is on. There are no two ways about it. We are in the midst of an unprecedented explosion in were-curiosity, riding part and parcel with the boom in supernatural interest in general".[4] Wiewohl die Autoren dies zum Teil einem "millennial fever"[5] zuschreiben, einem apokalyptischen Terror, der die Menschheit zyklisch bei solchen kalendarischen Zeitwenden ergreift und den Weg öffnet für allerlei esoterische Endzeitstimmungen, so erklärt dies doch nicht die anhaltende Faszination an diesen metamorphischen Gestalten, die bis in die Antike zurückreichen und praktisch in allen Kulturen vorzufinden sind.

Ist der Vampir lediglich die heute bekannteste und wohl beliebteste Variante der Formwandler, so finden sich diese Gestalten, die ihre äußere Form ändern können, in fiktionalen Literatur- und Filmgenres vor allem in den Bereichen der Populärkultur und hier besonders in den Fantasy- und Science Fiction-Genres, aber es gab sie auch schon lange zuvor in Volksmythen und Märchen, vom Froschkönig bis zu *The Beauty and the Beast*. Hier sind die metamorphischen Gestaltwandlungen meist mit einem Fluch aufgrund einer Regelüberschreitung verbunden und das Happy End findet dementsprechend in Form einer Erlösung sowie einer heterosexuellen Vereinigung statt. In dem Moment, in dem die monströse Gestalt – die Bestie – durch die genormte Gestalt, besonders wenn es sich um eine schöne Jungfrau handelt, anerkannt und gar geliebt wird, kann erstere Erlösung erlangen und letztere den adretten Prinzen statt den glitschigen Frosch küssen.

Die Mythologie kennt Circe, die Eindringlinge auf ihrer Insel in Schweine verwandelt, Zeus, der sich in Tier- oder gar Frauengestalt unschuldigen und nichts Böses ahnenden Mädchen nähert und diese vergewaltigt, oder Teiresias, der einmal in Männer- und ein andermal in Frauengestalt sich genaueste Kenntnisse über sexuelle Lüste und Genüsse beiderlei Geschlechts verschafft. Das hat Teiresias zwar letztlich sein Augenlicht gekostet, ihm aber die Sehergabe verliehen. Gestaltwandel kann also ein durchaus gefährliches Unterfangen sein, ist aber gerne auch mit Erfahrungsgewinn verknüpft, gerade wenn es um das Know-how in Sachen Geschlechterfragen geht. Wiewohl sich die Zahl der Publikationen zu Vampiren immer mehr häuft, so gibt es insgesamt doch kaum Forschungsliteratur zu den Formwandlern im Allgemeinen. Wenn überhaupt, so werden sie im Kontext von Werwölfen und damit im Horror-Genre oder aber im Science Fiction-Genre erwähnt.

4 John Skipp und Cody Goodfellow, "It's Only Natural: Werewolves and Shapeshifters in Popular Culture", in John Skipp, ed., *Werewolves and Shapeshifters: Encounters with the Beast Within* (New York: Black Dog & Leventhal, 2010), pp. 621-632, p. 621.

5 Ibid., p. 621.

So meint Anke Napp in ihrer Studie *Satyr, Satan, Spock*, dass in der *Star Trek*-Serie die Formwandler "gefährliche[], dämonische[] und teufliche[] Gegner" seien, bedrohliche Feinde "von Aussen".[6] Die Cyborg-Spezies "Borg" beispielsweise würde "auf Horrorvorstellungen von Zombies und Vampiren zurück[greifen], benutzen sie doch 'Assimilationsöhrchen', die in die Halsschlagader des Opfers gestochen werden, um aus normalen Humanoiden ein seelenloses Maschinenwesen zu machen". Solcherart Formwandler rufen daher "alte Ängste von Infiltration durch feindliche Mächte wach."[7] Auch Nadja Sennewald betont am Beispiel von *Star Trek* das inhärent Bösartige der Formwandler, leitet dies aber aus der Über- bzw. Ungeschlechtlichkeit dieser Wesen ab, die sie bezeichnet als "Figuren mit gottgleichen Fähigkeiten [], die nicht auf einen materiellen oder feststofflichen Körper angewiesen sind und deshalb in ihrer 'eigentlichen' Erscheinungsform kein Geschlecht haben."[8] Weiter schreibt sie: "Diese Nicht-Einbindung in das Geschlechtersystem und die paranoid machende Bedrohung, die von ihnen ausgeht (absolut alles könnte auch ein getarnter Formwandler sein) macht sie zu den 'ganz Anderen' [...]".[9] Etwas widersprüchlich argumentiert Sennewald weiter mit Hinweis auf Elizabeth Grosz, dass die Formwandler dennoch weiblich konnotiert seien: "Trotzdem werden die Formwandler auf subtile Art und Weise feminin kodiert. Ihre Materialität, die Fluidität, steht in westlichen Diskursen als Indikator für Weiblichkeit."[10]

Wiewohl also diese Spezies der Shape Shifter sich generell durch ihre ultimative Wandelbarkeit auszeichnen – sie können flüssig- oder gasförmig sein sowie jede feste Form annehmen –, so gilt doch gerade der Vampir als besonders trickreicher Formwandler, denn wiewohl er normalerweise seine menschliche Form in geschlechtlicher Hinsicht nicht ändert, d.h. er oder sie ist Vampir(in) geworden in der (geschlechtlichen) Gestalt, in der er oder sie zuvor Mensch war, so ist

6 Anke Napp, *Satyr, Satan, Spoc: Spitzohren – Die Analyse eines ikonographischen Stereotyps* (2007, Norderstedt: Books on Demand GmbH, 2007), p. 117.

7 Ibid., p. 117.

8 Nadja Sennewald, *Alien Gender: Die Inszenierung von Geschlecht in Science-Fiction-Serien* (Bielefeld: transcript, 2007), p. 230.

9 Ibid., p. 231.

10 Ibid., p. 231. Bei Elizabeth Grosz heißt es: "In the West, [...] the female body has been constructed not only as a lack or absence but with more complexity, as a leaking, uncontrollable, seeping liquid; as formless flow, as viscosity, entrapping, secreting; as lacking not so much or simple the phallus but self-containment [...], a formlessness, that engulfs all form" (Elizabeth Grosz, *Volatile Bodies: Toward a Corporeal Feminism* [Bloomington: Indiana University Press, 1994], p. 203). Als Beispiel hierfür gelten vor allem die Figuren Odo, Laas und Q aus *Star Trek*, siehe Stephanie Dutchen, "*Star Trek: Deep Space Nine*: Shapeshifting and Homosexuality in 'Chimera'", http://www.renefiles.com/credchimera.html (4.1.2011); Atara Stein, "Minding One's P's and Q's: Homoeroticism in *Star Trek: The Next Generation*", *Genders* 27 (1998), http://www.genders.org/g27/g27_st.html (4.1.2011).

er doch in seiner Objekt- bzw. Opferwahl selten festgelegt. Das Blut jedweden Geschlechts mundet dem Vampir – normalerweise.

Der Vampir als ge(schlechts)schmäcklerischer Formwandler

Der Vampir, spätestens seit Bram Stokers verführerischem Aristokraten Graf Dracula ein beliebter Topos für die Gefahr dekadenter Erotik, erfährt in jüngster Zeit seine so-und-so-vielte Renaissance. Die *Twilight*-Romane und -Filme brechen derzeit alle Rekorde (nicht nur bei Kinokassen und Buchhandlungen, sondern auch in den Universitäten, wo die Fülle an Seminaren bereits zu ersten wissenschaftlichen Studien geführt hat), und wie schon bei Stoker wird auch hier der männlichen Vampirfigur jener exponentiell erhöhter Sexappeal zugesprochen, der bereits bei Novalis in seinen *Hymnen der Nacht* zum Vorschein trat:

> O sauge, Geliebter,
> Gewaltig mich an,
> Dass ich entschlummern
> Und lieben kann.
> Ich fühle des Todes
> Verjüngende Flut,
> Zu Balsam und Äther
> Verwandelt mein Blut.[11]

Offenbart Novalis' Gedicht zweifelsohne eine romantisch verklärte Anziehungskraft des Todes, so spricht aus den Versen doch auch die Sehnsucht nach einer den Tod überdauernden Liebe und zwar konkret in Form einer andauernden sexuellen Ekstase, die versinnbildlicht ist im alles verwandelnden Ruf des Blutes. Wie Ditte und Giovanni Bandini lapidar feststellen, bräuchte es für eine sexuelle Attraktion an sich keinen Vampir: "Aber der Vampir verspricht weit mehr als sexuelle Erfüllung: Er verspricht, dass diese Erfüllung *ewig* andauert."[12] Ein ewig währender Orgasmus – in dieser kruden Verknappung fassen die Bandinis ihrerseits unser an den Vampir herangetragenes Begehren: Er soll unsterblich sein, damit wir in anverwandelter Form phantasmatisch an seiner unendlichen Potenz partizipieren können.

Ich möchte jedoch auf eine doppelte Verschiebung dieser Konstellation in jüngsten Beispielen aus Film und Fernsehen verweisen. Zum einen wird die sexuelle Potenz des Vampirs, der in vielen literarischen Manifestationen auch den weiblichen Vampir wie die berühmte Figur der Carmilla bei Joseph Sheridan Le Fanu einschloss, nun gänzlich auf den männlichen Vampir fixiert und dort aber in polar entgegengesetzter Weise ausbuchstabiert: einmal als hypertropher *sex*

[11] Zit. in Ditte und Giovanni Bandini, *Das Vampirbuch* (München: dtv, 2008), p. 185.
[12] Ibid., p. 185 (Hervorhebung im Original).

maniac oder als melancholischer Abstinenzler, was, wie ich zeigen möchte, jeweils die Kehrseite derselben Medaille ist. Zum anderen aber rücken die vermeintlichen Opfer, nämlich die jungen Mädchen bzw. deren männliche Stellvertreter, immer stärker ins Zentrum und es ist deren Wunsch nach körperlicher Vereinigung, der hier die Dramaturgie beherrscht und der den Wunsch nach einer seelischen Verschmelzung nach sich zieht.

Es geschieht etwas Überraschendes in diesen Konstellationen, das das traditionelle Muster überschreibt: In dem Maße, wie sich die menschlichen Figuren im Umgang mit den Vampiren übermenschliche Fähigkeiten aneignen, erscheinen die ehemals monströsen Vampirgestalten umso menschlicher. Mit der Aufhebung der fixen Dyade Mensch/Vampir beginnt auch die Grenzmarkierung von sterblich und unsterblich zu wanken. Immer häufiger sind es nun die Menschen, die den Vampiren 'auf den Leib rücken' und ihnen eine früher unvorstellbare empathische Zuwendung abverlangen.

Mich interessieren daher Manifestationen des sexualisierten 'Monströsen' in Form von Gestalten, die nicht mehr eindeutig dieser Opposition von Mensch *versus* Monster zuordenbar sind. Diese Grenzauflösung lässt sich in jüngsten Film- und Fernsehproduktionen beobachten und es stellt sich die Frage, welche soziokulturellen Implikationen das für die verankerte ethische Grenze von gut/böse und weiterhin für die physikalischen Grenzen von Mensch/Tier, Leben/Tod und Raum/Zeit hat. Was bedeutet es, wenn statt der üblichen Horrifizierung es zu einer Zelebrierung solcher Wesen kommt? Wie lässt sich der erhöhte Sexappeal der Mischwesen erklären? Welche Auswirkungen hat die Grenzverschiebung in Bezug auf die Verhandlung von Rasse, Alter und Sexualität? Wie *queer* dürfen die Shape-Shifter sein? Sind diese phantasmatischen Wesen gar die neue Avantgarde hybrider Geschlechtlichkeit?

Bei all diesen Fragen, die um die Unsterblichkeit des Vampirmythos zirkulieren, scheint mir neben dem Fortsetzungsroman und der Filmserie, paradigmatisch durch *Twilight* repräsentiert, besonders das televisuelle Genre der seriellen Seifenoper das adäquate Medium für die ästhetische Umsetzung einer ins Endlose getriebenen Sehnsuchtsstruktur zu sein.

Bellas Traum oder der domestizierte Untote

> In the world of *Twilight*, death is not inevitable, and the purest form of love seems to have been found.[13]

Der zweite Teil der filmischen *Twilight*-Saga, *New Moon* (2009, Regie Chris Weitz, basierend auf dem Roman von Stephenie Meyer von 2006), beginnt mit

13 Rebecca Housel und J. Jeremy Wisnewski, "Undead Wisdom", in dies., ed., *Twilight and Philosophy: Vampires, Vegetarians, and the Pursuit of Immortality* (Hoboken: Wiley, 2009), pp. 1-3, p. 2.

einem Traum. Bella, die Sterbliche, die sich in den schönen und in seiner physisch-manifesten Gestalt erst 17-jährigen Vampir Edward verliebt hat, träumt in der Nacht ihres 18. Geburtstages von sich selbst als von ihrer gealterten Großmutter. Was vordergründig als Angst vor dem Alter gelesen werden kann, trifft doch viel eher die Furcht davor, dem ewig jung-bleibenden Edward 'davonzuleben' und 'wegzusterben'. Der idyllisch-verklärt auf einer Blumenwiese beginnende Traum gestaltet sich in dieser Metamorphose daher zu einem Albtraum und blendet schießlich über zu einer schlafenden Bella mit Shakespeares Drama *Romeo and Juliet* in der Hand, über dessen Lektüre sie offensichtlich eingeschlafen war. Die Liebestragödie symbolisiert für Bella nicht nur die wahre Liebe, sondern vor allem die Unmöglichkeit der Realisierung derselben. Jennifer McMahon greift diese Anspielung auf und meint, nicht ohne kritischen Unterton, dass Bellas 'unstillbarer' Wunsch Vampirin zu sein, zu wenig Ambivalenz produziere:

> From the existential perspective, the delight Bella expresses at becoming a vampire is the problem with *Twilight*. It is a romance, not a horror story. With its captivating tale of star-crossed lovers, it seduces us into loving vampires more than we should. It casts Edward as the innocent and self-sacrificing Romeo, rather than as a compelling, but vicious monster.[14]

Bellas 18. Geburtstag, Still aus *Twilight: New Moon*[15]

Interessant an *Twilight* ist weniger das Aufrufen alter Klischees wie des mysteriösen Untoten als vielmehr dessen melancholisches Leiden an seinem vampirischen So-Sein, das sich vor allem in Edwards galanten Verweigerung äußert, mit Bella mehr als nur keusche Küsse zu tauschen. Marc Shaw spricht gar von einer "erotics of abstinence", die hier als spielerische Grenzwanderung von "clo-

[14] Jennifer L. McMahon, "Twilight of an Idol: Our Fatal Attraction to Vampires", in Rebecca Housel und J. Jeremy Wisnewski, ed., *Twilight and Philosophy: Vampires, Vegetarians, and the Pursuit of Immortality* (Hoboken: Wiley, 2009), pp. 193-208, p. 205.

[15] *Twilight: New Moon* (2009, Regie Chris Weitz).

se but not too close" ausagiert wird.[16] Diese Verweigerung lässt Bellas Wunsch nicht nur dahingehend steigern, dass sie selbst Vampirin und damit Edward ebenbürtig werden möchte,[17] sondern die sexuelle Abstinenz spiegelt ein spezifisches Gegenwartsklima in Amerika wider, nämlich ein Erstarken des christlichen Fundamentalismus und damit einhergehend eine Keuschheit-bis-zur-Ehe-Welle. Alle derzeitigen Vampirserien reflektieren diesen Trend zum sexuellen Konservatismus, doch nur *Twilight* affirmiert ihn schamlos unverblümt und greift damit auf ganz andere Weise doch auf die traditionelle ethische Strategie von Vampirfiktionen zurück, wonach diese in allegorischer Weise mit konservativen sozialen Ordnungen in Komplizenschaft treten.[18] Nina Auerbach hat in ihrer Studie, deren Titel *Our Vampires, Ourselves* Köppls *Der Vampir sind wir* bereits vorwegnahm, das vermehrte Auftauchen von Vampirgestalten in direkten Zusammenhang mit dem jeweiligen sozio-kulturellen Klima ihrer Genese gebracht (in ihrem Fall war es die Reagan-Ära) und konstatiert, dass jedes Zeitalter die Vampire bekommt, die es verdient:

> To the jaded eye, all vampires seem alike, but they are wonderful in their versatility. [...] they matter because when properly understood, they make us see that our lives are implicated in theirs and our times are inescapable.[19]

Der sich von Tierblut ernährende, also quasi 'vegetarische'[20] Vampir Edward aus *Twilight* geriert sich demensprechend nicht nur als heroischer Beschützer von Bella statt deren blutsaugender Verführer zu sein, er verkörpert geradezu den neuen Vampirtypus, den Joshua Tyree als einen generischen Hybriden bezeichnet, eine Kombination aus "undead chum and unnaturally attentive lover, a sort of guardian angel with fangs."[21] Jenseits der Liebesbeziehung steht dieser neue

[16] Marc E. Shaw, "For the Strength of Bella? Meyer, Vampires, and Mormonism", in Rebecca Housel und J. Jeremy Wisnewski, ed., *Twilight and Philosophy: Vampires, Vegetarians, and the Pursuit of Immortality* (Hoboken: Wiley, 2009), pp. 227-36, p. 233.

[17] Im vierten und letzten Teil der Saga, *Breaking Dawn*, wird Bella schließlich in eine Vampirin verwandelt. Siehe zur 'Altmodischkeit' von *Twilight*s Sexualpolitik Bonnie Mann, "Vampire Love: The Second Sex Negotiates the Twenty-First Century" sowie Abigail E. Myers, "Edward Cullen and Bella Swan: Byronic and Feminist Heroes... Or Not", beide in Rebecca Housel und J. Jeremy Wisnewski, ed., *Twilight and Philosophy: Vampires, Vegetarians, and the Pursuit of Immortality* (Hoboken: Wiley, 2009), pp. 131-45 u. 147-62.

[18] Franco Moretti hat dies in seinem Vergleich von *Frankenstein* und *Dracula* bereits konstatiert, siehe "The Dialectic of Fear", *New Left Review* (Nov-Dez 1982), pp. 67-85.

[19] Nina Auerbach, *Our Vampires, Ourselves* (Chicago: University of Chicago Press, 1995), p. 5 u. 9.

[20] Siehe hierzu Jean Kazez, "Dying to Eat: The Vegetarian Ethics of *Twilight*", in Rebecca Housel und J. Jeremy Wisnewski, ed., *Twilight and Philosophy: Vampires, Vegetarians, and the Pursuit of Immortality* (Hoboken: Wiley, 2009), pp. 25-37.

[21] J. M. Tyree, "Warm-Blooded: *True Blood* and *Let the Right One In*", *Film Quarterly* 63:2 (2009), pp. 31-37, p. 32.

Typus auch für ein soziales Modell neuer Toleranz, für ein Plädoyer gewaltfreier, reziproker Beziehungen. Der Vampir erscheint nicht mehr als falscher Freund, der nur darauf aus ist, sein Opfer als lebendes Nahrungsreservoir auszubeuten, im Gegenteil:

> If Bella's worry is that she can't properly love Edward as a mortal, his worry is the opposite. He worries that he has already lost his soul, and that making Bella a vampire will strip her of her soul as well. [...] For a person like Edward, who wants to dedicate his life to loving Bella, immortality might thus be a curse rather than a blessing.[22]

Das Verführungs- und Verratsmodell hat sich gewandelt, die neuen Vampire suchen Wege aus ihrer unendlichen Einsamkeit. Rainer Köppl spricht daher auch von den "Vampiren in der Pubertät" und meint damit, dass die Vampire in *Twilight* "keine politische Metapher, keine Zeichen, keine Stellvertreter für Randgruppen und Feinde [sind]; sie dienen als Projektionsfläche für pubertäre Sehnsüchte."[23]

Es ist dies als Gegenentwurf, als Utopie zu verstehen: "In der klassischen Vampirtradition war der Mensch das Objekt der Begierde der Vampire, jetzt wird der Vampir zum Objekt der Begierde der Menschen."[24] Damit verliert der Vampir allerdings ein wichtiges Merkmal, das ein Gutteil seiner einstigen Faszination ausmachte: den Kitzel des Verbotenen. Wenn der Vampir sich nun im häuslichen Kuscheln gefällt, was macht diesen domestizierten Untoten dann noch interessant für ein breites Publikum, können wir uns fragen. Der schöne Langweiler Edward ist sicherlich *ein* mögliches Modell, wenngleich es recht arm an Komplexität ist. Ich möchte im Weiteren daher zwei Vampir-Fernsehserien betrachten und damit zwei andere Modelle vorstellen, die mir interessanter in ihrer Radikalität erscheinen: utopische *sex communities* und das *mainstreaming* von Minderheiten.

The Lair oder "a (not) so lovely curse"

> I was condemned like a vampire [...] to eternal darkness. [...] In a word, I was queer.[25]

Die televisuelle *gay community* hat ein neues Lieblingskind im populärkulturellen Sektor der "guilty pleasures": die Vampir-Seifenoper *The Lair*.[26] Sie handelt

[22] Brendan Shea, "To Bite of Not to Bite: *Twilight*, Immortality, and the Meaning of Life", in Rebecca Housel und J. Jeremy Wisnewski, ed., *Twilight and Philosophy: Vampires, Vegetarians, and the Pursuit of Immortality* (Hoboken: Wiley, 2009), pp. 79-92, pp. 84 u. 86.

[23] Köppl, p. 246.

[24] Ibid., p. 247.

[25] Harlan Greene, *Why We Never Danced the Charleston* (New York: St. Martin's Press, 1984), p. 26.

von einer kleinen, fiktiven Inselgemeinschaft mit florierender Schwulenszene, die durch eine Serie von offenkundig sexuell motivierten Morden an jungen Männern erschüttert wird und über die die Hauptperson, der Reporter der lokalen Presse, Thom, für einen Bericht recherchiert. Thoms Nachforschungen führen ihn zu dem Sexclub *The Lair*, der von Vampiren unter der Führung von Damian bevölkert und von sexhungrigen Kunden frequentiert wird. Die detektivische Arbeit beginnt durch die erotische Verwicklung verkompliziert zu werden, als nämlich gleichzeitig auch Thoms Geliebter verschwindet und damit Thoms Recherche eine ganz private Dringlichkeit annimmt *und* Damian in Thom einen Doppelgänger jenes Mannes erkennt, der vor zwei Jahrhunderten sein Geliebter war und der ihn zum Vampir machte. Die Intrigen innerhalb des Clubs führen dazu, dass Damian in eine Falle gerät und in einem Verließ zugemauert wird. Er kann aber über telepathische Kräfte Thom rufen und zu seiner Befreiung bestellen. Dieser Ruf des Blutes, für den sterblichen Thom völlig unverständlich, bestätigt für Damian die Verbindung Thoms zu dessen aristokratischem Doppelgänger von einst.

Obwohl die Serie durchweg schlechte Kritiken erhielt, entwickelte sie sich zu einem subkulturellen Renner. Ich führe das auf zweierlei zurück: zum einen auf die selbst für amerikanisches Privatfernsehen ungewöhnlich explizite Darstellung von schwuler Sexualität, die der Serie den Kultstatus von "soft-core porn" einbrachte.[27] Zum anderen, und für unsere Belange interessanter, auf die Verschiebung des vampirischen Gruselns zur offenkundigen Faszination seitens der 'Opfer'. Je mehr sich Thom zunächst traumwandlerisch, dann aber vollen Bewusstseins auf Damian einlässt und schließlich sogar im Club wohnt und arbeitet, desto stärker wendet er sich von seinem Menschsein ab und dem "lovely curse" zu, den das Vampirische zu bieten scheint. Im Gegenzug ist aber – wie Edward aus *Twilight* – auch Damian trotz aller *sex mania* ein Vampir, dessen melancholische Struktur ihn mehr nach der verlorenen Liebe als nach frischem Blut suchen lässt. Versinnbildlicht wird diese Struktur der Melancholie durch ein Gemälde seines ehemaligen Geliebten, das zwar als Garant dieser Vampirdynastie gilt, allerdings einer konstanten Dorian Grayschen Transformation unterworfen ist. Jeder Blutakt verwandelt das Gemälde: das schöne Gesicht des aristokratischen Vampirs wird entstellt und verweist auf das Doppelleben des Portraitierten und damit auf Damian selbst, der den Maler und Geliebten getötet

[26] Die Serie lief von 2007 bis 2009 auf dem amerikanischen Privatsender *here!*. Bisher gab es drei Staffeln, eine vierte ist noch nicht bestätigt.

[27] So ist auch der ehemalige Pornodarsteller Colton Ford hier als schwuler Polizeichef zu sehen, was für ein eingeweihtes Publikum den Reiz der Serie durchaus noch zu erhöhen vermag. Siehe Corey Scholibo, "Interview with a Vampire: David Moretti May Be New at Being Out, but the Star of Here Networks Latest Romp the Lair Already Knows a Thing or Two about Being a Sex Symbol", *The Advocate* 990 (14. Aug. 2007), http://www.questia.com (3.8.2010).

hat. Damian übermalt es immer wieder, nur um es erneut als Fratze vorzufinden. Während Damian das endlose Leiden am Blutfluch beklagt, preist Colin, der Adjutant und Gegenspieler Damians, das hedonistische Prinzip der ewigen Jugend und Schönheit:

> Colin [zu Damian, der das Porträt bearbeitet]: At work again?
> Damian: You know I must.
> Colin: It is as always beautiful to behold.
> Damian: It is a curse. And one you are well aware of.
> Colin: But what a lovely curse! To be young forever.[28]

Die neuen Vampire in *The Lair* repräsentieren jenen Mix, den Trevor Holmes für die jüngste Reanimation der Figur um 2000 attestiert als "a mix that includes embodied decadence, cynical neo-Romanticism, HIV, savvy camp, and [...] a post-punk aesthetic."[29] Dieser Vampir ist eine Figur des *crossover* geworden, sie kann zwischen "goth, gay, and S/M"[30] oszillieren und beweist damit eine zuvor ungeahnte Flexibilität. Haftete dem Vampir immer schon eine mysteriöse *queerness* an, so konkretisiert sich diese in einer Serie wie *The Lair*, in der nicht nur die Wandelbarkeit des Vampirs in erotisch gesteigerter Form zur Schau gestellt wird, sondern sich auch traditionelle männliche Identitätskonstruktionen radikal auflösen und damit ein faszinierendes Spielfeld von Realität und Fantasie eröffnen. Der Begriff "lair" des Titels verdeutlicht dieses Spiel bereits semantisch, bedeutet er doch Höhle oder Versteck und wird somit zum Signifikat für einen geschützten Ort jenseits bzw. am Rande der Gesellschaft. Auch hier intensiviert sich eine Tendenz der fantastischen Literatur, die Rosemary Jackson so beschreibt: "The fantastic traces the unsaid and the unseen of culture: that which has been silenced, made invisible, covered over and made 'absent'. [...] Its introduction of the 'unreal' is set against the category of the 'real' – a category which the fantastic interrogates by its difference."[31] Im Spiel zwischen Präsenz und Absenz kommt der insularen Gemeinschaft in *The Lair* insofern eine besondere Bedeutung zu, als sie zwar innerhalb dieser Community eine völlig andere, verquerte Realität inszeniert, diese aber durch die Insellage von der restlichen Welt abgetrennt bleibt. In dieser quasi-utopischen Welt ist Homosexualität zur Norm geworden. Die alte Opposition in Vampirerzählungen von Gut (normgerecht) *versus* Böse (abnorm) verschiebt sich hier zur Befragung und letztendlich Affirmation von alternativen sozial-sexuellen Lebensentwürfen. In Erweiterung

[28] *The Lair*, Season 1, Episode 2 (Erstausstrahlung 1. August 2007).

[29] Trevor Holmes, "Coming Out of the Coffin: Gay Males and Queer Goths in Contemporary Vampire Fiction", in Joan Gordon und Veronica Hollinger, ed., *Blood Read: The Vampire as Metaphor in Contemporary Culture* (Philadelphia: University of Pennsylvania Press, 1997), pp. 169-188, p. 174.

[30] Ibid., p. 173.

[31] Rosemary Jackson, *Fantasy, the Literature of Subversion* (London: Methuen, 1981), p. 4.

von Veronica Hollingers These, dass zeitgenössische Vampire Teil einer postmodernen Tendenz zur Dekonstruktion etablierter Grenzziehungen sind, kann hier von einer gezielten Problematisierung der Grenzen zwischen Hetero- und Homosexualität gesprochen werden:

> [...] postmodernism has undertaken to undermine and/or deconstruct innumerable kinds of inside/outside oppositional structures. This deconstruction of boundaries helps to explain why the vampire is a monster-of-choice these days, since it is itself an inherently deconstructive figure: it is the monster that used to be human; it is the undead that used to be alive; it is the monster that *looks like us*.[32]

Etliche Kritiker haben bereits die Traditionslinien nachgezeichnet, die Vampirismus und Homosexualität miteinander verknüpfen; so meint Richard Dyer: "there is a line of vampire or Gothic writing that is predominantly queer/gay produced, or which at any rate form part of a queer/gay male reading tradition."[33] Oft wurden über das Bild des Vampirs Suggestionen über Homosexualität vermittelt und meist waren dies negative Suggestionen. Historisch waren diese Assoziationen oft mit der Analogie von aristokratischen Vampiren mit dekadenter Sexualität und/oder morbider Todessehnsucht verknüpft, so von Lord Byron über Lautréamont, Karl Heinrich Ulrichs, Oscar Wilde und Bram Stoker bis Anne Rice. Im Unterschied zu anderen Untoten wie Zombies oder Werwölfen ist es dabei nur der Vampirbiss, dem eindeutig erotische Qualitäten zugeschrieben wird, "perhaps the highest symbolic representation of eroticism", meint gar Rosemary Jackson.[34]

Dies hat sich deutlich geändert in den jüngsten medialen Konstruktionen des Formwandlers; nicht mehr nur der Vampirkuss ist der Höhepunkt an Erotik und gleichzeitig deren todessehnsüchtige Kehrseite. Werwölfe wie Jake aus *Twilight* oder Alcide aus *True Blood* haben einen Sexappeal, der mit dem der Vampire konkurrieren kann. Auch in *The Lair* gibt es solche sexualisierten Werwölfe, aber darüber hinaus noch andere sexy Shape-Shifter, deren Kuss todbringend sein kann. So handelt es sich bei Athan um einen männlichen Gorgonen, eine Figur, die aus der griechischen Mythologie stammt und traditionell weiblich dargestellt wird. Medusa, die bekannteste der Gorgonen, zeigte ein Haupt mit

32 Veronica Hollinger, "Fantasies of Absence: The Postmodern Vampire", in Joan Gordon und Veronica Hollinger, ed., *Blood Read: The Vampire as Metaphor in Contemporary Culture* (Philadelphia: University of Pennsylvania Press, 1997), pp. 199-212, p. 201.

33 Richard Dyer, "It's in a Kiss! Vampirism as Homosexuality, Homosexuality as Vampirism", in ders., *The Culture of Queers* (London: Routledge, 2002), pp. 70-89, p. 71. Siehe auch Ralph J. Poole, "Bisse statt Küsse. Der 'queer' Vampir als Ikone des Camp", in Gerhard Härle, Wolfgang Popp und Annette Runte, ed., *Ikonen des Begehrens. Bildsprachen der männlichen und weiblichen Homosexualität in Literatur und Kunst* (Stuttgart: M und P, 1997), pp. 351-378.

34 Jackson, p. 120.

lebenden, giftigen Schlangen und einem derart schrecklichen Blick, dass alles, was ihren Blick traf, zu Stein verwandelt wurde. In einer geschlechtlichen Umschreibung ist es hier ein Mann, der Medusas verführerische wie auch zerstörerische Fähigkeiten besitzt, und damit wird auch ein neuer Typus des Formwandlers eingeführt: es ist ein Lebender, wenngleich jahrhundertealt, der von den anderen nicht mehr zu unterscheiden ist. Er muss weder in Särgen schlafen noch sich von Blut ernähren, und seine todbringende Gefahr ist eng mit seiner sexuellen Potenz verknüpft. In dieser Form war das den Vampiren vorgehalten gewesen.

Gorgone Athan, Still aus *The Lair*[35]

Im Unterschied zu früheren Vampirerzählungen, bei denen eine Zweiteilung von Geheimnis und Offenbarung vorherrschte, verzichtet *The Lair* wie auch die TV-Serie *True Blood*, von der im Folgenden die Rede sein soll, auf die erste, essentielle Voraussetzung: das verborgene Geheimnis des Vampirseins. Beide Serien manifestieren in den ersten Minuten bereits die Existenz von Vampiren, die vormalige Dialektik von Heimlichkeit und Unheimlichkeit (in Anlehnung an Freuds "Unheimliches") fällt hier weg. Es gibt nichts, was heimlich nachts im privatesten aller Räume, dem Schlafzimmer, getan werden muss; spätestens mit Anne Rices Vampiren, die sogar hyperbolisch-exhibitionistisch auf Bühnen auftreten, ist der Vampir 'out of the closet'. Die Sexclubs in *The Lair* und *True Blood* erfüllen eine ähnliche Funktion der Öffentlichkeit und Sichtbarkeit wie Rices Theaterraum. Wenn sowohl die sexuelle wie auch die vampirische Identität der Protagonisten von Anfang an etabliert ist, kollabiert ein Lektüremodell, das lange Zeit als dominant gelten konnte, nämlich die Identifikation mit dem geschundenen Opfer: "An obvious way to read a vampire story is self-oppressively, in the sense of siding with the narrator [...] and investing energy

[35] *The Lair*, Staffel 3, Episode 1 (Erstausstrahlung 4. September 2009).

in the hope that s/he will be saved from the knowledge of vampirism (homosexuality)."[36]

In dem Maße, wie der Horror der Entdeckung wegfällt, verschieben sich die Erzählungen ins Zelebratorische. Ein Vampir zu werden verspricht Erlösung vom endlichen Hiersein und Eintritt in eine Kommunität endloser Freuden. Stellte Dyer noch für die 1990er Jahre fest: "Vampirism can now be celebrated as the most exquisite form of sexual pleasuring, yet it remains outside of ideal sexual relationship,"[37] so trifft genau dieser "body:person split"[38] in den jüngsten Fiktionen nicht mehr zu. Die Vampire leben in *The Lair* in einer polygamen sexuellen Gemeinschaft zusammen und in *True Blood* besteht ebenfalls die Möglichkeit sexueller und emotionaler Beziehungen zwischen Vampiren sowie zwischen Sterblichen und Untoten. Und doch bleiben die wahren Liebesbeziehungen die Ausnahme oder unmöglich, auch hier. War vormals Vampirismus der mögliche Ausdruck von unbändigem, gewaltsamem, exquisitem sexuellem und besonders männlichem Außenseitertum, "unsocialised, unvicilised and above all undomesticated",[39] so hat sich mit der Entmarginalisierung und Normalisierung auch eine freudvolle Domestizierung des Vampires ergeben, die wir schon bei Edward aus *Twilight* beobachten konnten.

True Blood oder die Crux des Mainstreaming

> A figure that both promises and threatens racial and sexual mixing, the vampire feeds off the normalized human, and the monster finds such contaminated food to be nutritious. The vampire also insists on the nightmare of racial violence behind the fantasy of purity in the rituals of kinship.[40]

Norbert Borrmann hat in seinem Buch *Vampirismus oder die Sehnsucht nach Unsterblichkeit* schon vor einigen Jahren und vor allem im Hinblick auf Anne Rice und deren "Chronik der Vampire" gemeint: "Der Vampir hat Amerika erobert. Damit ist nicht nur gemeint, dass er sich in Hollywood breitgemacht hat und zahlreiche amerikanische Autoren über ihn schreiben, sondern die Vampire haben offensichtlich in großer Zahl die Alte Welt verlassen, um sich dort neu

36 Dyer, p. 79. Natürlich fällt damit auch das oppositionelle Modell weg, wonach sich der geneigte Leser mit dem Vampir identifiziert und eine sublime Freude an der Ignoranz der Figuren hat: "What fools these mortals are," so Dyer zur Freude dieser Leserschaft (p. 79).

37 Ibid., p. 85.

38 Ibid., p. 85.

39 Ibid., p. 87.

40 Donna Haraway, *Modest_Witness @ Second_Millennium. FemaleMan_Meets_OncoMouse* (New York: Routledge, 1997), S. 214.

einzurichten, wo der heutige Machtpol liegt – in der Neuen Welt."[41] Borrmann suggeriert hierbei, dass Amerika mit seiner kolonialen Mission einer zukunftsorientierten Neuen Welt in besonderem Maße mit dem Mythos vampirischer Unsterblichkeit korreliert und weiterhin, dass diese Mission immer schon mit einem imperialen Anspruch auf Macht und Herrschaft verknüpft war und im Aufleben der Vampire auf diesem Kontinent gespiegelt wird. Vampirgeschichten zählen zur Gattung des Schauerromans und auch hier lässt sich eine amerikanische Spezifität erkennen. Teresa Goddu meint diesbezüglich, dass die amerikanische – im Unterschied zur älteren britischen – Variante des "Gothic" "haunted by history" sei:

> Instead of fleeing reality, Gothic registers its culture's anxieties and social problems. Often framed in terms of institutional power and oppression, Gothic records the pleasures and costs of particular social systems. Issuing from the context of New World slavery, American Gothic tells stories of racial desire and dread, of economic instability and anxiety.[42]

US-amerikanische Vampirgeschichten als ein Subgenre des American Gothic verhandeln damit ebenfalls dieses Geschichtstrauma, sollte man meinen. Doch während *Twilight* im historisch eher weniger auffälligen äußersten Nordwesten der USA spielt und immerhin Anklänge von indianischer Mythologie aufgreift, offenbart *The Lair* eine absolute und radikale Absenz von Geschichte. Das Inselsetting lässt keinerlei Rückschlüsse auf ein spezifisches historisch-soziales Umfeld zu. Die amerikanische 'Realität' findet also keinen Eingang in diese Serie.

Ganz anders bei *True Blood*. Die "erwachsene Schwester des *Twilight*-Franchise"[43] läuft seit 2008 als neueste HBO-Erfolgsserie von Alan Ball (bekannt durch seine ebenso erfolgreiche und genresprengende Serie *Six Feet Under*).[44] Allein durch ihre geografische Situierung im *deep South* ist die Serie tief in der amerikanischen Geschichte verwurzelt, sie ist "pure Southern Gothic", wie Karen Backstein bekräftigt:

[41] Norbert Borrmann, *Vampirismus oder die Sehnsucht nach Unsterblichkeit* (Kreuzlingen: Hugendubel, 2001), p. 89.

[42] Teresa A. Goddu, "American Gothic", in Catherina Spooner und Emma McEvoy, ed., *The Routledge Companion to Gothic* (London: Routledge, 2007), pp. 63-72, p. 64. Und doch verneint Goddu den Gemeinplatz, wonach sich die British Gothic vornehmlich um *class* und die American Gothic um *race* drehe, und meint vielmehr, dass in den USA die Klassenfrage in die Rassenproblematik eingespeist sei und so die ungleichen und kompetitiven Marktstrukturen aufdecke, die konstitutiv für den amerikanischen Mythos von Freiheit und Gleichheit seien.

[43] Sabine Horst, "Fahr zur Hölle, Liebling! Die Serie *True Blood* und der Trend zum Magischen", *epd Film* 3 (2011), pp. 32-37, p. 32.

[44] Wie *Twilight* basiert auch *True Blood* auf einer Romanserie, hier *The Southern Vampire Mysteries*, auch bekannt als Sookie Stackhouse-Romane von Charlaine Harris.

> Imagining a world where an artificial blood allows vampires to live among us without feeding: the series plays with the idea of "interspecies mixing" as miscegenation – a metaphor that encompasses sexual fear and potency, as well as a social critique.[45]

Von den ersten Szenen wie auch dem vielbeachteten Trailer[46] an wird deutlich, dass dies ein Louisiana ist, das immer noch von der Sklavenvergangenheit heimgesucht wird und dessen Konservatismus ein schwer zu überwindender ist. Das Auftauchen der Vampire ist hier nur das auffälligste Symptom einer Gesellschaft, die gewillt ist, sich vehement und durchaus auch militant gegen jegliche progressive Neuerung zur Wehr zu setzen. *Bon Temps* ist der Ort der Handlung und es ist alles andere als ein Ort, an dem man eine 'gute Zeit' verbringt.[47] Die Serie hat, wie *Twilight*, ein zentrales Mensch-Vampir-Liebespaar, das mühevoll zueinanderfinden will: Sookie, das junge Südstaatenmädel, ausgestattet mit der Gabe anderer Leute Gedanken zu lesen, und der aus dem Antebellum stammende Vampir mit sehr guten Gentlemanmanieren der alten Südstaaten-Schule und dem sehr unaristokratischen Namen Bill.

Bills Versuch des *mainstreaming*, also aus dem Sarg zu steigen und sich in die 'normale' Gesellschaft zu integrieren, ist in doppelter Hinsicht allegorisch zu lesen.[48] Als Minderheit verkörpern die Vampire eine besonders im Süden ungewollte Spezies, die man u.a. durch Lynchpraxis und religiöse Zeremonien zu eliminieren sucht. Damit sind die Vampire allegorisch mit der Geschichte der Sklaverei und den Bürgerrechtsbewegungen verknüpft. Der Vampir steht hier

[45] Karen Backstein, "(Un)safe Sex: Romancing the Vampire", *Cineaste* (Winter 2009), pp. 38-41, p. 38. Auch Jon Stratton betont die südstaatliche Schauerqualität der Serie: "*True Blood* is obsessively about race – race is front and central" (Jon Stratton, "Buffy Failed: *True Blood* and the Accommodation of Vampires", *FlowTV* 11:10 [2010], http://flowtv.org/2010/03/buffy-failed-true-blood-and-the-accommodation-of-vampires-jon-stratton-curtin-university-of-technology/ [15.4.2010]). Er widerspricht damit dem Argument von Peterson u.a., die behaupten, "race has had its day as a concern, the credit sequences depict it as part of an antique and literally crumbling or melting past" (Michael Peterson, Laurie Beth Clark und Lisa Nakamura, "Vampire Politics", *FlowTV* 11:03 [2009], http://flowtv.org/2009/12/vampire-politicslisa-nakamura-laurie-beth-clark-michael-peterson/# [17.5.2011]).

[46] Siehe hierzu Lisa Coulthard, "Familiarity Breeds Desire: Seriality and the Televisual Title Sequence", *FlowTV* 12:03 (2010), http://flowtv.org/2010/07/familiarity-breeds-desire/ (6.7.2010).

[47] Siehe Kevin J. Corn und George A. Dunn, "Let the Bon Temps Roll: Sacrifice, Scapegoats and Good Times", in Geroge A. Dunn und Rebecca Housel, ed., True Blood and Philosophy: *We Wana Think Bad Things with you* (Hoboken: Wiley, 2010), pp. 139-55.

[48] Zu "allegorical moments" in Horrorfilmen siehe Adam Lowenstein, *Shocking Representation: Historical Trauma, National Cinema, and the Modern Horror Film* (New York: Columbia University Press, 2005). Zum *mainstreaming* in *True Blood* siehe Jennifer Culver, "Dressing Up and Playing Human", in George A. Dunn und Rebecca Housel, ed., *True Blood and Philosophy: We Wanna Think Bad Things with You* (Hoboken: Wiley, 2010), pp. 19-31.

für die Trope der Verwerfung seitens weißer, heterosexueller Männlichkeit, die besonders den "schwarzen Mann" perhorreszierte, wie Shannon Winnubst eindringlich mahnt:

> There is recurring dream, a nightmare, in the unconscious of these white United States. It is a dream of passion, violence, transgression, invasion – and all the perverse titillation that these bring. It is also a dream of power, violation and purity, of strict and rigid and obsessive fascination with boundaries. It frightens, infuriates, traps or protects us according to the bodies and subject positions we inhabit within this cultural symbolic. Stirring the worst anxieties of some of the nastiest parts of U.S. history, it is a nightmare rarely mentioned but always circulating, rarely noticed but always present. It boils and bubbles just below the surface, silently but perpetually, shaping that surface without itself surfacing.[49]

True Blood bringt diese subkutan brodelnden rassistischen Albträume der Vergangenheit an die televisuelle Oberfläche und verknüpft sie mit Phobien, die in der Gegenwart der amerikanischen Nation zirkulieren. Die mittels TV-Nachrichten- und Interviewsendungen eingespielte öffentlich geführte Debatte um die legale Anerkennung von Vampiren als 'Amerikaner' und damit auch um das Recht auf Vermählung mit Menschen spielt nämlich außerdem auf die *gay marriage*-Debatte an,[50] ebenso wie das synthetische Blut, ironisch "Tru [sic] Blood" genannt und wie ein Softdrink im Supermarkt erhältlich, es den Vampiren einerseits gestattet, sich nicht mehr von Menschenblut ernähren zu müssen, es andererseits aber darauf verweist, dass Vampirblut 'etwas ganz Besonderes' ist. In einer der vielen Umkehrungen der Serie werden die Vampire nun gejagt, weil deren Blut auf einem florierenden Schwarzmarkt als Sexdroge, eine Art Vampir-Viagra "V", verhökert wird.[51] Das Projekt des *mainstreaming* scheitert an der anhaltend heterophoben Südstaatenbevölkerung wie auch der immanenten Gewalttätigkeiten der Vampire. Denn auch bei den Vampiren ist die Mehrheit nicht bereit, auf ihre Privilegien zu verzichten.

Als besonderes Ereignis ist daher die Szene zu werten, in der der Untote Godric seinen freiwilligen 'Tod' inszeniert. Godric ist trotz seiner jungenhaften Gestalt der älteste und mächtigste Vampir der Serie. Nach einem 2000-jährigen

[49] Shannon Winnubst, "Vampires, Anxieties, and Dreams: Race and Sex in the Contemporary United States", *Hypatia* 18:3 (2003), pp. 1-20, p. 1.

[50] Siehe Joseph J. Foy, "Signed in Blood: Rights and the Vampire-Human Social Contract"; William M. Curtis, "'Honey, If We Can't Kill People, What's the Point of Being a Vampire?' Can Vampires Be Good Citizens?"; sowie Patricia Brace und Robert Arp, "Coming Out of the Coffin and Coming Out of the Closet", alle in George A. Dunn und Rebecca Housel, ed., *True Blood and Philosophy: We Wanna Think Bad Things with You* (Hoboken: Wiley, 2010), pp. 51-64, 65-78, 93-108.

[51] Siehe Bruce A. McClelland, "Un-True Blood: The Politics of Artificiality", in George A. Dunn und Rebecca Housel, ed., *True Blood and Philosophy: We Wanna Think Bad Things with You* (Hoboken: Wiley, 2010), pp. 79-90.

Un-Leben ist er müde ob seiner untoten Existenz und enttäuscht, dass es immer noch zu keinem friedvollen Kohabitieren von Mensch und Vampir zu kommen scheint. Als Akt des Friedens und der Versöhnung stellt er sich märtyrerhaft der Sonne und damit seinem Tod, und es ist Sookie, die um ihn trauert in einer nahezu apotheotischen Szene der Transzendenz, die durchaus als Anspielung auf die Kreuzigung Christi verstanden werden soll:

> Sookie: Are you very afraid?
> Godric: No. No. I'm full of joy.
> Sookie: But the pain?
> Godric: I want to burn.
> Sookie: Well, I'm afraid for you.
> Godric: A human with me at the end . . . . and human tears. Two thousand years, and I can still be surprised. In this I see God.[52]

Vampir Godric, Still aus *True Blood*[53]

Slavoj Žižek hat über Hitchocks *The Birds* einmal wegweisend als Interpretationsvorgabe gesagt: "first, we must imagine *The Birds* as a film *without birds*."[54] Stellen wir uns *True Blood* ohne Vampire vor, dann offenbart diese Szene, wie radikal Vergebung, Sühne und Erlösung auch im nicht-christologischen Sinne sein können. Sookies Menschentränen sind deshalb so bedeutend, weil sie als Stellvertreterin einer privilegierten 'Rasse' ein Maß an Empathiefähigkeit für das Leiden eines Stellvertreters einer anderen, verworfenen Spezies zeigt, das realiter kaum einzulösen wäre. Köppl ist hier sicher beizupflichten, wenn er meint, "dass die Themen, die hier behandelt werden, ohne Verkleidung und Entstellung in der Kulturindustrie nicht *mainstream*-fähig wä-

[52] *True Blood*, Staffel 2, Episode 9 "I Will Rise Up" (Erstausstrahlung 16. August 2009).

[53] *True Blood*, Staffel 2, Episode 9 "I Will Rise Up" (Erstausstrahlung 16. August 2009).

[54] Slavoj Žižek, *Looking Awry: An Introduction to Jacques Lacan through Popular Culture* (Cambridge: MIT Press, 1992), p. 105 (Hervorhebung im Original).

ren."[55] Nur über die Verfremdung des Fantastischen kann hier eine Realität diskutiert werden, bei der ansonsten "die religiöse Rechte und die moralische Mehrheit" aufheulen würde.[56] Gerade Sookie, die Vampire rettet statt sie zu zerstören, wie dies Buffy in der gleichnamigen Serie noch vor ein paar Jahren getan hat, ist eine hyperbolische Figur, die nicht nur selbst die Gedanken ihrer Mitmenschen mithört, sondern durch ihre Funktion als Medium können wir ungefiltert die böse Stimme des Volkes vernehmen: "die Vorurteile, die Sex- und Gewaltphantasien, die dreckigen Gedanken hinter der sauberen Oberfläche, den Hass auf das Fremde, die Suche nach dem Sündenbock, die ständige Bereitschaft, zur Hetzmasse zu werden."[57] Sookie ist eine Vermittlerfigur, von Anfang an nicht ganz der menschlichen Spezies zugehörig,[58] und doch fühlen sich unentwegt männliche Shape-Shifter zum Schutz der 'damsel in distress' berufen, als die Sookie trotz ihrer übermenschlichen Fähigkeiten immer wieder inszeniert wird. Letzteres Szenario schreibt hier ein Machtgefälle weiter, das dem real existierenden, patriarchalen Gesellschaftssystem entspricht:

> Despite overturning our assumptions about which gender is usually the perpetrator and which the victim in cases of sexual harassment, Sookie's experience in the vampire world can still be compared to women's experiences in a patriarchal workplace. It's possible to interpret vampire-human interactions as a metaphor for the male-female balance of power.[59]

Und doch ist es Sookie, mehr als jede andere Figur, die das Recht der Vampire verteidigt, als 'Menschen' und nicht als 'Monster' behandelt zu werden. Sie setzt mehrmals ihr eigenes Leben aufs Spiel, um diesen Anspruch geltend zu machen, und in diesem Sinne scheint sie selbst unzerstörbar – unsterblich – zu sein.

Serielle Vampire als sentimentale Philanthropen

> Der "Mythos Vampir" existiert tatsächlich, er ist ein Produkt der Massenmedien.[60]

"Die Vampirpartys, Bacchanalien und schwarzen Messen in *True Blood* markieren den vorläufigen Kulminationspunkt einer Welle", die um die Jahrtausend-

[55] Köppl, p. 259.
[56] Ibid., p. 263.
[57] Ibid., p. 262.
[58] Es stellt sich allmählich heraus, dass sie zu den Elfen zählt.
[59] Lillian E. Craton und Kathryn E. Jonell, "'I am Sookie, Hear me Roar!' Sookie Stackhouse and Feminist Ambivalence", in George A. Dunn und Rebecca Housel, ed., *True Blood and Philosophy: We Wanna Think Bad Things with You* (Hoboken: Wiley, 2010), pp. 109-12, p. 118.
[60] Florian Kührer, *Vampire: Monster – Mythos – Medienstar* (Kevelaer: Butzon & Bercker, 2010), p. 276.

wende begann und unsere Gegenwart als "monströs" erscheinen lässt, so schreibt Sabine Horst für den Evangelischen Pressedienst.[61] Die Vampire selbst sind jedoch kaum mehr die angsteinflößenden Monster von einst, sondern meist sanftmütige, moralisch integere Helden, die eine "Lifestylegruppe" darstellen,[62] welche soziales Konfliktpotenzial aufwirft, aber auch zu einem interkulturellen Miteinander von Mainstream und Subkultur aufruft. Diese "Gattung des 'menschlichen Vampirs'"[63] ist in den jüngsten seriellen Vampirfiktionen besonders häufig anzutreffen und diese 'guten' Vampire schaffen, so Florian Kührer,

> das Kunststück, alle Grundbedürfnisse des Menschen zu verkörpern. Materielle und gesundheitliche Probleme sind ihnen fremd, lieben können sie, als gäbe es kein Morgen, und gleichzeitig bedeutet ein Leben mit ihnen mehr Spannung und Aufregung, als die beste Unterhaltungsshow bieten kann.[64]

Der Vampir ist ein telegener Held geworden, in wöchentlichen Auftritten sorgt er für das spezifische Vergnügen, das serielle TV-Formate wie die Seifenoper auszeichnet, gilt doch gerade die Soap Opera als paradigmatisches Fernsehgenre: "Perhaps the one thing that is particularly unique about soap operas is that they combine continuity, intimacy, domesticality, timeliness, and repetition to form the paradigmatic television genre. Soap operas represent in some ways the furthest advance of television art [...]."[65] Bereits mit der *gothic* Seifenoper *Dark Shadows*, die im amerikanischen Fernsehen auf ABC von 1966 bis 1971 ausgestrahlt wurde und Kultstatus erlangte, hat der Vampir Einzug in das an sich 'realistische' Genre der Soap Opera gefunden. Es besteht, wie ich meine, eine 'Seelenverwandtschaft' zwischen der Semantik des Vampires und der Formalästhetik der Soap Opera, entspricht doch die serielle Unendlichkeitsstruktur der Seifenoper dem Unsterblichkeitstopos des Vampires auf ganz besondere Weise.

Traditionell ist das Fernsehgenre der Soap Opera ein konservatives, familienorientiertes, heteronormatives Genre, das aber durchaus mit dem Element des Geheimnisses operiert: "Sopa operas are [...] extremely intimate, bringing into the open the types of personal problems, private thoughts, and concealed behaviors that are typically discussed behind closed doors", meint Robert Abelman.[66] Ursprünglich für ein weibliches Publikum konzipiert, ist es häufig kritisiert worden als populäres Genre für die Massen, als melodramatischer *tear jer-*

[61] Horst, pp. 36-7.
[62] Ibid., p. 37.
[63] Kührer, p. 272.
[64] Ibid, p. 272.
[65] Abelman, Robert, *Reaching a Critical Mass: A Critical Analysis of Television Entertainment* (Mahwah: Lawrence Erlbaum, 1998), p. 354.
[66] Ibid., p. 354.

ker.[67] Denn eines der wichtigsten Merkmale der Soap Opera ist seine endlose Wiederholungsstruktur. Statt schneller, linearer Handlung steht die intime Konversation zwischen Frauen über deren alltägliche Probleme im Zentrum. Dies hatte zur generischen Folge, dass nicht die Lösung eines Konfliktes angestrebt wurde, sondern gerade das Hinausschieben einer finalen Klärung. Im Aristotelischen Sinne kann also nicht von einer narrativen Abfolge von Anfang, Mitte und Ende gesprochen werden, sondern vielmehr von einer ins Unendliche ausgeweiteten Mitte.[68] Die Soap Opera sucht demnach keine *closure*, die anfänglichen Konflikte und narrativen Verwicklungen bleiben in der Schwebe. Und damit ist auch implizit eines der herausragenden Merkmale der Soap Opera genannt: der *cliff hanger*, also jener Moment der Suspension, an dem sich eine Handlung zu einem vermeintlichen Höhepunkt steigert, dort aber verharrt. Durch das Serienformat finden sich die *cliff hanger* meist am Ende einer Folge und besonders am Ende einer Staffel, um die Zuschauer zum Weitersehen zu locken:

> Unlike all traditional end-oriented fiction and drama, soap operas offer process without progression, not a climax and a resolution, but mini-climaxes and provisional denouements that must never be presented in such a way as to eclipse the suspense experienced for associated plot lines. Thus, soap opera is the drama of perepetia without anagnorisis.[69]

Nun hat sich die Soap Opera, das als das wohl älteste televisuelle, fiktionale Genre gelten darf, in den letzten Jahren und Jahrzehnten immer wieder stark verändert und neu erfunden, und doch ist es prinzipiell ein konservatives Genre geblieben, auch in seinem basalen Format sowie seiner moralischen Ausrichtung, wie auch Abelman konstatiert: "Those who violate moral standards – premarital or extramarital sex, bigamy, incest, rape – tend to get punished."[70] Die Soap Opera-Welt ist in schwarz-weiß gezeichnet, man weiß immer genau, wer böse und wer gut ist. Die manichäische Gegensätzlichkeit ist prinzipiell in den Vampirserien weiterhin gegeben und doch haben sich einige wesentliche Einzelheiten verändert, die Frage ist, ob zugunsten einer Öffnung des Genres hin zum Progressiven oder lediglich in Erweiterung seiner eher konservativen Prämissen.

Mit Blick auf *Twilight* ist dies als filmisches Genre zunächst keine Soap Opera, aber die serielle Struktur bietet doch einige wesentliche Überschneidungen. Das innovative Potential liegt hier in der Ausweitung eines Verständnisses von 'Familie' – zentral für die Soap Opera – hin zu einem Familienbegriff, der so-

[67] Zur kritischen Rezeption der Soap Opera siehe das Kapitel "Soap Opera" in Glen Creeber, ed., *The Television Genre Book*, 2. Aufl., (London: BFI/Palgrave Macmillan, 2008), pp. 60-73.

[68] Abelman, p. 356.

[69] Dennis Porter, "Soap Time: Thoughts on a Commodity Art Form", *College English* 38:8 (1977), pp. 782-8, pp. 783-4.

[70] Abelman, p. 370.

wohl sozial als auch biologisch neu definiert wird. Während die Kernfamilie in jedem Fall versagt – alle 'wirklichen', sprich menschlich-biologisch begründeten Familien sind dysfunktional –, so wird durch die Lebensgemeinschaft der Vampire, in die auch Bella aufgenommen wird, ein neues biomorphes Familienmodell vorgestellt. Die Idee der Familie bleibt jedoch weiterhin unangetastet.

Anders bei *The Liar*. Hier kann im Foucaultschen Sinne von dem Versuch der Inszenierung eines heterotopischen Raumes gesprochen werden. Die *gay friendly* Insel, die Bars und Nightclubs, die fluiden Beziehungsformen zwischen Männern sowie zwischen Menschen und Vampiren schaffen einen kommunalen Raum der Erfahrung, der hier real gezeichnet wird als gesellschaftliche "counter-sites, a kind of effectively enacted utopia."[71] Obwohl dieser Raum außerhalb einer bekannten sozialen Ordnung situiert ist, hat er doch in der Serie einen Ort der erfahrbaren Wirklichkeit.

Und in *True Blood* schließlich findet der Vampir seinen Ort als Medienstar im sehr realen Süden der USA. Wiewohl der Vampir selbst eine fantastische Figur bleibt, so ist er hier doch allegorisch in die Wirklichkeit eingebunden und verweist in stets neuer Nuancierung auf die real existierenden Probleme der Region und ihrer kulturellen Geschichte. Besonders hier zeigt sich die Versatilität serieller Fiktionen wie der Seifenoper als "powerful forum for exposure and debate of social and political questions."[72] Zuvor aufgrund von Rasse, Klasse, Geschlecht oder Sexualität marginalisierte Bevölkerungsgruppen erhalten zunehmende televisuelle Sichtbarkeit in einem Genre, das die historisch-politischen Ökonomien von stereotypen Rollenzuschreibungen kulturell produktiv gestaltet und zwar "within a narrative structure privileging difference over homogeneity, understanding over rejection, open-endedness over closure."[73]

Früher waren die Vampire "false friends",[74] kalte, berechnende, verführerische und todbringende Einzelgänger. Die jüngsten Inkarnationen zeigen sie hingegen als fragile und emotionale Wesen, deren Begehren danach trachtet, die unendliche Einsamkeit zu beenden. Und sie benötigen die Menschen, um erlöst zu werden. Aus dem schauerlichen Bösewicht ist ein sentimentaler Philanthrop geworden. Das macht die unsterbliche Figur des Vampirs zum idealen Helden des paradigmatischen Genres der Unendlichkeit – der Seifenoper und ihrem "promise of immortality and eternal return – same time tomorrow."[75]

[71] Michel Foucault, "Of Other Spaces", *Diacritics* 16:1 (1986), pp. 22-7, p. 24.

[72] Jennifer Hayward, *Consuming Pleasures: Active Audiences and Serial Fictions from Dickens to Soap Opera* (Lexington: University Press of Kentucky, 1997), p. 191.

[73] Ibid., p. 191.

[74] Tyree, p. 37.

[75] Tania Modleski, *Loving with a Vengeance: Mass-Produced Fantasies for Women* (New York: Methuen, 1982), p. 89.

DIMITER DAPHINOFF

Visions of Immortality in English Literature

I

In the Western tradition (pagan as well as Christian) the way available to man to overcome his anxiety of physical decay and death was to claim that while the body is mortal, the soul is everlasting. Works of literature and philosophy that confirm this view are legion. Yet man has always yearned for eternal life. It was, after all, available to him in the Golden Age, and then again in Paradise before the Fall. The wish for everlasting life, therefore, is a yearning for a prelapsarian age, for a time before sin when man did not have an idea of past, present and future, because all was present, and all was happiness. When the Son of God first beholds Adam and Eve in Milton's *Paradise Lost*, they are "in the happy garden placed, / Reaping immortal fruits of joy and love, / Uninterrupted joy, unrivaled love / In blissful solitude [...]".[1] So used are they to this happy state that they are slow to comprehend the meaning of the abstract term 'death' after the Fall. Adam speculates that Death may not be "one stroke", but rather "endless misery / From this day onward" (*PL*, X. 809-11), or "a slow-paced evil, / A long day's dying to augment our pain" (*PL*, X. 963-4). To these questions and fears God gives an indirect answer; death, he tells His Son, is not a peril but a gift:

> I at first with two fair gifts
> Created him endowed, with happiness
> And immortality: that fondly lost,
> This other served but to eternize woe,
> Till I provided death; so death becomes
> His final remedy [...]. (*PL*, XI. 57-62)

1 *Paradise Lost*, III. 66-9. All quotations from *Paradise Lost* (henceforth abbreviated as *PL*) are taken from [John] Milton, *Poetical Works*, ed. Douglas Bush (London: Oxford UP, 1966), pp. 201-459. On 'death' in *PL*, see Annabel Patterson, *Milton's Words* (Oxford: Oxford UP, 2009), pp. 94-113.

Death as a remedy as opposed to death as a threat. While it is difficult for man to comprehend the former, the latter comes naturally to him, as Francis Bacon knew: "Men feare Death, as Children feare to goe in the darke".[2]

Writing three generations after Milton, the poet Edward Young still struggles with the same conflict: at night, the thought of death is both a harrowing danger and a lasting consolation. Young's long poem *Night Thoughts* reads like a compendium of traditional Chrsitian views and notions, but Young's visions and drastic images along with his heavily emphatic, hyperbolical style which relies on striking antitheses, on paradox and oxymoron, impressed contemporary readers and laid the ground for what Van Tieghem has called "le préromantisme européen".[3] Young had a very personal reason to think of death and immortality, as death had struck in his family repeatedly within a short period of time:

> How poor, how rich, how abject, how august,
> How complicate, how wonderful, is man!
> How passing wonder He, who made him such!
> Who centred in our make such strange extremes!
> From different natures marvellously mix'd,
> Connexion exquisite of instant worlds!
> Distinguish'd link in being's endless chain!
> Midway from nothing to the Deity!
> A beam ethereal, sullied and absorb'd!
> Though sullied and dishonour'd, still divine!
> Dim miniature of greatness absolute!
> An heir to glory! a frail child of dust!
> Helpless immortal! insect infinite!
> A worm! a god! – I tremble at myself,
> And in myself am lost!
> [...]
> Even silent night proclaims my soul immortal:
> Even silent night proclaims eternal day.
> [...]
> Why then their loss deplore that are not lost?
> [...]
> All, all on earth, is shadow, all beyond
> Is substance; the reverse is Folly's creed:
> How solid all, where change shall be no more![4]

2 Francis Bacon, "Of Death", in *Essays* (Oxford: Oxford UP, 1937; repr. 1966), p. 9.

3 See Paul Van Tieghem, *Le sentiment de la nature dans le préromantisme européen* (Paris: A.G. Nizet, 1960). See also Paul Van Tieghem, *Le préromantisme* (Paris: F. Rieder, 1924), and more specifically his *La poésie de la nuit et des tombeaux en Europe aux XVIIIe siècle* (Paris: F. Rieder, 1921).

4 Edward Young, *Night Thoughts*, "Night One. On Life, Death, and Immortality", ll. 68-121. (Edinburgh: James Nichol, 1853), pp. 7-9.

II

The Christian promise of immortality in a world beyond had begun to be challenged around the time when Young wrote his poem. The idea was gaining force – if not acceptance – that man could, through the application of his mental faculties, change his condition on earth in terms which were at once political, social and physical. This conviction coincides with what has been called a modern awareness of time, which Reinhart Koselleck locates in the so-called Age of Reason:

> Es ist im 18. Jahrhundert und seitdem eine weitverbreitete Auffassung, dass das Fortschreiten generell und anhaltend sei, während jeder Rückfall, Niedergang oder Verfall nur partiell und vorübergehend stattfinde. Anders gewendet, der Niedergang oder der Rückschritt ist kein reiner Oppositionsbegriff mehr zum Fortgang oder Fortschritt. Das lässt sich bei zahlreichen Autoren belegen; es seien nur Turgot, Condorcet, Iselin, Wieland oder Kant genannt oder im 19. Jahrhundert Engels, Haeckel oder Eduard von Hartmann. Die *Asymmetrie* zwischen Fortschritt und Niedergang wird bei diesen Autoren nicht mehr wie im christlichen Mittelalter auf das Jenseits einerseits und diese Welt andererseits bezogen, sondern der Fortschritt ist eine weltgeschichtliche Kategorie geworden, deren Sinn es ist, alle Rückschläge als vorübergehend, ja, letztlich als Stimulans zu neuen Fortschritten zu interpretieren.[5]

And further:

> Bis tief in das 18. Jahrhundert hinein spricht man weniger von den 'Progressen' oder den 'Fortschritten', als von der 'perfectio', von der Vollkommenheit als Zielbestimmung, der man in den Künsten und Wissenschaften und schliesslich in der ganzen Gesellschaft nachzueifern habe. [...] Diese Zielbestimmungen werden nun im 18. Jahrhundert verzeitlicht, d.h. sie werden in den Vollzug der menschlichen Geschichte hineingenommen.[6]

The concept of progress gained momentum in the idea of man's perfectibility. The term perfectibility was first used in 1725 by the Abbé de St. Pierre, who adapted the term *perfection*, with its Christian and humanistic connotations, to suit the needs of a more secular age. *Perfection* thus mutated to *perfectionnement*; a static notion became dynamic. To aim at "perfectionnement" implied a process of improvement without an end, or rather with an open end.[7] To quote Koselleck a last time:

[5] Reinhart Koselleck, "'Fortschritt' und 'Niedergang' – Nachtrag zur Geschichte zweier Begriffe", in Koselleck, *Begriffsgeschichten. Studien zur Semantik und Pragmatik der politischen und sozialen Sprache* (Frankfurt: Suhrkamp, 2006), pp. 159-81, pp.170-1.

[6] Ibid., p. 171.

[7] Thus in 1794 the Marquis de Condorcet could claim in his *Esquisse d'un tableau historique des progrès de l'esprit humain* that "perfectionnement" was an aim ("terme") and that it was unlimted ("indéfini"). See Koselleck, *Begriffsgeschichten*, p. 171.

> Wir erinnern uns an das christliche Diktum aus dem Mittelalter: Niemand ist vollkommen, der nicht nach weiterer Vollkommenheit strebt. Dieser, zunächst auf die individuelle Seele bezogene, Satz wird jetzt transformiert. Er zielt auf die irdische Zukunft und verleiht, zurückgebunden an das menschliche Bewusstsein, der Geschichte eine Richtung. Es ist gleichsam der Fortschritt des Fortschritts, der jeden Rückschritt überbietet. 'Fortschritt' wird zum *prozessualen Reflexionsbegriff*.[8]

It is precisely this open-endedness of "perfectionnement", of perfectibility that allowed for daring explorations of the possibility of immortality in this world rather than in the next. In his *Enquiry Concerning Political Justice*, William Godwin extols the quality of the human mind. If the mind has power over all other matter, he asks, why should it not have power over "the matter of our own bodies"?[9] And furthermore,

> [...] why not over matter which, however ignorant we may be of the tie that connects it with the thinking principle, we always carry about with us, and which is in all cases the medium of communication between that principle and the external universe? In a word, why may not man one day be immortal?[10]

If, however, material immortality seems unthinkable, then only because we are not used to the idea. And Godwin goes on to affirm: "There is no principle of reason less liable to question than this, that, if we have in any respect a little power now, and if mind be essentially progressive, that power may [...] extend beyond any bounds we are able to prescribe to it." (*PJ*, II, 865) It may indeed extend to the boundaries of life and define these anew. Ultimately, immortality would solve the population problem which worried Godwin's contemporaries (Malthus). Men would cease to propagate: "The whole will be a people of men, and not of children. Generation will not succeed generation, nor will truth have in a certain degree to recommence her career at the end of every thirty years." (*PJ*, II, 871)

When *Political Justice* appeared, Godwin was immediately accused of gross naivëté and intellectual fallacy. And already the first reviewers of the treatise pointed out its "extravagant and Utopian ideas".[11] In later editions, Godwin omitted the controversial term 'immortality' and replaced it by phrases that describe man's longevity in good physical and mental health. Life in these subsequent versions may no longer be eternal, but it can be considerably prolonged

8 Ibid., p. 172.

9 William Godwin. *An Enquiry Concerning Political Justice and Its Influence on General Virtue and Happiness*. 1st ed. 2 vols. (London: G. G. and J. Robinson, 1793), II, 862. (Hereafter abbreviated as *PJ*). Quoted in Siobhan Ni Chonaill, "'Why may not man one day be immortal?': Population, perfectibility, and the immortality question in Godwin's *Political Justice*", *History of European Ideas* 33, (2007), pp. 25-39, p. 26.

10 Ibid.

11 *Analytical Review* (August 1793), p. 404; quoted in Ni Chonaill, p. 33.

and enjoyed. While he does no longer uphold the notion of "absolute immortality" in the revised text, Godwin none the less describes the "figure of a line approaching infinity; an asymptotic curve. Not absolute immortality but an approach toward one".[12] In second and third editions, immortality becomes, in McLane's words, "an approachable but never attainable goal";[13] as such, however, it partakes of "the logic of perfectibility itself".[14] The progress of mankind, according to Godwin, is perpetual and aims at improvement without, however, arriving at completion: "the term perfectible, thus explained, not only does not imply the capacity of being brought to perfection, but stands in express opposition to it. If we could arrive at perfection, there would be an end to our improvement" (*PJ*, 3rd ed. I, 93). Koselleck should have included Godwin, too, in his account of the idea of progress ('Fortschrittsgedanken') in the 18th and early 19th centuries.

III

That the author of a Gothic Novel that exploits centrally the idea of progress should be Godwin's own daughter, Mary Shelley, is one of the great ironies in English literature. As is well known, the scientist Frankenstein in Shelley's eponymous novel is obsessessed with the question: "Whence [...] did the principle of life proceed?"[15] He devotes his sleepless nights to the study of dead matter "until from the midst of this darkness a sudden light broke in upon me – a light so brilliant and wondrous, yet so simple, that [...] I became dizzy with the immensity of the prospect which it illustrated" (*F*, p. 52). Indeed,

> [l]ife and death appeared to me ideal bounds, which I should first break through, and pour a torrent of light into our dark world. A new species would bless me as its creator and source; many happy and excellent natures would owe their being to me. No father could claim the gratitude of his child so completely as I should deserve theirs. Pursuing these reflections, I thought, that if I could bestow animation upon lifeless matter, I might in process of time (although I now found it impossible) renew life where death had apparently devoted the body to corruption. (*F*, p. 54)

Frankenstein's ambitious experiment is only possible because he has lost his religious certainties and espoused instead the contemporary belief in progress and perfectibility, because he holds himself autonomous and free. The disastrous

12 Maureen McLane, *Romanticism and the Human Sciences* (Cambridge, Cambridge UP, 2000), p. 170.

13 Ibid.

14 See Ni Chonaill, p. 35.

15 Mary Shelley, *Frankenstein or The Modern Prometheus* (Oxford: Oxford UP, 1998), 51. Henceforth cited as *F*.

result of his presumption, however, is not used to confirm Christopher Marlowe's somewhat reluctant acceptance of the traditional world view at the end of *Dr Faustus*. Mary Shelley does not offer a Christian interpretation of, or a religious alternative to, her overreacher's predicament, but leaves the gaps in the text open. *Frankenstein* (1818) can thus be read as a distinctly anti-Godwinian narrative.

But so can, interestingly enough, a great many Gothic novels, from *The Monk* to *Vathek* to *Melmoth the Wanderer* and, of course, to *Dracula* and even to *The Picture of Dorian Gray*, if we only stretch the generic label sufficiently to accommodate Oscar Wilde's masterpiece. In most Gothic novels, immortality is seen as a dangerous delusion or a punishment for some dark sin in the past. In other words, immortality becomes one more element in the repertoire of terror that Gothic novels employ to achieve their effect. Far from being a desirable – and attainable – goal, immortality in Gothic novels is a vision of hell on earth. It can take the concrete form of a vampire in Bram Stoker's *Dracula* (1897) or of the Wandering Jew in Lewis's *The Monk* (1796) and in Maturin's *Melmoth the Wanderer* (1820) – novels that add an apocalyptic perspective to the theme. While in *The Monk* the undying Jew plays a minor role as a helper against a harrowing ghost, in *Melmoth* he forms the pattern for the title hero's errantry. As later in Oscar Wilde's *Dorian Gray* (1891), the allusion to a Faustian pact with the devil sets the action in motion. And like Dr. Faustus and Dorian Gray, Melmoth suffers a horrible end when the terms of his pact expire. The asymptotic line of longevity, of which Maureen McLane spoke in connection with Godwin's revised *Political Justice*, reaches in *Melmoth* the mark of 150 years – less than immortality, of course, yet more than any human life span. Although most Gothic novels usually take a conservative view of man's capacity to transcend the limitations of existence, and although they make use of the time-honoured dichotomy of body and soul, they only pay lip service to traditional Christian notions. Indeed, like Mary Shelley's *Frankenstein*, they are in their majority quite secular. Some, like *The Monk* and *Melmoth*, are violently anti-Catholic.

IV

If at the beginning of the 19th century Mary Shelley rejected her father's utopian immortality and perfectibility discourse, William Morris revived it towards the end of the century. In his *News from Nowhere* (1890), Morris describes an egalitarian society, whose members live in pastoral simplicity. Although they are not immortal, they live a long life without any of the common infirmities of old age. They owe their happy state to the abolition of property, which had been the chief source of struggle and misery in less fortunate times. Moreover, work in *Nowhere* has mutated from labour to art. As a consequence of what the narrator's guide calls "art or work-pleasure", men and women have developed a "craving for beauty".[16] A just society of equals produces healthy, strong and beautiful people. In such a world there is no place for the soul as a separate entity, and there is consequently no afterlife:

> More akin to our way of looking at life was the spirit of the Middle Ages to whom heaven and the life of the next world was such a reality, that it became to them a part of the life upon earth; which accordingly they loved and adorned, in spite of the ascetic doctrines of their formal creed, which bade them contemn it.
>
> But that also, with its assured belief in heaven and hell as two countries in which to live, has gone, and now we do, both in word and in deed, believe in the continuous life of the world of men, and as it were, add every day of that common life to the little stock of days which our own mere individual experience wins for us: and consequently we are happy.[17]

Already Thomas More had emphasized the importance of physical health in his *Utopia* (1516). The Utopians are convinced that health, pleasure and happiness are conductive to a long, fulfilled life. The highest pleasures in Utopia are the pleasures of the soul, which is endowed with intelligence, but the Utopians are aware that there would be "absolutely no place [...] left for any pleasure"[18], if the body were not healthy and sound. Physical pleasure, then, "consists in a calm and harmonious state of the body. This is nothing else than each man's health undisturbed by any disorder. Health, if assailed by no pain, gives delight to itself" and is "the foundation and basis of all pleasures".[19] As a result, "there is scarcely a nation in the whole world that needs medicine less", according to Hythlodaeus, the eyewitness reporter.[20]

We note in passing that in the earliest Utopian fiction (More's) as well as in the late 19th century version (that of Morris), men and women have reached a state of fitness in body and mind from which a further development is hardly possible. Perfectibility is no option in Utopia, because perfection has already been attained. The dynamic urge for advancement has come to a halt in the certainty of achievement.

In Samuel Butler's *Erewhon* (1872), which straddles uneasily the genres of utopia and dystopia, physical health is a civic responsibility, neglect of which is punishable by law. Butler takes the utopian requirement of good health as a prerequisite for a long life to an extreme and subverts it, thereby exposing its

16 William Morris, *News from Nowhere and Other Writings* (London: Penguin, 1993), p. 160.

17 Ibid., pp. 158-9.

18 St. Thomas More, *Utopia*, ed. Edward Surtz, S. J. (New Haven and London: Yale UP, 1964), p. 99.

19 Ibid.

20 Ibid., p. 105.

inherent absurdity and inhumanity. The traveller to Erewhon witnesses the trial of a young man who suffers from consumption (tuberculosis). He is sentenced to hard labour for the rest of his life. The judge argues that

> [i]t is intolerable that an example of such terrible enormity should be allowed to go at large unpunished. Your presence in the society of respectable people would lead the less able-bodied to think more lightly of all forms of illness [...]. You may say that [the illness] is not your fault. [...] I answer that whether your being in a consumption is your fault or no, it is a fault in you, and it is my duty to see that against such faults as this the commonwealth shall be protected. You may say that it is your misfortune to be criminal; I answer that it is your crime to be unfortunate.[21]

V

Nineteenth-century authors who dealt with immortality in other genres often espoused an attitude of rejection tinged with nostalgic regret. Alfred Tennyson, in many ways the quintessential Victorian poet, thematized immortality in several of his poems, but nowhere more directly than in "Tithonus" (1833, publ. 1860). The poem reworks the mythological story of the Trojan prince Tithon, with whom Eos, the goddess of the dawn, falls in love and whom she abducts. Made proud by her choice, Tithon asks his bride to make him immortal. His wish is granted.

It is at this point that Tennyson's poem, cast in the form of a dramatic monologue, sets in. The speaker is evidently Tithonus, and he addresses himself to Eos. The poem is a complaint. Tithonus may be immortal, but immortality – once an ardent wish – has become a terrible burden and a curse. The speaker experiences his endless life as a never ending decaying and withering. He sees his wish retrospectively as presumptious, as a hubris – a young man's hope to preserve his manly strength for ever in the presence of his eternally beautiful and desirable wife.

But while the goddess can grant his wish smilingly, she cannot stop time altogether. Indeed, time's "strong hours" have wreaked havoc. Tithonus is "beat down", "marr'd", and "wasted",[22] literally a shadow of his former self, condemned to witness his own infirmity and humiliation. The presence of the goddess has become painful for both ("Immortal age beside immortal youth"), and Tithonus begs to be released from his bond and granted a human fate:

> Let me go: take back thy gift:
> Why should a man desire in any way
> To vary from the kindly race of men,

[21] Samuel Butler, *Erewhon* (London: Penguin, 1985), pp. 116; 117.

[22] "Tithonus" is quoted from Alfred Tennyson, *Poems and Plays*, ed. T. Herbert Warren, rev. ed. Frederick Page (Oxford: Oxford UP, 1971), pp. 90-1, p. 90.

Or pass beyond the goal of ordinance
Where all should pause, as is most meet for all?[23]

But Eos cannot revoke the decree ("'The gods themselves cannot recall their gifts'")[24], and she weeps at the misery she has created.

The poem ends with yet another plea from the speaker to be released from eternity and restored "to the ground" among the "happy men that have the power to die".[25] The ways of gods and men are incompatible, and while the goddess can renew her beauty and youth "morn by morn",[26] Tithonus, of the race of mortal men, longs for a grave where he could forget the empty courts of eternity, and the goddess whom he presumed to love with immortal passion.

Tennyson reworks the ancient theme to suit the taste of his Victorian audience – a nostalgic acceptance of man's limitations, a soothing lesson in humility, and a bid for a reconcilitation with the inevitability of death. In his poem, Tithonus has very little of the Marlovian overreacher or the Byronic challenger; rather, the rebel is humbled and humiliated by the hubris of his former self, of his thoughtless, arrogant youth. Couched in myth, Tennyson's dramatic monologue makes the bitter truth palatable to the reader: Do not presume! Accept your lot! We are reminded of another great poet, writing more than a hundred years earlier, though from a distinctly Christian perspective (a point of view that Tennyson's poem avoids to make explicit), Alexander Pope:

Know thy own point: This kind, this due degree
Of blindness, weakness, Heav'n bestows on thee.
Submit – in this, or any other sphere,
Secure to be as blest as thou canst bear:
Safe in the hand of one disposing Pow'r,
Or in the natal, or the mortal hour.
All Nature is but Art, unknown to thee;
All Chance, Direction, which thou canst not see;
All Discord, Harmony, not understood;
All partial Evil, universal Good:
And, spite of Pride, in erring Reason's spite,
One truth is clear, 'Whatever is, is RIGHT.'[27]

[23] Ibid.
[24] Ibid., p. 91.
[25] Ibid.
[26] Ibid.
[27] Alexander Pope, "An Essay on Man", Epistle I, 283-94. In Pope, *Poetical Works*, ed. Herbert Davis (Oxford: Oxford UP, 1978), p. 249.

VI

Alexander Pope knew well the man whom we owe the most devastating vision of immortality in English literature, Jonathan Swift. In his *Gulliver's Travels*, a book that employs several genres to create its own special kind, the Dean of St Patrick's takes the reader on a trip to a floating island (Laputa) inhabited by scientists where, one hundred years before Shelley's *Frankenstein*, the follies of unprincipled research are mercilessly exposed.

During his third voyage, Gulliver travels from Laputa to the neighbouring kingdom of Luggnagg where he is allowed to meet the Struldbruggs, also called Immortals. Gulliver is "struck with inexpressible delight"[28] that there should be a race "born exempt from that universal calamity of human nature" (*GT*, p. 253). He speculates, as would later William Godwin, that their minds must be "free and disengaged, without the weight and depression of spirits caused by the continual apprehension of death" (ibid.). Gulliver is allowed to fantasize about the advantages of immortality. Were he a Struldbrugg, he would end up "a living treasury of knowledge and wisdom, [...] the oracle of the nation" (*GT*, p. 254). In co-operation with other Immortals, he would be "giving perpetual warning and instruction to mankind" (*GT*, p. 255). In short, as Gulliver notes: "I enlarged upon many other topics which the natural desire of endless life and sublunary happiness could easily furnish me with." (*GT*, pp. 255-6)

Predictably, however, vision and reality diverge. Gulliver learns that the immortals have "not only all the follies and infirmities of other old men, but many more which [arise] from the dreadful prospect of never dying" (*GT*, p. 257). Melancholy and dejected, the Struldbruggs are also envious and covetous:

> But those objects against which their envy seems principally directed, are the vices of the younger sort, and the deaths of the old. By reflecting on the former, they find themselves cut off from all possibility of pleasure; and whenever they see a funeral, they lament and repine that others are gone to a harbour of rest, to which they themselves never can hope to arrive. (*GT*, p. 257)

Despised and ostracized by their mortal fellow-men, the Struldbruggs are "the most terrifying sight" that Gulliver ever beheld, "condemned without any fault of their own to a perpetual continuance in the world" (*GT*, p. 258). To add shame to mortification, the king of the island offers Gulliver to take home a couple of Struldbruggs, in order "to arm [his] people against the fear of death" (*GT*, p. 260).

For Swift, immortality is the province of satire. Like all the other human follies which he ridicules in *Gulliver's Travels*, the wish for eternal life offends both religion and reason. One could ask with Jean-Claude Wolf, "Ein zu langes

[28] Jonathan Swift, *Gulliver's Travels* (Harmondsworth: Penguin Classics, 1986), p. 252. Henceforth abbreviated as *GT*.

Leben – Unsterblichkeit wozu?",[29] and Swift would provide an idiosyncratic answer. At exactly the time when the Abbé de St. Pierre inaugurated the discourse of perfectibility, Jonathan Swift was looking back to the certainties of Bacon and Milton, with which I began, and ahead to the anti-utopian lessons of the Gothic novel.

[29] The working title of Jean-Claude Wolf's article in this volume, see above pp. 1-17.

Autorenverzeichnis

Sabine Coelsch-Foisner ist Professorin für anglistische Literaturwissenschaft und Kulturtheorie und Leiterin des Fachbereichs Anglistik und Amerikanistik an der Universität Salzburg. Sie ist auch Leiterin des transdisziplinären Programmbereichs Kunst und Ästhetik und Vizepräsidentin der Gesellschaft für Fantastikforschung.

Dimiter Daphinoff ist ausserordentlicher Professor für Englische Literatur an der philosophischen Fakultät der Universität Fribourg. Daneben hatte er mehrere Gastprofessuren inne und war 2010 Visiting Scholar der St Andrews University.

Mariano Delgado ist Ordentlicher Professor für mittlere und neuere Kirchengeschichte und zurzeit Dekan der Theologischen Fakultät der Universität Fribourg sowie Direktor des Instituts für das Studium der Religionen und den interreligiösen Dialog. Er amtet auch als Präsident der Vereinigung für Schweizerische Kirchengeschichte.

Harald Fricke hat an der Universität Göttingen im Fach Philosophie promoviert und ist seit 1984 Ordentlicher Professor für Germanistische Literaturwissenschaft an der Universität Fribourg.

Christian Giordano ist Ordentlicher Professor für Sozialanthropologie an der Universität Fribourg. Er wirkte zudem in Brasilien, Bulgarien, Deutschland, Georgien, Italien, Malaysia, Paraguay, Polen, Rumänien und Spanien als Gastprofessor.

Franz Gmainer-Pranzl ist Professor an der Universität Salzburg und Leiter des Zentrums Theologie Interkulturell und Studium der Religionen.

Barbara Hallensleben ist Ordentliche Professorin für Dogmatik und Theologie der Ökumene an der theologischen Fakultät der Universität Fribourg. Darüber hinaus ist sie Mitglied der Internationalen Theologenkommission sowie Konsultorin des Päpstlichen Rates zur Förderung der Einheit der Christen.

Sarah Herbe ist Assistenzprofessorin für Anglistik an der Universität Salzburg.

Thomas Hunkeler ist Ordentlicher Professor für Französische Literatur und seit März 2011 Vizerektor der Universität Fribourg. Er ist Mitglied des Stiftungsrates der Kulturstiftung Pro Helvetia und Ko-Präsident der Schweizerischen Gesellschaft für Theaterkultur.

Ralph J. Poole ist Professor für Amerikanistische Literatur- und Kulturwissenschaft an der Universität Salzburg und der österreichische Vertreter in der Europäischen Gesellschaft für Amerikastudien.

François Ruegg ist assoziierter Professor für Sozialanthropologie an der Universität Fribourg und Bukarest. Auch in Bern, Genf, Timisoara und Cluj hat er gelehrt.

Siegfried Weichlein ist assoziierter Professor für Europäische und Schweizerische Zeitgeschichte an der Universität Fribourg. Er ist Mitglied der Europäischen Akademie der Wissenschaften und Künste.

Jean-Claude Wolf ist ordentlicher Professor für Ethik und politische Philosophie an der philosophischen Fakultät der Universität Fribourg. Er ist im wissenschaftlichen Beirat des *Schopenhauer-Jahrbuchs* und des Jahrbuchs *Der Einzige*.